선 넘는
한국사

경계를 넘나들며 만들어낸
한국사의 단단한 궤적

선 넘는
한국사

| 박광일 지음 |

생각
정원

목차

3부 경계 밖의 한국인, 경계 안의 외국인

– 국경을 가로지르며 만들어낸 강한 한국사

4부 '제국'의 선을 넘어 '민국'을 탄생시킨 생각들

– 자유와 독립, 인간다운 삶을 향한 거침없는 도전

5부 작은 차이가 만들어낸 가장 한국적인 것의 탄생

– 선 넘는 교류 속에 만들어낸 한국 문화

우리 안의 선을 생각하다

역사에 진심인 나라 대한민국, 우리는 지금 '역사의 시대'를 살고 있습니다. 한국사를 필수 과목으로 배우고, 한국인이 가장 많이 응시하는 시험이 '한국사 능력 검정시험'입니다. 〈파친코〉와 〈미스터 션샤인〉 등 역사적 사건을 소재로 한 콘텐츠를 소비하는가 하면, 건국절 논란이나 독도 분쟁 등 역사의 쟁점이 뉴스에 오르내립니다. 유튜브, 예능, SNS까지 한국사 이슈는 단골손님이고, 현안을 제대로 알지 못하면 대화에 어려움을 겪기도 합니다. 이른바 역알못(역사를 알지 못하는 이들)이라는 말이 있을 만큼, 역사 지식은 우리 사회에서 필수 상식처럼 되어가고 있습니다.

역사는 단순히 과거의 기록에 그치지 않고, 현재를 성찰하고 미래의 선택을 돕는 지침을 제공한다고 합니다. 역사 속 사건의 배경과 흐름을 살피면 그 안에 숨은 인간의 욕망과 도덕성, 국가와 사회의 본질과 운영 원리를 깊이있게 이해할 수 있기 때문일 것입니다. 우리 사회의 뜨거운 '한국사 열풍'이 반가운 이유가 여기 있습니다.

그런데 한국사를 바라보는 관점에서 몇몇 과한 지점들을 보게 됩니다. 한민족은 단일민족이라거나 혹은 그러한 이유로 우수하다, 남성 중심의 가부장적 사회가 우리의 전통이다, 쇄국의 나라여서 발전이 없다, 약소국이어서 과거에는 중국에, 앞으로는 미국에 의존해야 한다 등. 이런 시선은 크게 두 가지 오류에서 비롯됩니다. 하나는 한반도의 긴 역사를 몇몇 특정 사건, 혹은 잘못된 자료로 해석하고 이를 다른 사건에도 적용하려는 데에서 나오는 일반화의 오류입니다. 다른 하나는 한국사에서 '정답'을 찾고자 하는 강박에서 비롯합니다. 역사는 과거의 사건에 대한 참고자료를 제공해줄 뿐, 인공지능과 같은 명쾌한 답을 내려주지는 않습니다. 이런 오류에 빠지면 현실적 판단에 잘못된 영향을 주기도 합니다. 앞에서 예로 든 '단일민족' '가부장' '쇄국' '약소국' 등, 우리 스스로가 선을 그으며 만들어낸 역사관으로 세계를 해석하고 미래를 선택한다면 그 결과는 우리가 원하는 미래가 아닌, 과거에 얽매일 미래가 될지도 모릅니다.

저는 독자분들께 긴 호흡으로 한국사를 바라보기를 권합니다. 선사 시대부터 현대까지 아우르는 한국사를 공부하면서 기존에 그었던 한국사의 경계선을 좀 더 길고 넓게 확장해보면 어떨까 합니다. 《선 넘는 한국사》는 이러한 경계를 넘어, 새로운 시각에서 한국사를 재조명하고자 합니다. 한반도의 역사 속에서, 우리 선조들이 어떻게 국경을 넘나들며 새로운 세상을 만들었는지를 탐구합니다.

1부는 선사 시대부터 대한제국까지, 동아시아를 무대로 종횡무진 활동했던 선조들의 이야기를 다룹니다. 한국사는 중국과 북방 유목민족, 일본 등 동아시아의 관계 속에서 여러 생존 변수들을 만나면서 성장과 쇠퇴를 거듭했습니다. 군사적 힘뿐 아니라 약소국의 연합, 실리와 대의명분 등 다양한 외교 전략의 관점으로 파악하면 한국사를 편견없이 이해할 수 있을 것입니다.

2부는 한반도의 지리적 공간을 중심으로, 그동안 잃고 되찾은 우리의 땅과 역사를 돌아봅니다. 백두에서 한라까지, 한반도의 경계는 수없이 변해왔고, 그 치열한 생존과 성장의 과정에서 우리의 문화와 정체성도 함께 변화했습니다.

3부는 경계를 넘나든 교류와 혼합을 통해 더욱 강해진 한국사를 탐구합니다. 경계 밖에서 온 외국인들, 그리고 국경을 넘어 활약했던 한국인들의 이야기를 통해, 민족과 영토의 경계를 넘은 다채로운 역사 속에서 오늘날의 한국이 어떻게 형성되었는지를 살펴봅니다.

4부는 제국의 시대를 넘어, 민국을 탄생시킨 사상과 움직임을 다룹니다. 자유와 독립을 향한 도전은 단순히 정치적 독립만이 아니라 새로운 민족적 정체성을 형성하는 과정이었습니다. 이 과정에서 다양한 사상이 교차하고, 거침없는 도전들이 오늘날의 대한민국을 만들었습니다.

마지막 5부에서는 동서양의 만남을 통해 탄생한 '가장 한국적인 것'을 이야기합니다. 한국의 문화는 동양과 서양이 만나 독특한 형태로 발전해 왔습니다. 이 융합 속에서 한국의 무늬가 형성되었고, 그 문화적 유산은 오늘날까지 이어지고 있습니다.

역사에 대한 올바른 관점이란 무엇일까요. 이 책은 우리의 인식과 지식을 확장하여 열린 마음으로 과거와 현재를 바라보는 태도를 제안합니다. '선을 넘는다'라는 것은, 우리 안의 편견과 경계를 짓는 우월의식에서 벗어나, 세계와 나, 타자를 바라보는 더 넓고 깊은 시각을 갖는 것입니다. 지금 우리의 삶이 역사이고, 우리가 역사를 만들기 때문에 우리는 역사를 바르게 배워야 하는 것입니다.

이 책을 쓰는 데 많은 분들의 도움이 있었습니다. 생각정원 출판사 편집진의 도움이 아니었으면 책이 나올 수 없었을 것입니다. 그리고 강사 선생님을 포함하여 여행 이야기 식구들의 지지와 지원이 없었다면 방송과 강의, 글쓰기를 하기 어려웠을 것입니다. 또 KBS, SBS, EBS, CBS, 국악방송, CPBC, JTBC의 역사 프로그램 관계자 여러분, 국가유산청과 국가유산진흥원 관계자 여러분 덕분에 많은 공부를 할 수 있었습니다. 저에게 격려를 아끼지 않으신 동문 선배님, 동료, 후배에게 감사하다는 말씀을 전합니다. 그리고 방송, 강의에서 함께 한 여러 선생님, 또 부족한 것이 많은 제 이야기를 들어주신 많은 분께 이 자리를 통해 다시 한번 감사하다는 말씀을 드립니다. 무엇보다 늘 든든하게 지지해준 가족, 그리고 사랑하는 아내와 아들, 딸에게 고마운 마음을 전합니다

2024년 10월 가을
박광일

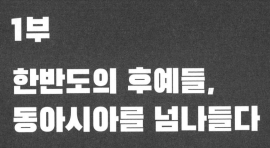

1부

한반도의 후예들,
동아시아를 넘나들다

– 종횡무진 한국사의 탄생

고대부터 현대까지 일어난 수많은 역사적 사건들은 단지 과거에 그치는 것이 아니라 현재와 연결이 됩니다. 중국의 동북공정, 일본의 과거사와 독도 분쟁 등 우리가 해결해야 할 역사 문제는 아직 많이 남아있고, 이는 역사를 바로 알아야 제대로 풀 수 있습니다. 그런데 한국사를 이해할 때, 우리 역사를 과대 해석하는 <환단고기>와 같은 유사역사학에 빠지거나 지나치게 우리 것만 강조하는 '국뽕' 역사학에 의존하는 일이 종종 있습니다. 이러한 편향적인 역사 인식은 올바른 해결법이 아닙니다.

동아시아의 역사 문제는 우리가 한국사를 폭넓게 이해하는 과정에서 해답을 찾을 수 있습니다. 그러려면 세 가지 관점이 필요합니다. 첫째는 한국사 '반만년'이란 프레임에서 벗어나는 일입니다. '반만년'은 기원전 2333년, 단군이 나라를 세웠다는 시기를 염두에 둔 것입니다. 청동기 시대의 유산인 고조선을 본격적인 문명의 시작이라고 인식하기도 하지만 최근에는 신석기 시대를 '혁명'으로 부르며 중요하게 다룹니다. 무엇보다 경기도 연천에서 구석기 유적을, 서울 암사동에서 신석기 유적을 발견했으니, 반만년이란 시간의 경계에 갇힌 역사 인식은 적절하지 않습니다.

두번째는 동아시아의 지정학적 관점에서 역사를 보는 것입니다. 현재 한국사의 기원이 되는 '나라들'은 한반도와 만주 일대에서 건국되었고 북으로 중국과 북방 유목민족, 남으로는 일본과 서로 영향을 주고받으며 성장해왔습니다. 초기에는 생존에 급급했지만 시간이 지나면서 국제 정세 속에서 생존을 넘어 성장을 위한 조건을 찾아내야 했습니다. 중국과 북방 유목민족, 일본의 급변하는 정세에 발맞춰 상대적이고 유연한 외교가 필요했던 것입니다. 강국이 되었을 때는 이웃국가들의 연합을 경계해야 했고, 약국이 되었을 때는 강국에 대항하기 위한 연합을 모색해야 했습니다. 지정학적 관점에서 중요한 점은 당시의 사건을 '정의'만이 아니라 '생존' '이익' '성장' 등 다양한 관점으로 바라보아야 한다는 것입니다. 서로 다른 상황에서 각 국가가 추구하는 이해관계는 상대적이기 때문에 단일한 기준으로 사건을 파악하기에는 한계가 있습니다.

마지막으로 한국사는 동아시아의 나라들과 교류하며 성장한 역사입니다. 대표적인 예로 삼국이 중국의 다양한 정치와 문화 그리고 불교를 받아들인 것, 백제와 가야가 일본에 철기나 불교를 전한 것이 그것입니다. 이러한 교류는 모두 국익에 바탕을 둔 전략적 차원에서 이해해야 할 것입니다. 백제와 일본의 긴밀한 관계는 중국과 고구려, 신라라는 강국들 속에서 생존과 성장을 위한 전략이었지, 선의를 베풀거나 수혜를 받는 방식은 아니었습니다. 그리고 이러한 교류는 일반적으로 사람의 이동을 의미합니다. 보통 우리의 고대사를 인식할 때 만주나 한반도에서 누군가가 일본으로 건너가 영향을 끼친 것을 중심으로 생각하지만, 그보다 더 큰 규모로 다른 지역에서 만주나 한반도로 온 사람들이 있었습니다. 그들의 흔적을 찾아보고 이해하는 것만으로도 우리 고대사의 경계를 넘어서는 데 도움이 되리라 봅니다.

1. 5,000년 역사가 전부는 아니다
선사 시대와 전곡리 유적

#세계 고고학계가 발칵 뒤집혔다고? #땡큐 보웬 상병 #잊어야 할 우월의식 #잊지 말아야 할 전곡리 유적 #끝내 기억해야 할 우리의 자화상, 혹독한 자연을 이겨낸 선사 시대 사람들!

경기도 연천 전곡리에서 발견된 주먹도끼(1978년)

〈한국을 빛낸 100명의 위인들〉이라는 노래가 있습니다. 신나게 따라 부르다 보면 자연스럽게 가사 속에 등장하는 인물과 사건을 통해 한국사 상식을 늘리는 데 도움이 되지요. 그런데 이 노래의 가사 가운데 고쳤으면 하는 부분이 있습니다. '삼천 궁녀 의자왕'이란 구절에서, 왜 굳이 '삼천 궁녀'를 강조해서 백제의 역사를 부정적으로 생각하게 만들었을까 하는 점입니다. 무엇보다 우리 역사의 시작과 관련해서 이 땅에 터 잡은 사람을 '단군왕검'이라고 한 것도 바꿔야 한다고 봅니다. 이 부분은 '반만년'의 한국사에 맞춘 것인데, 이는 구석기 시대와 신석기 시대부터 한국사를 배우고 있는 현실과 동떨어진 것입니다. 단군왕검 이전, 구석기 시대와 신석기 시대에 대한 인식을 갖는 것은 우리 역사를 조금 더 멀리 보고, 역사 시대와 달랐던 선사 시대를 다시 한번 생각할 기회를 만들어줍니다.

주먹도끼는 선진국, 찍개는 후진국?

한국의 구석기 시대는 약 70만 년 전부터 시작된 것으로 보고 있습니다. 지구 전체로 시야를 넓히면 구석기 시대는 수백만 년에 이릅니다. 우리나라에서 구석기 시대 연구는 조금 늦게 시작되었습니다. 일제강점기인 1930년대 함경북도 동관진현 강안리에서 구석기 유적이 발견되었지만 별다른 연구가 이뤄지지 않았습니다. 광복 이후 충청남도 공주 석장리와 함경북도 웅기 굴포리에서 구석기 유적이 발견된 1960년대에 비로소 구석기 시대 연구가 시작되었고, 1978년 경기도 연천 전곡리에서 유적이 발견되면서 구석기 시대 연구가 본격적으로 이뤄졌습니다.

연천 전곡리 유적은 우리나라를 대표하는 구석기 유적이라는 점과 함께 당시 세계 구석기 연구의 틀을 바꾸는 데 큰 영향을 끼쳤습니다. 예전에는 역사의 시작이 오래될수록 자랑거리라고 생각하는 풍조가 있어서 구석기 시대의 존재가 중요했고, 또 그 시대 중에서도 선진문화를 보유하고 있으면 더 큰 의미 부여를 했던 것 같습니다. 여기에는 인종에 따른 우열의식도 작용했던 것으로 보이는데, 이러한 구분에는 하버드 대학교 교수였던 모비우스의 '구석기 시대의 문화 구분에 대한 학설'이 영향을 끼쳤습니다. 모비우스는 구석기 시대 유물 가운데 가장 쓸모가 많은 주먹도끼가 인도의 서쪽에서만 나온다는 점에 착안해서 유럽이 문화적 인종적으로 우월하다는 근거로 삼았습니다. 곧 구석기 문화를 서반구의 주먹도끼 문화와 동반구의 찍개 문화로 구분한 것입니다.

전곡리 유적, 세계 구석기 연구의 틀을 깨다

그런데 연천 전곡리에서 주먹도끼가 발견됨으로써 모비우스의 학설은 깨지게 되었습니다. 연천 전곡리 유적은 발견 과정부터 흥미롭습니다. 1978년 주한미군이었던 그렉 보웬 상병이 여자 친구와 함께 전곡리의 한탄강에 놀러 갔다가 우연히 주먹도끼를 발견한 것입니다. 대학에서 고고학을 전공했던 그렉 보웬은 전곡리의 주먹도끼를 눈여겨보고, 프랑스 전문가와 서울대 김원룡 박사 등에게 확인을 받으면서 프랑스의 생-아슐 지역에서 처음 발견된 아슐리안형 주먹도끼임을 확인했습니다. 연천 전곡리 구석기 유적의 발견으로 한국뿐 아니라 아시아 구석기 문화가 인도 및 유럽, 아프리카와 다르지 않다는 것을 확인함으로써 구석기 문화에 그어진 편견의 선을 무너뜨렸습니다.

한편 일본은 구석기 유적의 빈곤함을 안타까워했던 모양입니다. 1949년 군마현 이와주쿠에서 구석기 유적이 발견되었지만, 약 3만 년 전 후기 구석기 유적이라 성에 차지 않았지요. 이런 가운데 일본 고고학계에 영웅이 등장했습니다. 독학으로 고고학자가 된 후지무라 신이치입니다. 그는 1981년 사사라기 유적 발굴 이후 독보적인 발굴 성과를 내면서 2000년에는 아시아에서 가장 오래된 80만 년 전 유적까지 찾아낸 것입니다. 그러나 내부 제보와 마이니치 신문의 취재로 후지무라의 사기 행각이 드러나게 됩니다. 유물을 묻어놓고 발굴한 것처럼 했던 것입니다. 이러한 후지무라의 사기 행각은 개인의 욕망도 있겠지만 일본 사회의 욕구도 반영되었다고 볼 수 있습니다. 이처럼 선사 시대를 포함하는 역사 연구는 어떤 특정한 가치가 개입하는 순간, 예를 들어 역사에 우월과 열등의 의미를 투영하거나 혹은 어떤 나라의 역사 상한을 끌어 올리고자 하는 욕망 등이 발현된다면 역사는 학문으로서 가치를 잃게 됩니다. 때로는 역사를 이용해 다른 목적을 이루려는 사람들에게 이용당할 수도 있습니다. 역사를 연구하며 경계를 넓혀가야 하지만 역사 연구, 혹은 역사를 바라보는 시선에서 넘지 말아야 할 선도 있는 것입니다.

신석기 시대 사람들은 어떻게 살았을까?

우리나라 신석기 시대의 유적은 얼마나 있을까요? 구석기 유적은 30여

곳 정도만 파악된 반면, 신석기 유적은 약 1만 년 전의 제주도 고산리 유적을 비롯해 서울의 암사동 유적, 한강과 낙동강, 대동강과 두만강 등의 강변과 서해와 남해, 동해의 바닷가를 중심으로 현재까지 1천 곳 정도의 유적이 알려져 있습니다.

신석기 시대 사람은 현대인의 조상이기도 합니다. 무엇보다 이 시대에는 이전에 볼 수 없던 여러 일들이 생겨났습니다. 수혈식 움집과 같은 주거 형태가 나타났고, 샤머니즘, 애니미즘, 토테미즘과 같은 신앙이 등장한 것입니다. 이러한 변화를 일으킨 원인으로 농업의 등장을 꼽을 수 있습니다. 참고로 한반도에서 벼농사가 시작된 것은 청동기 시대였고, 신석기 시대의 농사는 밭농사입니다. 그러나 밭농사를 했다고 해서 먹을거리가 넉넉해진 것은 아닙니다. 고려시대나 조선시대에도 흉년 관련 기록을 종종 볼 수 있었으니 신석기 시대의 농업 생산물이 풍족했다고 보기는 어렵지요. 수렵과 채집 생활을 병행했지만 구석기 시대와 달리 한 장소에 머물게 되면서 인구 증가로 생존의 압박이 더 컸을 것입니다. 그러나 농사의 시작은 사람들의 생각과 생활에 근본적인 변화를 일으켰습니다.

이제 자연과 더불어 사는 것에 그치지 않고 자연의 상황을 고려하고 관리하는 것이 중요해졌습니다. 농사를 짓기 위해 눈과 비를 관찰하고, 흉년이 들었을 때를 대비해 곡식을 저장했습니다. 여전히 물고기를 잡고 열매를 따지만, 잡은 짐승을 기르기도 했습니다.

청동기 시대에 들어가며 벼농사가 이뤄졌습니다. 이러한 농업의 발전은 기존의 수렵, 채집, 목축 등과 함께 잉여 생산물이 생겨날 바탕을 만들면서, 먹을 것을 구하는 일을 하지 않고도 살아갈 수 있는 사람이 생겨났습니다. 이들은 공동체를 다스리는 군장, 나라를 지키는 군인 등으로, 더 큰 사회로 나아갈 바탕이 만들어진 것입니다. 그런 점에서 농사, 그리고 수렵과 채집을 위한 공간은 더욱 중요해졌습니다. 영역은 영토처럼 배타적인 공간이 필요해졌으며 이를 확보하려는 경쟁이 차츰차츰 시작되었습니다.

이처럼 선사 시대 사람들은 자연 속에서 배운 경험과 지식을 최대한 활용하여 살아남기 위해 노력했을 것입니다. 비록 이 시기에 한국사는 기록으로 전해지지 않지만, 우리는 이들이 남긴 유물을 통해 그 시대를 상상합니다. 혹독한 자연환경 속에서 생존을 위해 돌도끼를 만들고, 밭을 일구어 농작물을 키운 그들. 기록에 없는 그들만의 생존법은 몸짓과 행동 그리고 관습으로 이어져 우리 유전자 속에 깃들어 있지 않을까 합니다.

위대하거나 우월한 가치가 필요하지 않은, 오로지 자신과 공동체의 생존을 위해 치열하게 삶을 살아간 선사 시대 사람들. 우리의 한국사는 그들을 떠올리는 것에서 시작을 해봐도 좋지 않을까요.

2. 청동검을 쥔 한국사 최초의 지배자

고조선과 단군

#곰과 호랑이, 천손의 대결 #우리 조상은 누구? #상상하라, 중국에 맞서 청동검을 쥔 단군의 위엄 #보이면 걸러내야 할 유사역사학

고조선의 추정 영역

중국 상해상하이의 외국인 묘지에는 김구 선생의 부인 최준례 선생의 무덤이 있습니다. 그 묘지의 비석에 특이한 부분이 있는데, 최준례 선생이 태어난 때를 알려주는 부분에 한글로 'ㄹㄴㄴㄴ해 ㄷ달 ㅊㅈ날 남'이라고 적은 것입니다. 비문이라는 점을 볼 때, 눈 밝은 독자들은 한글 자음이 숫자임을 짐작했을 겁니다. 최준례 선생이 4222년 3월 19일에 태어났음을 적은 것이고, 4222년은 단기를 뜻합니다. 그 다음줄에는 대한민국 6년, 곧 대한민국임시정부가 생긴 1919년을 기준으로 삼은 새로운 연호를 적었습니다.

임시정부가 단기를 쓴 이유는?

역사를 구분할 때 크게 선사 시대와 역사 시대로 나눕니다. 선사라는 말은 '역사 시대 이전'이라는 점에서 상대적 개념임을 알 수 있습니다. 제대로 된 기록은 없고, 시간은 역사 시대보다 훨씬 길다보니 이 시기를 구별할 필요가 있었지요. 그래서 덴마크 고고학자였던 톰센은 '도구의 재료'에 따라 석기 시대, 청동기 시대, 철기 시대로 구분하자고 주장했고, 이것이 오늘날 널리 사용되는 구분법이 되었습니다. 석기 시대는 다시 구석기 시대와 신석기 시대, 혹은 그 중간에 중석기 시대를 두기도 합니다. 다만 선사 시대에 들어가는 청동기 시대와 철기 시대는 지역에 따라 문헌 기록이 남아있는 역사 시대와 겹치기도 합니다. 일례로 고조선의 경우 초기 역사는 고인돌이나 비파형 동검 등의 유물을 통해 파악하는 선사 시대에 해당한다면, 후기 역사는 중국 측 사서 등에 기록이 남아있다는 점에서 역사 시대에 접어들었다고 할 수 있습니다.

이런 점에서 고조선은 선사 시대와 역사 시대가 섞여 있는 나라였습니다. 그리고 고조선의 기원으로 알려진 단기는 기원전 2333년에 서기 햇수를 더해서 나오는 숫자입니다. 그러므로 단기 4222년에서 2333년을 빼면 우리가 익히 쓰는 서력기원, 곧 서기 연도가 나옵니다. 최준례 선생의 비문을 좀더 해석하자면, 선생은 1889년에 태어난 것입니다.

최준례 선생의 비문을 보면 태어난 날은 단기를 사용했지만, 사망한 날은 '대한민국 ㅂ해 ㄱ달 ㄱ날 죽음'이라고 적혀있습니다. '대한민국 ㅂ해'는 곧 대한민국 6년을 의미하고 임시정부의 연호를 사용한 것입니다. 이 외에도 민간에서는 조선 건국 기원 등 여러 기준으로 해를 세기도 했습니다. 그러다가 대한민국 정부 수립 이후 단기를 공식적으로 채택하며 정부의 공문서에 쓰게 됩니다. (참고로 단기를 처음 쓴 것은 고려 공민왕 때입니다.) 5.16 군사쿠데타 이후인 1962년부터 지금의 서기를 공식적으로 쓰기 시작했습니다.

단기가 생겨난 배경은 우리 역사의 시작을 단군왕검이 건국한 고조선에서 찾고 있는 것이어서 단군왕검은 우리 민족의 시조와도 같은 존재입니다.

단군, 한국사에 알려진 최초의 지배자

신화 속 존재인 단군왕검을 역사에서는 어떻게 해석할까요. 곰이 동굴에서 마늘과 쑥을 먹고 사람이 되었다는 신화 속 이야기는 있는 그대로 믿기는 어렵습니다. 대신 동굴에 들어간 곰과 호랑이가 토테미즘과 관련이 있다고 보는 것처럼 역사적 해석에 따라 단군왕검은 고조선의 제사장^{단군}과 정치권력^{왕검}을 모두 가진 존재로 보고 있습니다. 우리나라뿐 아니라 다른 여러 고대국가에서 볼 수 있는 제왕, 혹은 그 이전의 초기 국가 지도자의 모습이라고 할 수 있습니다. 더 나아가 '단군신화'를 통해 곰 토템 부족과 호랑이 토템 부족, 그리고 천손을 주장하는 부족의 결합과 경쟁을 상정할 수 있습니다. 그런데 이러한 단군신화가 대체로《삼국유사》,《제왕운기》처럼 고려말 기록이라는 점에서 현대의 역사학은 이를 다시 해석할 필요가 생깁니다. 그리고 고고학이나 인류학과 같은 인접 학문의 도움을 받고 국내외에 남아있는 문헌자료를 비교 검토해보아야 먼 과거의 역사에 근접할 수 있으리라 봅니다.

우리나라 사서에 고조선 관련 기록이 처음 등장하는 것은《삼국유사》입니다. 여기에 단군조선, 중국에서 온 기자가 세웠다는 기자조선, 나중에 고조선을 지키는 역할을 자임했다가 왕위를 차지한 위만이 중심이 된 위만조선 관련 내용이 나옵니다. 그리고《제왕운기》에서는 고조선을 '전조선'으로, 기자조선을 '후조선'으로, 위만조선과 함께 '삼조선'으로 구분하고 있습니다. 여기에 나오는 기자가 동쪽으로 왔다는 내용은 현재 역사학계에서 부정하고 있습니다. 중국 은나라의 왕족이던 기자에 대한 기록이 기원전 2~3세기에 집중하는 점에서 일정한 의도가 있다고 본 것입니다. 기자가 올 당시 중국에서 흔히 쓰던 갑골문을 옛 고조선의 영역에서 찾을 수 없고 고조선 영역에서 쉽게 볼 수 있는 비파형 동검 문화를 압도하는 다른 유물을 찾아볼 수 없기 때문입니다. 그런 점에서 기자조선은 은나라와 주나라의 교체기, 중국의 유이민이 이동한 것을 확대 해석한 것으로 보고 있습니다. 기자에 대한 내용은 조선시대에 중국을 높이는 사상에 따라 증폭된 부분도 있습니다.

그렇다면 다른 나라에 등장하는 고조선 기록은 어떨까요. 고조선 관련 내용이 나오는 중국의 사서로는 사마천이 편찬한 《사기》 '조선전'이 유명한 편입니다. 이보다 이른 시기, 춘추전국 시대의 상황을 적은 지리서인 《산해경》, 관중이 지은 책으로 알려진 《관자》에도 '조선'이 등장하고 있습니다. 그런 점에서 고조선의 존재 자체는 확실하다고 할 수 있으나 고조선의 기원을 비롯한 시기에 대해서는 우리나라 기록과 차이가 큰 편입니다. 《삼국유사》는 고조선 건국을 요임금이 즉위한 지 50년이라고 기록하고 있고, 《제왕운기》에서는 요임금과 같이 즉위했다고 적혀있습니다. 대략 기원전 2300년대입니다. 이러한 기록의 차이는 고조선이 일정한 영향력을 행사할 수 있는 나라로 발전했느냐 여부, 중국에서 고조선을 인식한 시기 등으로 인한 차이로 볼 수 있습니다.

이러한 기록을 바탕으로 고조선의 역사를 정리해보면 신석기 시대부터 등장한 고조선의 중심 세력이 청동기 시대에 실체가 두드러지게 나타난 것이며, 중국 측 기록에 나오는 고조선은 어느 정도 성장한 이후일 것입니다. 이렇게 고조선 관련 기록이 적어서 고조선의 도읍지, 그 강역에 대해서도 명확하게 말하기 어려운 부분이 있습니다. 대체로 고조선의 도읍지를 기준으로 요동 중심설, 평양 중심설, 요동에서 평양으로 이동설을 두고 논의가 이어지고 있습니다. 중국의 춘추전국시대 관련 사서인 《관자》를 보면 연의 동쪽에 조선의 존재에 대해 적고 있습니다. 또 《사기》에서는 연나라가 장군 진개를 보내 조선의 강역 2천 리의 땅을 빼앗았다는 기록도 있습니다. 이를 통해 요동에서 요서, 한반도 북부에 걸친 고조선의 영역을 상정할 수 있습니다. 실제로 고조선의 유물로 대표적인 것으로 꼽는 비파형 동검, 고인돌의 영역과 상당 부분 일치하는 편입니다. 이후 연나라의 공격으로 고조선은 위기를 겪었으며, 한 무제의 공격으로 위만조선이 멸망하고 말았습니다.(기원전 108년)

한국사를 사랑하는 이유는 우월함과 위대함이 아닌 이것

고조선의 역사는 기록이 부족하다보니 많은 연구가 필요해 보입니다. 그런데 최근에 고조선 역사에 대해 확신에 찬 태도로 자세한 부분까지 해설하는 경우를 종종 볼 수 있습니다. 중국 기록인 《산해경》, 《만주원류고》 등을 인용해 고조선, 곧 조선이 숙신(기원전 5~6세기 동북부 지역에 살았던 종족)과 같은 존재이며 고조선의 영역이 중국 베이징까지 이르렀다고 합니다. 사실 이들 기록은 역사를 그대로 기록한 것으로 보기 어려운 부분이 있습니다. 《산해경》은 당시의 기이한 일을 많이 포함하고 있으며, 《만주원류고》는 청 건국 이후 만주족을 중심으로 기술하는 과정에서 과장과 생략이 과하다는 평가를 받는 책입니다.

그리고 한국의 책 《신단민사》, 《단기고사》, 《단군고기》, 《규원사화》, 《환단고기》 등을 인용해 단군조선 왕의 계보 및 영역을 좀더 자세하고 명확하게 해설합니다. 예를 들어 단군조선의 1세 왕인 단군왕검으로부터

47세 단군 '고열가'까지 조선 왕의 계보처럼 구체적으로 언급하고, 고조선이 제후를 거느린 천자국이라고 주장하기도 했습니다. 그리고 고조선이 한반도와 만주뿐 아니라 중국, 그리고 천하를 경영한 나라였으며, 내란과 외침이 없었고, 환웅이 신시에 도읍을 정하면서 나라의 이름을 '배달'이라고 정했다는 등의 내용을 볼 수 있습니다. 듣기에는 신나는 이야기지만 앞에 살펴본 기록과 어긋나거나 혹은 당시 역사적 사실과 맞지 않는 부분이 많습니다. 무엇보다 이러한 기록에 참고한 책이 나중에 지은 가짜 역사책, 곧 '위서'라는 점입니다. 역사학에서 가장 기본적인 부분인 사실을 다뤄야 한다는 점에서 문제가 있습니다.

물론 모든 역사책이 사실만을 기록한 것은 아닙니다. 그러나 일반적으로 역사책에 들어있는 거짓을 찾아내는 것과 그 시대에 있지 않았던 것을 적은 후대의 책과는 비교 대상조차 될 수 없습니다. 예를 들어《단기고사》에는 당대에는 표현할 수 없는 '수성에서 명왕성의 태양계'에 대한 내용이 나옵니다. 이는 어떤 결론을 염두에 두고 기존의 기록을 짜깁기했다고 볼 수 있습니다.

문제는 이러한 주장이 일부 사람들에게 큰 반향을 일으키는데, 거기에는 우리 역사, 우리 민족을 우월하고 특별한 존재로 생각하기를 바라는 마음이 담겨있습니다. 그런데 더 큰 문제는 이러한 내용에 대해 사료나 고고학 자료를 통해 비판하면 식민주의에 찌든 존재로 폄하한다는 것입니다. 식민주의 역사학에 빠져 우리 역사를 그릇되게 알리고 가르친다는 것이지요.

지금 활동하는 역사학자들을 지도한 이들이 일제강점기 일본인 역사학자에게 공부한 이들이기 때문에 식민주의 역사학을 따른다는 것입니다. 현대 한국의 역사 연구자들이 일제강점기 연구뿐 아니라 일제의 역사 왜곡에 많은 노력을 기울이고 있는 상황에서 그런 비판은 어이없는 것입니다. 오히려 한국사를 촘촘하게 만들고 빈틈을 채우려는 그분들의 연구를 격려해야 할 것입니다. 그런데 고대사를 확장하는 것에 열심인 이들은 증거를 선별적으로 채택하고, 과거에 부정된 이론을 유효한 것처럼 가져오거나, 독자들이 가능성과 개연성을 혼동하도록 하며 예외적 증거를 선호하면서 고조선을 중심으로 '위대한 과거'를 주장하며 더 나아가 기존 역사학계를 매도하고 있습니다. 조금 늦은 감이 있으나 최근에 '유사역사학'을 비판하는 책(이문영,《유사역사학 비판》)도 나왔습니다.

단순화의 위험이 있긴 하지만 일반적인 역사 연구는 당시 상황을 이해하는 데 집중합니다. 이와 달리 유사역사학, 곧 사이비역사학은 영토 문제나 우리 역사의 기원 시기를 끌어올리는 데에 관심을 두는 경향이 있습니다. 더 나아가 이를 바탕으로 한국사와 우리 민족의 우월함으로 마무리 짓고자 합니다. 그러나 고대, 중세에는 지금처럼 경제, 군사적으로 경계가 뚜렷하지 않았으며 유효한 영토란 인구 및 경제 활동이 바탕이 되어야 의미가 있습니다. 더 나아가 폐기되어버린 단일민족설과 같은 배타성의 위험을 생각해본다면 적절하지 않은 '역사를 가장한 기록'을 찾아낼 수 있을 것입니다. 우리가 한국사를 사랑하는 이유는 중국과 북방 유목민족, 일본을 견주면서 우리의 우월성을 부각해서가 아니라 본질적으로 이 땅에 살던 우리 조상의 고민이 담긴 역사이기 때문임을 잊지 말아야 합니다.

3. 강대국들 사이에 낀 부여, 조선보다 장수한 비결은?

부여의 중국 외교

#야생보다 더 무서운 중국과 북방 유목민족 #그야말로 생리얼 양육강식 #힘의 균형은 중요하지만 한 나라에 의존하는 외교는 위험해 #중국과 미국 사이에 낀, 우리 이야기?

부여의 추정 영역(기원전 4세기)

‘부여’라고 하면 무엇이 떠오르시나요? 보통은 백제의 세 번째 도읍지였던 부여사비, 곧 오늘날의 충남 부여를 떠올릴 것입니다. 그렇다면 충남 부여와 현재 만주 북쪽에 자리했던 고대 국가 부여는 어떤 관계일까요? 부여는 고구려, 백제, 신라에 가려 존재감이 떨어지지만 고조선의 멸망 이후 북방에서 고구려와 더불어 큰 영토를 차지한 강국이었습니다.

부여의 도읍지 ‘부여성’은 연구자에 따라 의견이 갈리지만 지금의 길림성지린성 농안눙안이나 장춘창춘으로 보고 있습니다. 보통 고구려와 광활한 만주벌판을 연결해서 생각하지만 실제로 고구려는 처음 이름이 ‘구루’ 혹은 ‘구려’가 골짜기를 뜻한다는 점에서, 도읍지를 중심으로 벌판에 어울리는 나라는 고구려보다 부여가 더 적절할 것입니다. 만주 답사를 위해 고속열차를 타고 장춘 일대를 지나간 적이 있었는데, 끝없이 이어지던 옥수수밭은 ‘광활함’ 그 자체였습니다.

백제가 국호를 남부여로 바꾼 이유

우리 역사에서 부여는 고구려, 백제, 신라로 대표되는 삼국시대의 반열에는 들어가지 못했지만, 이 시대에 부여가 큰 영향력을 발휘했다는 것은 백제를 통해 알 수 있습니다.

백제의 성왕은 ‘다시 강한 나라가 되었다’라고 선언한 부왕, 곧 무령왕의 자신감에 발맞추어 백제 중흥을 위해 웅진공주을 대신할 새로운 도읍지 건설에 들어갔습니다. 오랫동안 준비한 성왕은 538년 웅진에서 사비로 천도했습니다. 사비는 웅진과 달리 철저한 계획 속에서 만들었고 도읍지를 둘러싼 나성도 건설했습니다. 그리고 금강에 인접하여 옛 한성과 많이 닮았고, 백제의 전성기를 생각나게 하는 모습이었습니다. 성왕의 사비 천도가 지향하는 것이 무엇인지 짐작할 수 있는 대목입니다. 성왕은 사비 천도와 동시에 나라 이름도 백제를 대신해서 남부여라고 바꾸었습니다. 성왕이 남부여란 국호를 정한 데에는 나름의 이유가 있었습니다. 고구려와 경쟁하던 백제는 계속 패배의 아픔을 겪어야 했습니다. 아신왕은 광개토대왕에게 항복했고, 개로왕은 장수왕에게 죽임을 당한 비운의 역사가 있었으니 이를 극복하고자 했던 것입니다. 그러나 역사를 보면 부여에서 주몽이 나오고, 주몽으로부터 온조가 나왔으니 백제로서는 명분상 고구려에서 나온 나라라는 이미지를 떨쳐내기가 어려웠습니다. 이에 성왕은 백제가 옛 부여를 계승한다는 의미를 담아 고구려와 같은, 아니 고구려보다 더 정통성을 가진 나라임을 드러내고자 한 것입니다.

중국과 우호, 북방 유목민족과 고구려는 긴장으로 균형을 맞추다

부여에 대한 기록은 중국 사서인 《사기》에 처음 나옵니다. 기원전 104년의 일입니다. 그리고 《삼국지》 '동이전' '부여조'에 조금 더 자세한 기록이 나옵니다. 여기에 "부여는 매우 부유하고 다른 나라에 패해본 적이 없는 나라"라는 기록이 있습니다. 이를 통해 부여가 일찌감치 경제력과 군사력을 갖춘 나라였음을 알 수 있습니다. 부여의 시작은 송화강과 눈강 사이의 평원으로 알려져 있는데, 농경과 목축을 하기에 좋은 곳입니다. 이런 부여가 고구려의 압박을 받아 문자왕 때인 494년에 멸망했으니 곧 고조선 때부터 고구려의 전성기까지 600~700여 년 동안이나 존재했던 것입니다.

부여가 긴 역사를 이어간 바탕에는 국력이 강했던 것도 있지만, 외교 관계에도 능숙했기 때문입니다. 다만 부여의 외교에는 편향성이 있어서 중국의 왕조들과는 화친했던 반면 북방 유목민족과는 충돌이 빈번했습니다. 여기에는 지정학적 이유도 있었습니다. 유목민족은 부여를 침범할 가능성이 있었다면, 중국은 멀리 떨어져 있었기 때문이지요. 그리고 부여와 남쪽으로 국경을 마주한 고구려와는 대체로 적대적인 관계였습니다. 초기에는 부여가 고구려를 압박하는 형세였다면 시간이 흐를수록 고구려가 부여를 압박하는 형세로 바뀌었습니다.

부여의 외교와 전쟁의 역사를 살펴보면 고대 한반도와 만주의 정세를 이해하는 데 도움을 줍니다. 먼저 부여와 중국은 비교적 사이가 좋았습니다. 한나라 무제 때 위만조선을 멸망시킬 때에도 한나라는 부여에 대해 우호적인 관계를 유지하고자 했습니다. 다른 유목민족, 곧 흉노와 선비족의 침입을 막기 위해 부여가 필요했던 것입니다. 이는 부여도 마찬가지여서 후한이 건국했을 때도 부여는 돈독한 관계를 이어나갔습니다. 후한도 고구려를 압박하기 위해 부여가 필요했던 것입니다. 다만 부여는 이미 강성해진 고구려를 자극할 필요가 없다고 생각해 고구려와는 충돌 없이 화친을 유지하고자 애를 썼습니다. 그러나 고구려가 한사군을 공격하는 일이 잦아지면서 후한과 우호적이었던 부여와 고구려가 군사적으로 충돌하는 일이 많아졌습니다. 반대로 부여와 후한의 관계는 돈독해서 120년, 부여 왕은 아들 위구태를 후한에 파견했고 후한이 여기에 사례하기도 했습니다. 여기에 더해 고구려 태조왕 때 현도성 공격에서 후한과 부여가 같이 고구려군과 맞서 싸웠다는 기록도 있습니다.

이와 같은 부여와 중국의 관계는 중원에 다른 나라가 들어선 뒤에도 이어졌습니다. 요동 지역의 호족으로 세력이 강했던 공손씨 가문과 혼인한 부여는 위나라의 관구검이 고구려를 침략할 때 위나라 군대에 군량을 지원하기도 했습니다. 위나라를 이어 건국한 사마씨의 진나라와도 부여는 우호적인 관계를 유지하며 동아시아 외교의 한 축을 맡았습니다.

그러나 부여 외교의 중심축인 중원에 문제가 생기며 부여는 위기에 빠졌습니다. 선비족이 진나라와 불화하면서 진나라와 가까이 지내던 부여를 공격한 것입니다. 285년 모용외가 이끄는 선비족은 부여의 도읍지를 함락하고 부여 왕 의려가 자결하는 일이 벌어졌습니다. 또 1만여 명의 부여 사람이 포로로 끌려갔는데, 당시 부여 왕실은 북옥저로 피란을 가며 겨우 명맥을 유지할 정도였습니다. 이때 진나라도 급하게 움직여 장수 가침을 보내 부여를 도왔고, 의려왕의 아들 의라가 다시 자리를 잡을 수 있도록 했습니다.

그러나 진나라가 남쪽으로 이동한 뒤 중국 북쪽에는 5호 16국 시대의 혼란이 이어졌습니다. 옛 진나라 땅에 자리를 잡은 선비족의 압박이 심해졌습니다. 선비족은 전연을 세웠는데, 전연의 모용황은 고구려와 부여를 모두 공략하려고 했습니다. 346년 부여를 공격한 전연의 모용황은 부여 왕과 백성 5만 명을 포로로 납치해 돌아갔습니다. 이후 전연이 남조 쪽에 집중하면서 부여는 명맥을 유지할 수 있었고, 전연이 멸망하자 그 자리에 들어선 북위와는 화친 관계를 맺었습니다. 그러나 부여의 국력은 예전 같지 않았습니다. 이제 약해진 부여의 운명은 동아시아 강국으로 떠오른 고구려의 손에 달려있게 됩니다.

강대국들 사이에 낀 부여, 우리가 기억해야 할 이것

부여와 고구려는 건국 초기를 제외하고는 서로를 복속하려는 적대적인 관계였습니다. 초기에는 '금와왕과 주몽의 사이가 좋았음'이라는 외교문서 내용, 고구려 태조왕이 부여에 행차하여 태후의 묘에 제사를 지냈다는 기록이 등장하기도 했습니다. 그러나 부여는 고구려의 성장을 두려워했습니다. 부여의 대소왕은 고구려가 강성해지기 전에 예속시키려고 인질 교환을 요구했고, 유리왕은 태자 도절을 인질로 보내고자 했으나 도절이 끝내 거부했습니다. 이에 부여는 기원전 6년, 5만의 대군을 동원하여 고구려를 공격했습니다. 이때 부여는 자신들을 가리켜 대국이라 칭하며 고구려를 압박했고, 이를 이겨낼 수 없었던 고구려는 겉으로 따르는 척하며 국력을 키웠습니다. 그러나 곧 부여와 고구려의 세력 균형에 역전이 일어났으니 13년, 부여의 대소왕이 고구려를 공격했다가 대패했습니다. 22년에는 고구려의 대무신왕이 부여를 공격했는데, 이 과정에서 부여의 대소왕이 전사하고 왕실의 핵심 인물이 고구려에 항복하거나 다른 나라를 세우는 등 분열되고 말았습니다.

이후 부여는 앞에서 살펴본 것처럼 후한, 삼국의 위나라, 진나라와 외교를 맺어 고구려의 압박을 겨우 피했지만, 5호 16국 시대에 접어들면서 외교마저 별다른 성과를 거두지 못하게 된 것입니다. 결국 고구려는 광개토대왕 때 부여의 옛 왕성인 길림성 일대를 점령했고, 494년 문자왕 때 부여를 멸망시켰습니다.

부여가 외부의 침략에 취약했던 이유는 지리적으로 평원에 자리한 것과 관련이 있습니다. 무엇보다 중국과 우호적인 관계를 유지하며 북방 유목민족과 고구려를 견제했지만, 중국의 상황이 혼란스러워지자 다른 대안이 없었다는 것입니다. 시대의 변화에 따라 인접 국가들과 외교를 다원화해야 했는데 이에 실패했고, 적극적으로 국력을 기르지 못한 점도 멸망의 원인이었습니다. 외교는 변수이고 국력은 상수인데 변수와 상수를 모두 놓친 것입니다.

부여는 고구려에게 멸망했지만 고구려 남쪽에 새로운 부여가 다시 등장할 정도로 동아시아에서 위세를 떨친 나라였습니다. 한반도에서 조선왕조 500년보다 더 긴 시간을 살아냈던 부여. 이제 고대 역사를 이야기할 때, '삼국시대'라는 삼국의 선을 넘어 부여의 역사도 함께 생각해보면 좋을 듯합니다.

4. 천하의 질서에 맞짱 뜬 동아시아의 다크호스

고구려의 균형 외교

#중국과도 맞짱 뜬 나라 #진정한 균형 외교란? #스스로 강한 국력 #합리적 선택을 이끄는 다원주의 #잘못된 선택이 파멸을 부른다

고구려 전성기의 세력 범위(5세기)

우리나라 사람 대부분이 고구려를 좋아합니다. 동북아시아의 강자이자 북방까지 영토를 넓힌 나라여서 긍지와 자부심을 느끼기 때문일 겁니다. 그렇다면 고구려를 상징하는 왕 혹은 인물은 누구일까요. 역사에서 정답을 찾는 것은 어려운 일이지만 적어도 이 질문에서만은 쉽게 답이 나올 것 같습니다. 바로 광개토대왕입니다. 광개토대왕은 한국 역사에서 보기 드물게 정복 군주의 위엄을 보여주었고, 광개토대왕 재위 시절이었던 5세기에 고구려는 가장 명성을 떨쳤습니다.

하지만 정복 전쟁은 어렵고 힘든 일입니다. 정복의 과실을 기대할 수 있는 귀족에게도 전쟁은 위험한 도박과 같았습니다. 고대에는 전쟁 비용 등을 귀족 가문에서 마련했기 때문에 성공하지 못한다면 나라도 귀족도 망하는 일이었지요. 그렇다면 광개토대왕을 비롯해서 고구려의 왕들은 왜 위험을 무릅쓰고 전쟁에 임한 걸까요? 그 맥락을 이해하게 되면 고구려가 왜 동아시아의 숨은 실력자, 즉 다크호스인지를 알 수 있습니다.

한 손에는 평화, 다른 한 손에는 응징

고구려의 초기 역사는 위기의 연속이었습니다. 동천왕 때 위나라의 침입이 대표적일 것입니다. 동천왕은 아주 현명해서 국제 정세를 잘 읽고 외교를 펼쳤습니다. 중국이 위, 촉, 오 삼국으로 분열된 상황을 최대한 활용했고, 손권의 오나라가 사신을 파견하자 외교 관계를 맺어 고구려에 적대적이었던 요동의 공손씨 세력과 위나라를 압박했습니다. 그러나 오나라가 고구려를 가볍게 여긴다고 느끼자, 동천왕은 반대로 위나라와 친하게 지내고자 했습니다. 위나라가 공손씨 세력을 멸망시킬 때 군대를 보내 도와주기도 했는데, 위나라가 고구려의 몫을 챙겨주지 않자 실망한 동천왕은 전략적 요충지인 서안평을 기습 공격했습니다. 이에 위나라도 고구려를 공격했는데, 당시 동아시아 최강의 군대를 거느린 위나라의 침입을 두 번이나 막아냈습니다. 그러나 위나라 무장 관구검의 계책에 빠져 고구려군 대부분이 전사하고 도읍지였던 국내성도 함락되며 위기에 빠졌습니다. 이때 동천왕을 지킨 것은 충신 밀우와 유유였습니다. 밀우는 결사대를 이끌며 동천왕이 피난 갈 시간을 벌어주었고, 유유는 거짓 항복으로 적장을 죽이겠다는 계책을 동천왕에게 올리고, 이를 성공한 뒤 목숨을 끊었습니다. 결국 최악의 위기를 극복한 고구려는 미천왕 때 다시 기회를 엿보았습니다. 위나라가 멸망하고 그 자리에 들어선 진나라가 혼란에 빠진 틈을 타마침내 서안평을 차지하여 요동 진출의 교두보를 확보한 것입니다.

이처럼 고구려는 700년 혹은 900년(광개토대왕비 비문 내용 기준)에 이르는 역사를 유지하는 동안 주변국들이 수없이 명멸하는 혼란과 압박 속에서도 전쟁이든, 외교든 적극적인 대외전략으로 위기를 이겨내며 국력을 키워갔습니다.

이러한 고구려 대외전략의 핵심은 바로 '균형'과 '다원주의'였습니다. 강자가 생기면 이를 견제하기 위해 주변 나라와 외교 관계를 맺는 방식이었습니다. 당시 고구려가 최강국은 아니어서 이런 전략을 써야 했는데, 이를 위해서는 두 가지 조건이 필요했습니다. 하나는 고구려가 주변 나라와 어느 정도 경쟁할 만한 국력이 있어야 하며, 다른 하나는 주변의 상황을 파악하고 대처하는 역량이 있어야 한다는 점입니다. 다만 그런 역량을 갖추었어도 국제 관계에는 다양한 변수가 있어서 계속 성공할 수만은 없었습니다. 실제로 비슷한 외교 전략을 썼음에도 고국원왕은 실패했고 장수왕은 성공했다는 평가를 받기도 했습니다.

선비족과 백제에 당한 고국원왕 - 균형 외교의 실패 사례

고국원왕은 태자 시절 아버지 미천왕이 북방의 여러 민족과 복잡한 국제 관계 속에서 때로는 협력을, 때로는 전쟁을 벌이는 모습을 보면서 성장했습니다. 이 시기에 고구려를 위협한 강력한 적은 모용씨 선비족입니다. 이들은 이미 부여를 멸망 직전까지 몰아갔고, 고구려도 위협으로 여겨 대규모 병력을 동원해 고구려 침략에 나섰습니다.

이 정보를 입수한 고구려는 북쪽의 넓고 큰 길에 정예병력 5만을 배치하고, 좁고 험한 길인 남쪽 길에는 고국원왕이 소수 병력을 이끌고 맞섰습니다. 그런데 이러한 고구려의 예상과 달리 모용씨 선비족은 정예병력을 남쪽으로 보내고 상대적으로 적은 수인 1만 5천의 병력을 북쪽 길로 보냈습니다.

허를 찔린 고구려의 고국원왕 부대는 모용씨 선비족의 공격에 선봉장을 잃고 환도성까지 잃게 되었습니다. 모용씨 선비족은 항복을 요구했으나 고국원왕은 항전을 결정했습니다. 다행스럽게 북쪽 길에서 모용씨 선비족을 격파한 고구려 본대가 구원에 나서자 모용씨 선비족 역시 퇴각했습니다. 그러나 모용씨 선비족은 미천왕의 무덤을 파헤쳐 그 시신을 가져갔습니다. 또 왕의 생모인 태후를 인질로 잡아갔고 5만 명에 이르는 고구려 백성을 포로로 잡아갔습니다.

상황이 이렇게 되자, 고국원왕은 형식적으로나마 모용씨 선비족에 고개를 숙이지 않을 수 없었습니다. 진기한 물건을 보내 화해를 요청하는 유화책 덕분에 미천왕의 시신은 돌려받을 수 있었습니다. 태후는 모용씨 선비족이 전연을 건국하고 중원의 강자가 된 뒤에 비로소 고구려로 돌아올 수 있었습니다. 전연은 370년 또 다른 이민족인 저족이 세운 전진에게 멸망했는데, 이때 전연의 모용씨 일파가 고구려로 도망을 왔습니다. 고구려는 이들을 잡아 전진에게 보내 우호관계를 맺었습니다. 고국원왕이 죽은 직후, 소수림왕 때 전진에서 고구려에 부견을 보내 불교를 전파한 것은 이러한 분위기 속에서 이뤄진 것입니다.

적대적이던 전연에서 우호적인 전진으로 교체되면서 북쪽의 정세는 안정되었습니다. 그런데 이번에는 고구려의 남쪽 전선에 긴장감이 고조되기 시작했습니다. 백제의 근초고왕이 지금의 경기도, 황해도 일대에서 영역을 넓혀가고 있었던 것입니다. 위기감을 느낀 고국원왕은 60세가 넘은 나이에도 다시 백제를 공격하기 위해 전장에 나섰습니다. 그러나 예성강 일대에서 벌어진 전투에서 백제군에게 일격을 당하며 고구려군은 수세로 몰리게 됩니다. 전황이 고구려에 불리하게 변하자 백제군은 평양성을 공격해 왔습니다. 고국원왕은 이때 성을 지키다 화살을 맞았는데, 이 부상이 원인이 되어서 죽음을 맞이했습니다.

북위와 송, 그리고 백제를 제압한 장수왕 – 균형 외교의 성공 사례

고국원왕이 겪었던 고구려의 시련은 소수림왕, 고국양왕을 거치며 광개 토대왕 때 크게 상황이 바뀝니다. 착실하게 국력을 기른 고구려는 광개토 대왕 때 동부여와 백제의 북쪽 국경 그리고 숙신과 거란을 압박할 정도가 되었습니다. 역대로 고구려와 악연이었던 선비족이 세운 후연이 고구려 를 압박하자 일진일퇴를 거듭한 끝에 물리쳤습니다. 후연이 망하고 북연 이 들어서자 화친을 유지하며 서쪽의 접경도 안정시켰습니다. 또 신라를 침범한 왜군을 무찌르기 위해 5만의 대군을 보낸 것도 광개토대왕 때 일 입니다. 동아시아의 강국을 만든 광개토대왕의 바람은 시호인 '영락'에 담 겨있듯이, '대대로 강하고 즐거움이 영원히 이어지는 나라'를 바랐던 것입 니다. 이는 광개토대왕의 뒤를 이을 장수왕의 사명이기도 했습니다.

말 위에서 나라를 얻을 수 있지만, 말 위에서 나라를 다스릴 수 없는 것 처럼 강한 나라가 되었다고 이를 유지하는 것은 결코 쉬운 일이 아닙니다. 그런 어려운 사명을 온전하게 해결한 왕이 바로 장수왕입니다. 장수왕은 이름에서 짐작할 수 있듯이 재위 기간만 약 80년으로 97세까지 살았습 니다. 재위 80년 동안 고구려 역사 그리고 한반도 역사에서 중요한 사건 인 평양 천도도 단행했습니다. 장수왕은 강력한 군사력을 바탕으로 고구 려의 전성기를 이끌었습니다.

그런데 역사 기록 속 장수왕은 조금 의외의 모습이 보입니다. 《삼국 사기》 기준으로 당시 중원의 강국이었던 북위에 40회 정도 사신을 보낸 것입니다. 여기에 '조공'이라는 표현도 나오고, 중국의 사서에는 이보다 더 많이 사신을 보낸 것으로 나옵니다. 이를 보면 고구려가 북위에 대해 수세적인 위치에 있었던 것으로 보이는데, 이는 강국 고구려를 이끈 장수왕의 이미지와 어긋나 보입니다. 그렇다면 이 기록의 의미는 무엇일까요.

당시 중국은 남북조 시대였습니다. 남조에는 한족의 나라인 송나라가 있었고, 북조는 선비족의 탁발부가 세운 북위였습니다. 이때 고구려 장수왕이 선택한 외교 정책의 핵심은 고구려의 이익이었습니다. 예를 들어 고구려와 친연관계에 있던 북연의 왕 풍홍이 북위의 공격을 피해 고구려로 들어왔을 때 이들을 받아들였습니다. 그러나 북위를 염두에 두고 풍홍을 후대하지는 않았던 것입니다. 이에 불만을 품은 풍홍이 다시 남조의 송나라에 항복하려고 하자, 고구려는 이들을 죽여버렸습니다. 이러한 사실을 안 송나라가 군대를 보내자, 이번에는 고구려도 군사를 보내 송나라 군대를 제압했습니다. 곧 이 시기의 고구려는 자국의 이익과 필요에 따라 화친과 전투를 선택해가며 대응했습니다. 당시 강국이었던 북위에 대해서도 사신을 보내 평화관계를 유지하려고 노력했지만 북위가 고구려를 압박하며 긴장관계를 조성하면 고구려는 군사력으로 실력 행사를 한 것입니다. 고구려의 이러한 태도를 파악한 북위는 굳이 고구려와 대립하지 않았으며 명분상으로 고구려의 위에 서는 것으로 만족했습니다.

이러한 고구려를 남조의 송나라는 물론 북조의 강자였던 북위 역시 가볍게 대할 수 없었습니다. 이렇게 서쪽과 북쪽 국경이 안정되자 고구려는 남진 정책으로 백제의 한성을 점령하고 개로왕을 죽이는 성과를 거두었습니다.

고구려의 국제적 지위가 높아지자 북위에서는 사신의 지위를 나눌 때 남조를 1번, 고구려를 2번으로 했습니다. 고구려 장수왕의 외교력이 빛을

발한 것이라고 할 수 있습니다. 고구려는 군사력을 바탕으로 하면서도 다원적인 세계를 인정하고 있었습니다. 이러한 세계관에 따라 스스로 절대강자가 될 필요를 느끼지도 않았으나 절대강자가 등장하여 주변을 압박하는 것도 막았던 것입니다. 그러므로 중국 중심의 일원적 세계관과 충돌할 가능성이 있었습니다. 사실 일원적 세계관이란 패권주의로, 다른 나라를 모두 무릎 꿇리겠다는 의미가 담긴 것이지요.

고구려는 군사력이 강했지만 인구를 비롯하여 물산을 볼 때 주변 나라를 장기간 압도하기에는 어려움이 있었던 것도 사실입니다. 더 강한 군사력을 보유했던 선비족이나 탁발족 혹은 한족의 나라가 무너질 때도 고구려는 그 역사를 이어간 것을 보면 군사력은 강국이 지속하기 위한 하나의 필요조건일 뿐 충분조건이라고 보기는 어렵습니다. 고구려가 강국으로서 오랫동안 명성을 유지한 것은 군사력을 과신하지 않고 지정학적인 위치를 고려하여 합리적인 외교를 펼친 데 있었습니다.

고구려의 허망한 멸망이 주는 메시지

그토록 위용을 자랑하던 고구려의 멸망은 허무한 느낌을 지울 수 없습니다. 물론 신라-당나라 군대의 공격을 이겨내는 것은 쉬운 일이 아니었습니다. 당시 당나라는 세계 최강 수준의 군사력을 바탕으로 주변 여러 나라를 복속, 멸망시켰기 때문입니다. 하지만 국력이 상대적으로 약했던 것 외에도 지도층의 분열이 큰 몫을 차지했기에 고구려의 패망은 아쉬움이 많습니다.

고구려가 위기에 빠진 데에는 기본적으로 국제정세의 변화가 컸습니다. 분열되어 있던 대륙 쪽이 하나의 국가로 통일된 것입니다. 곧 통일국가 수나라의 등장은 곧 고구려의 위기였습니다. 실제로 수나라의 남북조 통일 이후 수 양제는 113만 대군을 이끌고 고구려에 쳐들어왔습니다. 을지문덕을 비롯한 여러 장군과 고구려 병사들이 가까스로 위기를 넘겼지만, 수나라를 멸망시키고 들어선 당나라도 고구려에 대한 침략 의도를 숨기지 않았습니다. 그런 당나라의 압박에 고구려는 수나라와 전쟁에서 승리한 뒤 만든 기념물인 '경관'을 철거하는 등 유화정책을 썼습니다. 그렇지만 침략 의도를 꺾지 않은 당나라는 태종 때 고구려를 침략했고, 다행히 안시성에서 막아냈으나 고구려의 위기는 계속되었습니다.

급변하는 국제정세 속에서 고구려 지도층에도 큰 변화가 일어났습니다. 연개소문의 등장입니다. 연개소문은 대표적인 귀족 집안의 인물로 아버지, 할아버지도 수상을 역임했습니다. 그런데 연개소문의 야심이 만만치 않다고 판단한 영류왕이 연개소문을 죽일 계획을 세웠는데, 이러한 계획이 누설되면서 연개소문이 먼저 영류왕 쪽을 공격했습니다. 영류왕과 대신 100여 명을 참살한 연개소문은 정권을 잡은 뒤 영류왕의 조카 보장을 왕위에 올리는 정변을 일으켰습니다642년. 귀족들의 죽음은 고구려 지도층을 분열시켰고, 실제로 당 태종의 침입645년 때 요동의 여러 성주와 중앙의 군대가 서로 긴밀하게 협력하여 작전을 펼치지 못한 원인이 되었습니다. 안시성이 고립무원이 된 데는 이러한 배경이 있었습니다.

그런데 영류왕과 연개소문의 외교 노선이 달랐던 것으로 보는 시선도 있었습니다. 영류왕의 유화책에 반발하여 강경파인 연개소문이 정변을 일으켰다는 것입니다. 그러나 영류왕은 수 양제가 침입했을 때 평양성을 지킨 장군 출신이었고, 연개소문이 집권했을 때 그 또한 당에 유화책을 펼친 것을 고려하면 이러한 분석은 설득력이 떨어집니다. 다만, 분명한 것은 고구려 귀족층이 분열하고, 권력이 연개소문에게 집중되면서 이전까지 큰 힘을 발휘했던 고구려의 탄탄한 방어망이 느슨해졌다는 것입니다.

연개소문은 정변을 일으킨 뒤 이를 만회할 공적이 필요했습니다. 이때 신라의 김춘추가 고구려에 원군을 청하러 왔습니다. 당시 신라는 백제의 파상 공격으로 대야성까지 함락당했고, 김춘추는 사위 김품석, 딸 고타소가 죽자 풍전등화와 같은 위기 앞에서 신라를 구원할 원군을 찾아 고구려에 사신으로 온 것입니다. 그런데 연개소문은 원군의 조건으로 신라가 차지한 고구려의 옛 영토, 곧 죽령 이북을 모두 돌려달라고 요구했습니다. 신라의 위기를 틈타 고구려의 이익을 취하려 한 것이지만, 개인의 공적을 세우려는 의도도 있다고 할 것입니다. 결국 고구려의 요구를 거부하고 구사일생으로 고구려를 탈출한 김춘추는 다시 당나라에 원군을 요청했으니 648년, 나당연합군의 결성660년이 여기에서 시작되었습니다. 곧 연개소문이 큰 그림에서 외교를 하기보다는 개인적 명분을 앞세운 것이 고구려를 위험에 빠뜨린 것입니다.

고구려의 위기는 연개소문의 권력 독점과 나당연합군의 결성에 그치지 않았습니다. 연개소문이 죽은 뒤 장남인 연남생이 대막리지가 되어 뒤를 이었습니다. 당시 백제가 나당연합군에 멸망한 뒤라서 고구려는 위기감을 가지고 있었는데, 연남생은 지방의 여러 성을 순시하며 민심을 모으려고 했습니다. 그런데 동생인 연남산, 연남건이 정변을 일으켜 평양성을 장악하자, 이제까지 고구려와 싸웠던 당나라에 투항했습니다.

연남생이 국경 지역 백성을 이끌고 투항하는 바람에 고구려 국경 지역의 방어선이 약해졌습니다. 엎친 데 덮친 격으로 연개소문의 동생 연정토는 신라에 12개 성을 바치면서 투항했고, 이 가운데 8성은 온전하게 신라에 넘어갔습니다(연정토는 신라에서 당나라로 사신으로 간 후 당에 머물렀고, 연정토의 아들 안승은 고구려 유민을 모아 세운 보덕국의 왕이 됨).

연남생의 투항 이후 대막리지는 막내 연남산이 이어받았습니다. 나당연합군의 침략에 맞서 싸웠지만 평양성이 함락 위기에 처하자 연남산도 보장왕과 함께 투항했습니다. 결국 연남건을 중심으로 마지막까지 당나라와 싸웠지만 이미 고구려 지도층은 산산이 흩어진 뒤였습니다.

이 시기 고구려가 군사력이 강력한 수나라와 당나라를 상대하면서 국력이 약해진 것은 사실입니다. 하지만 연개소문이 국제관계의 변화 속에서 김춘추를 응대하지 못한 부분과 연개소문이 죽은 후 후예들의 내분이 고구려의 멸망을 가속화했습니다. 외교가 국력을 대신할 수 없으나 외교를 소홀히 하면 국력을 제대로 쓰지 못하게 되는 것입니다. 더불어 국력을 하나로 모아야 할 위정자들이 사익을 추구하며 내분을 일으킬 때 국력이 흩어져 결국 무너지고 만다는 것을 고구려의 역사가 잘 보여줍니다.

5. 태초의 강남인, 생존을 위한 투쟁
백제의 한성 시대

#공주와 부여보다도 더 길었던 백제의 수도, 한성 #한성 유적의 발견이 올림픽 때문이라고? # 삼천 궁녀가 아닌 백제 멸망의 진실은?

백제 전성기의 세력 범위(4세기)

가끔 백제를 '잃어버린 역사'라고 표현할 때가 있습니다.《삼국사기》에
《백제본기》의 기록이 있다는 점에서 '잃어버린 역사'는 적절한 표현이 아
니지만, 아마도 신라와 고구려에 비해 관심이 부족한 것을 아쉬워하는 마
음이 담긴 것이 아닐까 합니다. 흔히 백제 문화를 이해하는 과정에서 '국
립부여박물관'의 유물과 신라 역사를 대표하는 '국립경주박물관'의 유물
을 비교하는데, 여기에는 약간의 보정이 필요합니다. 첫째는 백제와 신라
역사의 길이입니다. 백제는 700여 년, 신라는 천년의 역사이니 그 격차가
있습니다. 두 번째는 국립경주박물관의 유물은 상당 부분 통일기 이후 유
물이라는 점입니다. 더불어 부여라는 도읍지가 백제의 멸망과 함께 약탈
되고 파괴되었다는 점도 경주와 차이가 나는 부분입니다. 세 번째가 중요
한데 경주(서라벌)가《삼국사기》기준으로 992년 동안 도읍지였던 데 비해 부
여는 700여 년 백제 역사 가운데 123년 동안 도읍지였다는 점입니다. 보
통 백제의 도읍지라고 하면 먼저 공주나 부여를 생각하지만 백제의 도
읍지로 부여가 123년, 공주가 63년 동안이었습니다. 두 시기를 합쳐도
200년이 채 되지 않습니다. 그런 점에서 백제의 첫 도읍지이며 가장 오랫
동안 머물렀던 한성(위례성)에 대한 관심은 상대적으로 적습니다.

　백제의 첫 도읍지인 한성이 서울에 있음에도 왜 관심이 적었을까요. 서
울에서 옛 도읍지라고 하면 조선의 '한양'이 워낙 이미지가 강하다보니 강
북 중심으로 이해했던 것 같습니다. 더불어 한성이 도읍지였던 시기, 백제
의 역사를 보여줄 국립박물관의 부재에서도 원인을 찾아볼 수 있습니다.
다행스럽게 한성백제박물관이 생기긴 했지만 공주나 부여, 익산에 있는
국립박물관과 비교할 때 무게감이 떨어지긴 합니다. 한성(서울)의 강남에

남아있는 백제 유적 가운데 첫손에 꼽을 수 있는 곳이 바로 풍납토성과 몽촌토성입니다. 이들 유적을 살펴보기 전에 《삼국사기》에 나오는 백제의 시작과 관련된 역사를 보겠습니다.

한 가족이지만, 경쟁할 수밖에 없는 사연

주몽은 송양의 딸 예씨와 혼인을 했습니다. 동부여에서 신변에 위험이 닥치자 길을 나선 주몽은 다시 연타발(혹은 졸본부여의 왕)의 딸 소서노를 만나서 혼인을 합니다. 그후 고구려를 세운 주몽은 비류와 온조 두 아들을 두었습니다. 그런데 주몽과 예씨 사이에서 낳은 큰아들 유리가 찾아오면서 문제가 발생했습니다. 유리가 장자이니 태자가 된 것입니다. 그러자 소서노는 아들 비류, 온조와 함께 머물 곳을 찾아 남쪽으로 떠났습니다. 이렇게 해서 온조가 한산 위례성에 도읍을 정하고 나라 이름을 십제(나중에 백제)로 정했습니다. 여기까지가 공식적인 백제의 건국 이야기입니다.

이와 달리 비류가 또 다른 백제의 시조로 처음 미추홀에 도읍을 정했다는 주장도 있습니다. 비류가 죽은 뒤 그를 따르던 백성들이 온조가 머무는 위례로 왔다는 내용입니다. 또 비류와 온조가 주몽의 아들이 아니라 구태라는 인물의 아들이라는 이야기도 있는데, 고구려에서 백제가 나왔으며 백제의 시조가 온조라는 점은 다르지 않습니다. 이러한 내용은 백제 건국 초기에 비류를 지지하는 세력이 있었다는 것, 고구려와 백제는 친연관계지만 한편으로 경쟁관계임을 보여줍니다.

비류와 온조의 이야기에서 미추홀과 위례성 가운데 온조가 찾아낸 도읍인 위례성^{한성}의 조건이 여러 면에서 유리했습니다. 이후 위례성에 약간의 변화는 있었으나 한강을 이용한 한성의 지리적 이점 속에서 백제는 건국 이후 빠른 성장을 했습니다. 근초고왕 때에는 고구려와 국경을 접하게 되면서 충돌이 있었습니다. 한때 백제가 고구려를 압박하기도 했으나 고구려가 강국이 되면서 고구려가 백제를 압박하는 형세로 바뀌었습니다.

백제에 대한 1차 압박은 고구려 광개토대왕 때입니다. 백제를 공격해 396년 58개 성을 손에 넣고 백제 아신왕의 항복을 받아낸 것입니다. 이 내용은 광개토대왕릉비에 남아있습니다. 이후 백제가 절치부심하여 다시 국력을 기른다는 정보를 들은 장수왕이 2차로 백제를 공격^{475년}했습니다. 고구려는 이 전쟁을 위해 사전에 도림이라는 승려를 백제에 첩자로 보낼 정도로 치밀하게 준비했습니다. 이때 백제의 도읍지 한성이 함락되고, 개로왕이 고구려 군에게 잡혀서 죽었습니다.

도읍지가 함락되었고 왕이 죽었다면 백제가 멸망했다고 볼 수 있지만, 고구려는 남방 전선에 전력을 다할 수 없는 한계가 있었습니다. 점령한 한성을 곧바로 영토로 만들지 못하고 강 건너 아차산에 보루를 두어 견제하는 정도였습니다. 백제도 함락당한 한성을 복구하거나 계속 지킬 수 없다고 판단했습니다. 그래서 개로왕의 태자 문주는 웅진^{공주}으로 도읍을 옮겼습니다. 이로써 백제는 한성 시기를 마감하고 웅진 시대로 접어들었습니다.

1,500년이 지나서야 드러나는 한성 백제의 위용

백제의 한성 도읍지 유적으로 추정되는 곳이 풍납토성과 몽촌토성입니다. 다만 이들 유적을 백제의 도읍지 유적으로 확정한 것은 비교적 근래의 일입니다. 《삼국사기》를 보면 "온조왕 때 '한강 남쪽의 위례성'에 도읍을 정했다, 근초고왕 때 '한산'으로 도읍을 옮겼다"는 기록이 나옵니다. 그러니 백제 도읍지 한성이 두 곳 이상임을 짐작할 수 있습니다. 그리고 "장수왕이 보낸 군대가 '한성'을 포위해서 '북성'을 함락하고 '남성'을 공격했다"는 기록도 있습니다. 그러므로 한성 시기 백제의 도읍지는 두 개 이상이며, 마지막 도읍지는 북성과 남성으로 구성되었다는 것을 알 수 있습니다.

몽촌토성은 1988년 서울 올림픽 때 주변의 역사 유적을 발견하면서 발굴이 이뤄졌습니다. 몽촌토성에서 목책 터나 군사들이 머물렀던 유적이 나오긴 했지만 도읍지 유적이라고 보기에는 충분하지 않았습니다. 그러다가 1997년 풍납토성 안쪽에서 아파트 공사를 하던 중 대규모의 유적과 많은 유물이 발견되었습니다. 사실 그때까지 풍납토성 영역이 발굴되지 않은 것이 오히려 미스터리에 가깝습니다. 백제 한성에 관심이 조금만 있었더라면 3.7킬로미터에 이르는 대규모 토성인 풍납토성 발굴이 가장 먼저 이뤄져야 했기 때문입니다. 그 사이에 풍납토성 안팎으로 주택이 빼곡히 들어섰습니다. 그런데 풍납토성 안쪽에 아파트를 짓는 과정에서 유적이 발견된 것입니다. 이를 통해 백제의 한성 시기 중심지로서 풍납토성이 부각되었고 《삼국사기》에 등장하는 백제의 한성 관련 기사에서 북성은 풍납토성, 남성은 몽촌토성으로 상정할 수 있게 된 것입니다.

그렇다면 무엇을 근거로 풍납토성을 백제의 도읍지 유적으로 볼 수 있을까요. 먼저 풍납토성의 규모입니다. 지금도 4면이 온전하게 남아있는 거창한 성벽은 백제 때에는 훨씬 더 높았을 것으로 보입니다. 지금의 성벽 높이가 대체로 4~6미터 정도인데, 백제 때는 높이가 10~11미터 정도로 추정하고 있습니다. 성벽의 폭은 아랫부분 기준으로 40미터 정도이니 풍납토성을 쌓으려면 트럭으로는 20~30만 대 분량의 흙이 필요했을 것입니다. 또 성벽을 쌓을 때 흙과 흙 사이에 나뭇잎 등을 넣어 단단하게 다지는 판축법을 이용했음이 밝혀졌습니다. 토성 안에서 발견된 경당 지구에서는 제사 관련 유적이, 서성벽 복원지구에서는 도로의 흔적이 발견되었습니다. 유물로는 청동으로 만든 초두(세 개의 다리와 긴 손잡이가 달린 솥), 배수시설에 쓰였던 토관이 발견되었습니다. 이러한 요소들을 종합하면 한 나라의 도읍지였던 풍납토성을 상정할 수 있는 것입니다. 그리고 풍납토성을 보조하는 역할을 했던 곳이 몽촌토성입니다. 몽촌토성은 풍납토성과 달리 구릉지인 지형을 활용해 성을 쌓아서 모양이 불규칙합니다. 이를 보완하기 위해 해자를 파고 목책을 설치했습니다. 내부의 지형이나 유적을 볼 때 풍납토성 남쪽의 피신처나 배후지 역할을 했던 것으로 보입니다.

그런데 풍납토성, 몽촌토성만큼 백제 도읍지의 모습을 상상할 수 있는 곳이 바로 석촌동 고분군입니다. 신라 천년 도읍지 경주를 상징하는 곳이 대릉원과 노동동, 노서동의 커다란 고분군입니다. 그렇지만 석촌동을 백제의 고분군으로서 쉽게 떠올리지 못하는 이유는 겨우 8기, 그것도 지상에 있는 무덤은 4기에 지나지 않을 만큼 소박해서입니다. 그러나 1917년 이 지역의 고분을 조사한 자료를 보면 293기의 무덤이 있었다고 기록하고 있습니다. 문화재로 보호조치를 하지 않은 동안 무덤은 하나둘 사라졌습니다. 6.25전쟁 당시에는 미군이 한강을 건널 때 이 지역에서 돌을 가져다가 메우면서 고분이 많이 파괴되고, 이후에도 이 지역에서 건축자재를 구해갔다고 하니 고분의 규모가 꽤 컸음을 알 수 있습니다.

지금 석촌동 고분군은 '고분공원'이란 이름으로 부르고 있습니다. 여기에서 눈에 띄는 건 3호분으로, 사각형 단면에 돌을 쌓아 올린 돌무지무덤입니다. 밑변의 길이가 50미터에 이르니 고구려의 대표적 고분인 장군총의 30미터보다 긴데, 높이가 낮아 아담하게 느껴집니다. 고구려의 고분도 돌무지무덤이 많다는 점에서 백제와 비슷한데, 이는 고구려와 백제의 초기 역사가 연관성이 있음을 증명하는 것이기도 합니다. 3호분의 주인공은 아직 알려지지 않았습니다. 기록도 불분명하고 발굴 조사를 한 적이 없기 때문입니다. 다만, 이 시기 백제의 정복 군주 근초고왕의 무덤이 아닐까 추측하고 있습니다.

석촌동 고분군에서 주의 깊게 보아야 할 무덤은 4호분입니다. 3호분을 축소해서 만들어놓은 것처럼 보이지만 실제로는 흙으로 만든 무덤 바깥에 돌을 다시 쌓은 것입니다. 이러한 무덤 축조의 배경에는 흙무덤을 만들던 세력이 돌무지무덤을 만드는 세력, 곧 두 개의 이질적인 문화를 가진 세력이 결합하면서 나타난 것으로 보입니다. 여기에서 백제의 '고유문화'가 무엇인지 고민하게 됩니다. 석촌동 고분군은 다양한 문화가 융합된 개방적인 백제의 문화를 볼 수 있는 곳입니다. 백제가 석촌동 일대에 대규모 고분군을 만든 이유는 도성과 가까우며 야트막한 산에 기댄 곳이라는 점과 함께 한강에서 돌을 쉽게 구할 수 있는 점이 작용했다고 보입니다.

웅진 시대, 다시 강국이 되다

장수왕의 공격으로 한성이 무너지고 개로왕이 죽자, 백제는 멸망 직전의 위기에 빠졌습니다. 그렇지만 백제는 태자 문주(이후 문주왕으로 즉위)가 한성을 떠나 웅진에 도읍을 정하면서 다시 명맥을 이어갔습니다. 웅진 시기의 초기 목표는 백제를 유지하는 것, 곧 살아남는 것이었습니다. 그러나 이것도 쉽지 않았습니다. 문주왕의 뒤를 이어 즉위한 삼근왕, 동성왕이 모두 신하들에게 죽임을 당한 것입니다. 다행히 동성왕의 뒤를 이어 즉위한 무령왕은 안정적인 치세를 이루었습니다. 그리고 무령왕은 자신이 이룬 성취의 배경, 결과를 우리에게 보여주었습니다. 기적처럼 도굴되지 않은 무덤인 무령왕릉 덕분입니다.

무령왕의 출생은 《삼국사기》나 《삼국유사》를 보면 동성왕의 둘째 아들로 나옵니다. 그러나 나이, 상황 등을 볼 때 개로왕의 동생인 곤지의 아들로서 동성왕의 이복형으로 보기도 합니다. 무령왕의 원래 이름이 '사마'인데, 일본어의 섬을 가리키는 '시마'와 비슷하다는 점에서 일본의 섬에서 태어나 어렸을 때 백제로 들어와 살았을 것으로 봅니다. 백제 왕실의 일원이던 무령왕은 동성왕이 귀족 백가가 보낸 자객에게 죽임을 당하면서 왕위에 올랐습니다. 무령왕은 당면 과제인 고구려의 침입을 막아내면서 중국, 일본과 교류하며 국력을 키워갔습니다. 강성했던 귀족들을 회유, 압박하며 나라를 안정시킨 무령왕은 고구려와 일진일퇴의 공방을 할 정도로 군사력까지 갖추었습니다. 그리고 521년 무령왕은 '다시 강국이 되었음'을 선언했습니다.

하지만 《삼국사기》에 백제 관련 기록이 신라와 고구려 기록에 비해 간

략한 편이기도 하고 무엇보다 고고학적으로 의미 있는 유물이 적다는 점에서 무령왕 시기 백제 역사를 연구하는 데 한계가 많았습니다. 예를 들어 고구려 고분은 벽화가 많아 이를 통해 고구려 역사를 연구할 수 있지만, 백제는 벽화도 드물었고 남아있다고 하더라도 사신도와 연꽃과 같은 장엄을 위한 그림이 많아 백제 역사와 직접 연결하기 어려운 부분이 많았습니다. 또한 신라는 '돌무지덧널무덤'이 많은데 도굴하기 어려운 구조라서 많은 유물이 보존될 수 있었습니다. 그런데 고구려와 백제의 지배층 무덤인 '굴식 돌방무덤'의 경우 도굴당하기 쉬운 구조라서 유물이 거의 남아있지 않습니다. 이런 가운데 1971년 우연한 기회로 무령왕릉을 발굴하게 되었는데, 기적적으로 도굴을 당하지 않아 웅진 시기 백제 역사를 이해하는 데 중요한 역사 유적이 되었습니다.

무령왕릉에서 수 천 점의 유물이 나왔는데 그 가운데 12점이 국보로 지정될 정도였습니다. 무령왕릉은 유물의 상당수가 백제의 탁월한 문화 수준을 보여주는 것이어서 백제의 문화를 상징하는 유적이 되었습니다. 더불어 무령왕이 다시 강국이 되었음을 선언하게 된 배경으로 볼 수 있는 유물도 있습니다.

바로 왕과 왕비의 관입니다. 이 관의 재료는 금송으로 일본이 원산지인 나무입니다. 이를 두고 여러 가지 가능성을 생각할 수 있는데, 관을 일본에서 만들어 보냈거나 일본에서 나무를 수입해 관을 만들었을 수도 있습니다. 무령왕의 아들 성왕은 일본에 불교를 전하는 등 일본과 관계에 공을 들였다는 점 그리고 무령왕이 일본에서 태어난 것을 생각해보면 당시 백제와 일본의 관계가 밀접했다고 유추할 수 있는데 이 왕과 왕비의 관이 그러한 배경을 보여주는 유물이라고 할 수 있습니다.

또한 무령왕릉은 송산리고분의 6호분과 함께 벽돌무덤이라는 점도 유의해서 보아야 합니다. 당시 고구려나 백제의 무덤은 대부분 돌로 만들었습니다. 벽돌로 만들었다는 것은 중국의 무덤 건축 기술을 차용한 것인데, 이는 중국과 많은 교류가 이뤄졌다는 것을 알 수 있습니다. 실제로 당시 백제 관련 기록은 중국 양나라 역사 기록에 남아있는데, 12나라 사신 그림 가운데 백제의 사신이 담긴 그림입니다. 이를 〈양직공도〉라고 하는데, 몇 점 남아있지 않은 '백제인을 그린 그림' 가운데 하나입니다. 또한 중국에서 수입한 청자를 등잔으로 쓴 점도 중국과 교류했음을 알 수 있습니다.

이처럼 무령왕릉은 백제 문화를 엿볼 수 있고 개방적이며 적극적인 백제가 강국이 되기 위해 어떤 노력을 했는지 짐작해볼 수 있는 유적입니다.

사비성의 몰락, 해상과 육로에서 압박해오다

삼국의 한 축을 이루었고 700여 년 역사를 이어오던 백제가 660년 나당연합군에게 멸망했습니다. 연구자에 따라서는 백제 부흥운동마저 실패한 663년을 백제가 멸망한 해로 보아야 한다고 주장하기도 합니다. 660년 혹은 663년의 백제 멸망은 이후 한국 역사에 큰 영향을 끼친 사건이기도 했습니다. 백제의 멸망은 나당연합군에게 평양성을 공격할 수 있는 바탕을 만들어주었고, 668년 고구려 멸망에도 영향을 끼쳤습니다. 비록 발해가 있었다고 해도 고구려의 멸망으로 만주 등을 잃게 되면서 우리 역사의 영역이 축소되었고 한반도 중남부를 차지한 신라의 문화가 이후 역사에 주류가 되었습니다. 이 때문에 660년 백제의 멸망은 교훈을 위한 소재로 자주 등장하는 편입니다. 곧 의자왕의 실정을 상징하는 삼천 궁녀와 충성의 표상인 계백의 황산벌 전투가 여기에 해당합니다. 그런데 삼천 궁녀는 역사적 사실과 거리가 있습니다. 그렇다면 백제 멸망의 원인은 무엇이었을까요. 조금은 복잡한 그때 역사 속으로 보겠습니다.

642년 백제의 의자왕은 윤충에게 군사를 주어 신라를 공격하게 했습니다. 554년 관산성 전투에서 성왕이 죽고 백제가 대패한 이후 늘 수세에 몰려있던 백제가 이 시기에 이르러 대대적인 반격을 한 것입니다. 이때 합천의 대야성을 함락하고 대야주 도독 김품석과 고타소가 죽임을 당했습니다. 고타소는 김춘추의 딸이었으니 신라 전체로 보아도, 김춘추 개인으로 보아도 충격에 휩싸였을 것은 쉽게 짐작할 수 있습니다. 눈앞에 닥친 위기를 극복하기 위해 김춘추는 고구려에 갔지만, 연개소문은 김춘추에게 신라가 차지한 고구려의 예전 땅을 돌려달라고 요구했습니다. 이를 거부한 김춘추는 감옥에 갇혔는데, 김춘추의 기지와 김유신의 무력시위를 통해 겨우 풀려날 수 있었습니다. 이에 다시 김춘추는 일본으로 원군을 청하러 갔지만 별다른 성과를 거두지 못했습니다. 김춘추는 648년 당나라에 들어가 당 태종과 회담을 통해 일종의 군사동맹을 맺었습니다. 고구려의 대동강 이북 땅을 당나라가, 백제는 신라가 차지하기로 약속한 것입니다. 그러나 바로 나당연합군이 움직인 것은 아니고 김춘추가 태종무열왕으로 즉위하고 난 뒤 한참이 지난 660년, 13만 대군으로 백제 공격을 시작했습니다. 이처럼 신라와 당나라 사이에 긴밀한 교류가 있었는데도 백제는 방심해서 그 흐름을 알아차리지 못한 것입니다.

660년 6월 21일 소정방이 이끄는 1,900여 척의 배가 덕물도^{인천 덕적도}에 도착하고 나당연합군의 공격에 직면하고 나서야 백제는 방어할 계책을 논의했습니다. 성충과 흥수와 같은 충신들은 기벌포와 탄현을 막아야 한다고 했지만, 머뭇거리는 사이 당나라는 이미 기벌포를 지나 금강을 지났고 신라군 역시 탄현을 넘어서면서 제대로 방어선을 구축하지 못했습니다.

이에 따라 계백이 이끄는 정예부대, 이른바 5천 결사대가 지금의 충청남도 연산 일대의 황산벌에 3개의 진을 치고 신라군을 막고자 했습니다. 계백은 김유신이 이끄는 5만 명의 신라군을 4번에 걸쳐 막아냈지만 결국 중과부적으로 전멸했습니다. 이렇게 해서 신라와 당나라는 사비성 남쪽에서 연합군을 형성하고 18만 명의 대군을 네 방향으로 나누어 사비성을 공략했습니다. 1만여 명의 백제군이 막아섰지만 결국 백제의 왕궁, 부소산성은 함락의 위기에 빠졌습니다. 이때 밤에 기적적으로 의자왕이 사비성을 탈출해 웅진^{공주}으로 피신했습니다. 의자왕이 빠져나간 사비성은 곧 함락되었습니다. 의자왕의 탈출은 나당연합군에게 심각한 문제가 될 수 있었습니다. 의자왕이 피신한 웅진성은 험준한 벼랑과 백마강으로 둘러싸인 요새인 데다 성 안에 상당수의 백제 병력과 물자가 남아 있었기 때문입니다. 그러나 뜻밖에도 의자왕은 항복을 하고 맙니다. 《삼국사기》에 "660년 7월 의자왕이 태자와 웅진방령군인 예식진을 이끌고 항복을 했다"는 기록이 나옵니다. 어떻게 된 것일까요?

의자왕에 대한 평가는 즉위 초를 제외하고는 그다지 좋지 않았습니다. 실제로 659년 이후 당나라가 백제 침략을 계획한 계기 가운데 하나는 의자왕의 실정으로 힘이 약해진 것을 노렸던 것으로 보입니다. 의자왕이 스스로 항복했다고 한다면 한 나라의 군주로서 실망스럽기 그지없는 일입니다. 하지만 시간이 지나며 미심쩍었던 역사가 밝혀졌습니다. 전쟁으로 도성이 위기에 빠지자 탈출하며 후일을 도모했던 의자왕은 부하였던 예군 예식진의 반란에 포로가 되어 항복하는 처지가 된 것입니다. 이후 다시 사비성으로 잡혀간 의자왕은 신라, 당나라 장수에게 수모를 당한 뒤 당나라로 끌려갔습니다. 그리고 당 고종이 의자왕의 죄를 꾸짖고 책망하면, 의자왕이 용서를 구하고 고종이 다시 이를 받아들이는 방식으로 항복의 예를 치른 뒤 낙양의 어느 공간에 안치되었습니다. 그리고 얼마 뒤 병으로 죽었으니 낙양의 망산, 곧 북망산의 손호(오나라의 마지막 황제)와 진숙보(수에 항복한 남조 진나라의 황제) 무덤 근처에 장사 지내고 비석을 세웠다고 합니다.

백제의 멸망 장면을 보면서 아쉬움이 남습니다. 삼국 간 경쟁, 특히 백제가 옛 영광을 찾기 위해 고구려를 공격하고 신라를 압도하던 상황에서 나당연합군이 결성된 것, 고구려와 백제가 이러한 국제적 변화에 능동적으로 대응하지 못한 것이 아쉬움으로 남습니다. 또 의자왕의 정치적 실패역시 뼈아픈 사건입니다. 그러나 18만 명에 이르는 나당연합군의 침입은 백제로서는 감당하기 어려웠음도 분명해 보입니다.

한편 663년 백제부흥군이 나당연합군과 맞서 싸울 때, 왜의 대규모 함선부대가 백제를 돕기 위해 왔습니다. 하지만 백촌강 전투에서 대패하고맙니다. 만약 백제가 신라와 당나라의 침략을 예측하고 고구려-왜와 전략적인 방어를 했더라면 지금 우리가 알고 있는 삼국의 후반부 역사는 크게달라졌을 것 같습니다.

6. 신라가 외교에 진심일 수밖에 없었던 이유는?

신라의 전방위 외교

#원주민과 박혁거세 세력의 대결 #백제와 고구려보다 약한 신라 #그들이 생존을 위해 내민 마지막 카드는?

문무왕의 삼국 통일(신라 7세기)

우리의 고대사에는 많은 건국 신화가 있습니다. 정식 역사책인《삼국사기》를 비롯해 다양한 사료를 바탕으로 쓴《삼국유사》등에서 볼 수 있습니다. 건국 신화를 포함하여 사서에 전하는 신화를 있는 그대로 믿어야 한다거나, 혹은 완전히 부정하는 것은 역사를 대하는 바른 태도가 아닐 것입니다. 사람이 알에서 나왔다는 건국 신화는 믿기 어려운 이야기지만, 완전히 무시할 수 있는 것도 아닙니다. 일정한 역사적 상황을 담고 있다고 봐야지요. 그런 신화가 많은 나라가 바로 신라입니다. 박씨, 석씨, 김씨로 대표하는 건국 주체이며 왕의 이야기가 모두 신화로 전하고 있습니다. 각 성씨의 시조로도 알려진 박혁거세 거서간, 석탈해 이사금, 김알지는 모두 흥미로운 신화 속 인물이기도 합니다.

서로 다른 세력이 왕위에 오르다

신라를 세운 박혁거세(나중에 우두머리나 왕을 뜻하는 거서간의 칭호를 씀. 이후 거서간-차차웅-이사금-마립간을 거쳐 지증왕 때부터 왕이란 칭호를 쓰기 시작)는 고구려의 동명성왕, 가야의 김수로왕처럼 알에서 태어났습니다. 당시 신라에는 사로 6촌이 있었고 각 촌에는 촌장이 있었는데 6촌 가운데 하나인 고허촌의 촌장이 말 울음소리가 들리는 것을 듣고 가보니 양산 밑 나정 옆에 알이 있었고, 그 알에서 혁거세가 태어난 것입니다. 박 모양의 알에서 나왔다 하여 성씨를 박으로 했으니 박혁거세입니다. 박혁거세의 부인도 신기한 모습으로 등장했습니다. 연못에 닭 모양의 용인 계룡이 나타났는데, 계룡의 옆구리에서 태어난 알영은 사람의 모습이되 입만 부리가 있었는데 물로 씻기자 없어졌다는 것입니다.

박혁거세와 알영 왕비의 신화를 보면 천마, 알, 계룡, 우물 등이 등장합니다. 여기에서 천마와 용은 하늘을 상징합니다. 닭은 새벽을 높게 본다는 것을 상징하고, 이들은 말을 타고 왔다는 점에서 기존 세력과 다르다는 것을 보여줍니다. 또 알에서 태어나거나, 용의 옆구리에서 태어났으니 그 조상을 알 수 없습니다. 이는 신성함을 드러내면서 동시에 과거를 세탁하는 것으로, 신화에 자주 등장하는 장치입니다(그들의 과거를 찾아내려는 노력이 없었던 것은 아닙니다. 중국 황실의 여성인 사소가 경주 땅에 와서 선도산 여신이 되었는데 그가 혁거세와 알영을 낳았다고도 합니다).

그런데 이들을 발견했던 사로 6촌의 촌장 역시 만만한 존재는 아니었던 것 같습니다. 6촌장의 우두머리 격인 알천의 근거지에는 밝게 빛나는 바위라는 뜻의 표암이 있는데, 여기에서 6촌장이 모여 왕을 세우는 논의를 하던 중에 혁거세를 찾아내 왕위에 올렸다는 것입니다. 알천 촌장인 경주 이씨의 시조 알평공도 하늘에서 표암으로 내려왔다고 합니다. 박혁거세 신화의 간단한 버전입니다.

그렇다면 당시 경주 일대의 상황은 어떠했을까요. 여기에 대해서 다양한 견해가 있으나 원주민(고조선 멸망 후 이주한 6촌장 세력)이 아닌-박혁거세와 알영 세력이 지배층을 형성했을 것으로 봅니다. 곧 6촌장 세력이 박혁거세 세력에게 밀려났다는 것이지요. 그럼에도 지배층의 일부를 형성해서 나중에 6두품, 경주의 여섯 성씨이/손/최/설/정/배의 시조가 되었습니다.

하지만 박혁거세 세력의 지배는 안정적이지 않았던 것으로 보입니다. 이후 석탈해, 김알지의 등장이 그러한 상황을 보여줍니다. 석탈해는 바다

위 궤짝에서 나왔습니다. '아진의선'이라는 할머니가 바다에서 까치가 우는 것을 보고 상자를 찾아낸 것입니다. 까치의 작鵲에서 석昔을 성씨로 삼았으며 궤에서 나왔다고 해서 탈해를 이름으로 삼았으니 석탈해로 부르게 된 것입니다. 하늘이 아닌 바다에서 왔다는 점에서 외국에서 온 인물인 듯합니다. 석탈해 세력은 하늘에서 온 것으로 표현할 정도로 압도적이지는 않았지만 쇠를 다루는 기술을 바탕으로 권력의 중심에 이르렀습니다.

석탈해는 경주 동쪽 토함산에 머물렀습니다. 입지가 좋은 월성을 염두에 두고 있었지만, 이미 신라의 재상 호공이 자리를 잡고 있었습니다. 호공은 왜국 사람인데, 허리에 표주박을 차고 다녔다고 해서 붙은 이름입니다. 그런데 석탈해가 몰래 호공의 집 아래 숫돌과 숯을 묻어놓고는, 원래 자신의 조상이 대장장이이며 원래 이곳에 살았다고 우깁니다. 그러고는 땅을 파서 숫돌과 숯이 나오자 호공에게서 월성을 뺏는 데 성공했습니다. 이렇게 해서 석탈해가 유명해졌고 남해차차웅의 사위가 된 뒤 유리왕의 뒤를 이어 왕위에 올랐으니 월성 일대가 새로운 궁궐이 된 배경입니다.

탈해 이사금 때 또 하나의 세력이 등장했습니다. 호공이 닭이 우는 소리를 듣고 숲에 가서 금빛 궤짝 하나를 발견했는데, 그 궤짝 안에서 역시 아이가 나왔습니다. 금빛 궤짝이라 성을 김씨로 하고, 당시 신라에서 아기를 알지로 불렀으니 새롭게 등장한 인물이 김알지입니다. 그런데 김알지는 당대에는 왕을 하지 못하고 6대손인 미추 때 왕위에 올랐습니다.

신라의 건국 신화를 보면 박씨는 태어나자마자 왕이 되었으며, 석씨는 경쟁을 하긴 했으나 당대에 왕이 되었으며, 김씨는 후손이 왕이 된 것입니다. 그러므로 같은 왕족이라고 하더라도 처지가 달랐음을 알 수 있습니다. 가장 뒤에 왕이 된 김씨가 왕실을 주도하면서 내물왕 이후로는 김씨만 왕이 될 수 있었습니다(신라 멸망 직전 신덕왕, 경명왕, 경애왕은 박씨). 한편 김 알지가 발견된 숲, 계림은 신라의 별명으로 쓰이게 되었습니다.

신라의 건국 신화를 보면 신라의 지배층을 짐작할 수 있습니다. 옛 고조선의 후예인 사로 6촌 촌장, 천손임을 주장하는 박씨, 바다를 통해 들어온 석씨, 그리고 김씨 등을 통해 서로 다른 세력이 중첩되어 만들어진 것입니다. 이후 신라는 주변의 여러 나라를 통합해서 세력을 넓혀 나갔습니다. 그러므로 신라는 외부의 여러 세력과 문화를 받아들여 성장한 나라임을 알 수 있습니다.

약자의 현명한 선택, 외교

초기 신라는 고구려와 백제에 비해 국력이 약하다보니 주변 나라와 손을 잡아야 했습니다. 이는 한편으로 외부의 영향에 민감한 상황을 만들었습니다. 이를 어떻게 받아들이고 대처하느냐에 따라 변수가 생길 수밖에 없었으니까요.

신라의 왕권 강화는 내물 마립간 때 이뤄졌습니다. 내물 마립간의 신라 지배체제 정비에는 고구려 사신의 안내를 받아 중원 북쪽에 있던 전진과 외교 관계를 수립한 것도 큰 역할을 했을 것입니다. 그러나 한편으로는 신라의 취약한 부분이 드러났으니 백제와 손을 잡은 왜의 침략이었습니다. 이에 내물 마립간은 우호적이었던 고구려에 원군을 요청했고, 광개토대왕은 5만 명의 병력을 동원해 신라에 침입한 왜군을 물리쳤습니다. 신라는 왜의 침입이라는 급한 불을 껐지만 고구려의 간섭을 피할 수 없게 되었습니다. 경주 호우총에서 나온 광개토대왕의 이름이 적힌 그릇인 '호우'는 이러한 상황을 뒷받침하는 물증입니다. 내물 마립간은 고구려와의 우호를 위해 이찬 대서지의 아들 실성을 볼모로 보내야 했습니다. 그런데 이 사건은 내물 마립간 이후 실성이 왕^{마립간}위에 오르는 계기를 만들었습니다. 《삼국사기》에는 내물 마립간이 죽은 뒤 왕자들을 제쳐놓고 실성을 마립간으로 추대했다고 합니다. 여기에는 고구려의 입김이 작용했음을 짐작할 수 있습니다. 실성 마립간은 자신이 볼모가 된 것에 복수를 하듯, 내물 마립간의 왕자인 복호와 미사흔을 각각 고구려와 왜로 볼모로 보냈습니다. 신라가 고구려, 왜와 친선을 유지한다는 명분을 내세웠지만, 내물 마립간 세력을 약화시키려는 목적이 있었을 것입니다.

이런 가운데 내물왕의 태자였던 눌지가 세력을 키워 실성 마립간을 제거하고 왕^{마립간}위에 올랐습니다. 눌지 마립간은 먼저 박제상(혹은 김제상)을 통해 볼모로 가 있던 복호와 미사흔을 데리고 온 뒤 자주적이지만, 전략적인 외교 관계를 맺습니다. 고구려와 관계를 유지하면서도 백제와 나제 동맹을 맺어 왜의 침범을 막아내고자 했습니다. 이러한 눌지 마립간의 외교는 이후 신라 외교의 방향타가 되었습니다. 소지 마립간도 눌지 마립간의 뒤를 이어 백제와 동맹을 맺었고 그 뒤를 이은 지증왕 때 나라 이름을 신라로, 스스로를 왕으로 칭하고 우산국을 정벌하며 나라의 기틀을 다졌습니다. 이처럼 국제 정세를 살피고 또 받아들인 뒤, 적극적인 외교를 펼친 신라는 이를 통해 국가를 보존하고 국력을 기를 수 있었던 것입니다.

유연한 외교의 결말, 삼국 통일

7세기 동아시아는 격변의 시기였습니다. 신라는 당나라와 손을 잡고 백제, 고구려라는 거인을 차례차례 물리쳤습니다. 그러나 결국 당나라와 전쟁을 피할 수 없다고 여긴 신라는 다시 국력을 총동원해 당나라와 벌인 전쟁에서 승리했습니다. 그러므로 나당연합군뿐 아니라 매소성 전투, 기벌포 전투를 벌인 나당전쟁 역시 함께 보아야 그 시대의 신라를 제대로 이해할 수 있을 것입니다. 한편 당나라는 남서쪽의 강한 나라였던 토번티벳과 경쟁해야 했다는 점에서 신라와 전쟁을 이어갈 수 없었습니다.

이러한 국제정세를 파악한 신라의 문무왕은 전쟁에는 이겼으나 당나라가 전쟁을 끝낼 명분도 주었습니다. 중국 측 사서에는 문무왕이 매소성, 기벌포 전투가 끝난 뒤 사죄의 글을 보냈다는 것입니다. 이를 통해 당나라는 신라를 용서하는 방식으로 전쟁을 끝내는 데 합의한 것입니다. 당나라의 이러한 기록이 어느 정도 사실을 반영하는지 알 수 없으나 더 이상 전쟁을 하지 않겠다는 두 나라의 의지를 짐작할 수 있습니다. 이 기록이 맞다면 신라는 당나라가 전쟁을 계속할 수 없다고 판단하고, 당나라가 신라와 전쟁을 끝낼 '출구전략'을 만들어주었던 것입니다. 그리고 이를 통해 다시 평화로운 통일기 이후 신라를 만들어낸 것입니다. 676년 이후 후삼국이 시작된 900년까지 큰 전쟁이 없었던 데는 이런 배경이 있었습니다.

7. 철의 왕국, 칼보다 더 무서운 무기의 실체는?

가야의 연맹체와 공존

#가야가 6국 연맹이 아닌 여러 소연맹이었다고? #국력이 약한 나라들의 또 다른 생존 비법 #서로 도우며 성장하고 똘똘 뭉쳐서 강국에 대항하다

가야의 세력 범위(5세기)

2023년 사우디아라비아 리야드에서 열린 유네스코 세계유산위원회 회의에서 가야의 고분군 7곳을 세계유산 목록에 등재했습니다. '가야 고분군'의 가치에 대해서 유네스코 위원회에서는 "주변국과 자율적이고, 수평적인 독특한 체계를 유지하며 동아시아 고대 문명의 다양성을 보여주는 중요한 증거가 된다는 점에서 탁월한 보편적 가치가 인정된다"라고 평가했습니다. 세계유산에 등재된 가야 고분군은 모두 7곳입니다. 고령 지산동 고분군, 김해 대성동 고분군, 함안 말이산 고분군, 창녕 교동과 송현동 고분군, 고성 송학동 고분군, 합천 옥전 고분군, 전북 남원 유곡리와 두락리 고분군입니다.

가야의 고분군이 우리 역사에 주는 의미는 무엇일까요. 그 핵심 가치는 바로 문헌 기록이 전하지 못하는 가야의 역사를 전한다는 점입니다. 삼국시대 초중기까지 낙동강 유역을 중심으로 번성한 고대 소국들의 연맹체인 '가야'는 수백 년 동안 존속했지만 스스로 남긴 역사 기록이 없습니다. 그러므로 가야에 대한 기록은 중국의 역사책이나《삼국사기》,《삼국유사》 등 우리 역사서의 일부에 남아있을 뿐입니다. 또 일본의 고대 역사 기록인《일본서기》에도 있지만, 일본의 역사 기록은 왜곡의 문제가 있어서 조심스럽게 살펴봐야 하는 어려움이 있습니다. 또 가야가 있던 당대의 기록으로는 광개토대왕릉비에 '임나가라'란 기록 정도를 볼 수 있습니다. 이처럼 가야는 역사적 기록이 부족한데, 다행스럽게도 유적의 형태로 역사를 남겼으니 바로 가야 고분군입니다.

철의 왕국, 바다 건너 왜까지 수출하다

세계유산으로 등재된 가야 고분군은 7곳이지만 현재까지 경상도와 전라도 일대에서 파악한 가야와 관련된 고분군의 흔적은 780여 곳이며 고분은 수만 기에 이릅니다. 여기에서 수백 년간 지속했던 여러 가야의 역사를 상당 부분 찾을 수 있습니다.

고분은 당대 지배자의 무덤으로 많은 정보를 가지고 있습니다. 실제로 가야 고분군의 상당수는 도읍지와 연관된 주요 공간에 있습니다. 그리고 고분이 아니라 '고분군'이라는 점이 중요합니다. 적어도 수백 년 동안 만들어온 고분군이라면 정보의 일관성과 변화의 의미를 찾아낼 수 있기 때문입니다. 고분 연구를 통해 당대 사람들의 사상과 전통, 산업과 경제를 이해할 수 있습니다. 김해 대성동 고분이나 고령 지산동 고분에서는 덩이쇠, 곧 상품으로 활용 가능한 철이 다량으로 출토되었습니다. 가야를 철의 왕국으로 부르는데, 실제로 상당한 수준으로 철을 생산했고, 이를 교역품으로 삼아 국가 경제를 운영했음을 짐작할 수 있습니다. 현대 산업을 이끄는 반도체처럼, 5~6세기 가야의 철 생산 산업은 하이테크 산업이었던 것입니다. 교역 물품의 흐름을 통해서도 생산된 덩이쇠가 일본에 큰 영향을 주었음을 확인할 수 있습니다. 실제로 대가야에서는 '야로'라는 철 생산지가 있었으며 김해 대성동 고분을 비롯한 가야의 여러 고분군에서는 덩이쇠가 주요 부장품으로 발견되었습니다. 김해의 '김金'은 쇠를 뜻하니 김해라는 말이 쇠를 교류하던 바다로도 볼 수 있다는 주장도 있습니다.

그런데 이렇게 중요한 가야 고분군이 오랫동안 사람들의 관심 밖에 있었다는 점이 놀라울 정도인데, 그 사이에 가야의 많은 고분이 파괴되었습니다. 특히 일제강점기 일본 학자들은 일본의 고대 역사와 가야가 관련이 있다고 생각해서 가야 고분들을 파헤친 것입니다. 이들은 발굴이란 명목을 내걸었으나 대체로 2~3일 정도에 작업을 끝냈다고 합니다. 발굴의 기본이라고 할 수 있는 고분의 구조도 제대로 파악하지 않은 채 유물만 챙긴 것입니다. 그리고 유물에 대한 소식이 신문 등을 통해 나오면 인근의 다른 고분도 도굴꾼의 먹잇감이 되어 도굴을 당했습니다.

가야 고분군의 본격적인 발굴과 연구는 1980년대에 비로소 이뤄졌습니다. 백제 무령왕릉이 1971년, 신라 천마총을 1973년에 발굴했고, 김해의 대성동 고분군에서 금관가야의 철제 유물이 다량 출토되었고 합천 옥전 고분군에서도 가야의 화려한 금제 유물이 출토되면서 대중의 관심을 끌어냈습니다. 이러한 발굴 결과를 통해 고대사회 특히 가야에 대한 이해를 높이게 된 것은 큰 성과라고 할 수 있습니다. 더불어 문헌 기록에 없는 역사를 찾아내기도 했습니다. 예를 들어 《삼국사기》나 《삼국유사》에서는 가야의 나라를 6국으로 보았는데, 실제 발굴을 통해 이보다 많은 가야가 연맹을 이루고 있었음을 알게 되었습니다.

가야, 연맹을 이루어 강국에 대항하다

여러 고분을 발굴한 결과 가야가 하나의 연맹이 아니라 같은 시기에 여러 개의 '소연맹'이 있었던 것으로 볼 만한 흔적이 나왔습니다. 같은 시기에 김해의 금관가야권 토기, 고령의 대가야권 토기, 함안의 아라가야권 토기, 고성의 소가야권 토기가 구분되기 때문입니다. 보통은 전기 가야연맹의 맹주는 김해의 금관가야, 후기 가야연맹 맹주는 고령의 대가야로 알려져 있습니다. 그런데 이러한 전기와 후기 가야연맹의 맹주는 그대로라도 그 안에 속한 작은 나라들의 관계는 좀더 복잡했던 것으로 보입니다.

가야가 연맹을 이룬 것은 가야의 작은 나라들이 개별적으로 주변의 강국인 백제나 신라에 대응하기 어렵기 때문이었을 겁니다. 가야의 나라들은 동맹을 만들고 그 동맹의 대표가 맹주가 된 것입니다. 이를 반대로 생각하면 신라나 백제는 가야의 여러 나라에 자신의 영향력을 끼칠 방도를 찾았을 것입니다. 그래서 창녕의 비화가야에서는 신라식 토기가 발견되고 반대로 백제의 토기가 가야에서 발견되기도 합니다. 가야연맹의 생존 전략은 고구려 광개토대왕의 원정, 백제의 관산성 전투, 그리고 법흥왕의 금관가야 정벌, 진흥왕의 대가야 정벌과 같은 강국의 군사력 앞에서 무력해지기도 했습니다. 그러나 가야의 여러 소국들이 공존하고 문화를 꽃피우며 성장해왔다는 것은 그동안 힘의 논리가 주요했던 우리 역사에서 조금 다른 가능성을 보여주었습니다. 이는 여전히 신비에 싸인 채 사라져간 가야의 역사에 우리가 관심을 갖게 되는 이유이기도 합니다.

8. 고구려 영토를 두 배 넓힌 해동성국의 비법

발해의 다민족 통합

#고구려를 계승한 다민족 국가 #동모산에 터를 잡다 #발해가 중국과 러시아의 역사라고? #발해의 멸망이 백두산 화산 폭발과 관련이 없는 이유

발해의 영역(8세기)

신라는 당나라와 격렬한 전쟁 끝에 676년, 승리를 거두었습니다. 이는 신라의 군사적 역량이 높아진 데다, 당나라의 국제적인 상황이 전쟁을 계속하기 어려웠다는 점도 작용했습니다. 당을 위협할 정도의 세력이었던 토번뿐 아니라 당의 지배 아래 있던 돌궐과 거란도 반란을 일으킨 것입니다. 특히 영주에서 거란의 이진충이 이끄는 반란은 북경 일대를 위협할 정도였습니다.

이런 혼란기에 속말말갈 출신으로 고구려 장수로 알려진 걸걸중상^{대중상}과 대조영, 말갈족 추장인 걸사비우가 자신들의 세력을 이끌고 거란이 지배하고 있던 영주를 탈출했습니다. 당은 거란족에게 이들을 추격하도록 했으나 실패하고, 대조영은 거란군을 천문령에서 격파하며 동모산 일대에 나라를 세웠습니다. 바로 우리가 알고 있는 발해입니다.

대조영과 말갈, 북방에 터를 잡다

보통 발해를 구성하는 민족을 소수의 고구려계, 다수의 말갈계로 보고 있습니다. 여기에서 말갈은 숙신, 읍루, 만주족을 말합니다. 그런데 말갈은 활동 범위가 워낙 넓고 다양한 모습으로 나타난다는 점에서 하나의 종족으로 보기 어렵다는 견해도 있습니다. 한편 발해를 세운 걸걸중상과 대조영, 걸사비우는 말갈과 깊은 관련이 있다고 봅니다. 당시 당은 처음 발해를 부를 때 '발해 말갈'이라고 부르기도 했습니다. 경멸하는 뜻이 포함된 것이긴 하지만 말갈이 세운 나라로 생각했던 것입니다. 남쪽의 신라 역시 발해를 말갈의 나라로 여겼습니다.

하지만 걸걸중상과 대조영의 예처럼 고구려계인지 말갈족인지 구분하지 못하는 것이 당연할 수 있습니다. 압록강 골짜기의 작은 나라였던 고구려가 광대한 영토의 대국으로 발전하면서 자연스럽게 그 지역에 살던 종족을 끌어안았습니다. 초기의 고구려 민족과 5세기 이후 고구려를 구성하는 민족이 달랐을 것입니다. 고구려는 다민족 국가로 발전한 것입니다. 고구려를 계승한 발해 역시 다민족 국가였다는 점에서 당시 역사를 지금처럼 혈통이나 공동체 의식이 강한 '민족' 개념으로 이해하기에는 어려움이 있습니다. 대신 발해의 지배층이 자신을 어떻게 인식했는지가 중요합니다. 발해의 전성기인 문왕 때 일본에 보낸 외교문서에서 발해는 자신을 '고려'로 표현했습니다. 국호를 바꾸지는 않았으나 고구려를 계승한다는 의식이 뚜렷했던 것입니다. 정효공주의 무덤이 중국식이었다면 10여 년 뒤 만들어진 정혜공주의 무덤이 고구려 고분과 비슷한 것은 고구려를 문화적으로 계승했음을 보여주는 것입니다. 발해는 고구려 문화를 기반으로 당의 문화, 말갈의 문화와 중앙아시아나 시베리아의 문화도 받아들인 나라였습니다.

고구려보다 두 배 이상 넓은 해동성국

발해의 영토는 고구려와 비교할 때 2배 이상 넓습니다. 한반도 북부와 만주, 연해주까지 이어졌지요. 발해의 영토가 그처럼 드넓었다는 것에 우리는 자부심을 느낍니다. 그런데 이와 관련하여 문제가 있기도 합니다. 발해의 영토가 넓다보니 중국, 러시아, 그리고 한국이 모두 발해를 자국 역사의 일부로 본다는 점입니다. 역사에서 자국사는 속인주의와 속지주의를 반영합니다. 한반도의 역사와 한민족의 역사를 바탕으로 한국사의 영역으로 인식하는 것입니다. 그런데 이를 맥락 속에서 이해하는 것이 아닌, 기계적으로 자신의 영토 안에서 일어난 일을 모두 자국의 역사로 편입하는 데서 문제가 생깁니다. 바로 중국의 역사 연구 방식으로 널리 알려진 동북공정 등의 역사 연구에서 발해와 고조선, 고구려를 중국 역사의 일부로, 곧 지방정권으로 보고 있는 것입니다.

물론 발해는 여러 나라의 공통 역사가 될 가능성도 있습니다. 유럽의 여러 나라를 보면 공통의 역사를 가진 나라, 예를 들어 프랑크 왕국은 프랑스와 이탈리아, 독일의 역사에서 공통으로 다루고 있습니다. 그러나 적어도 발해사는 중국사에 포함되기 곤란한 부분이 있습니다. 당시 중국은 분명히 발해를 다른 나라로 인식했기 때문입니다. 당나라에서 외국인이 보는 과거시험 빈공과를 치를 수 있는 대상이 바로 발해인과 신라인이었으니까요.

발해가 넓은 영토를 가진 것은 사실이지만 강국이었는지는 파악하기 힘든 부분이 있습니다. 선왕 때의 발해를 두고 사방 5,000리의 영토를 가진 나라로 묘사한 당의 기록도 있습니다. 이와 같은 발해의 발전을 두고 당은 '해동성국海東盛國'으로 불렀습니다. 그래서 발해라고 하면 넓은 영토를 가진 강국의 이미지를 떠올리게 됩니다. 그러나 고대 역사에서 국력이란 농업생산력, 이를 바탕으로 한 정치 체제와 군사력 등을 종합하여 판단해야 합니다. 국토가 넓다고 모두 강국이 아닐 수도 있는 것이지요. 그 사례 가운데 하나로 발해가 국경을 접한 신라를 위협했다는 기록은 거의 없다는 점입니다. 국력이 강하다면 국경을 접한 적대적인 나라를 그냥 두는 것이 이상한 일입니다. 그러므로 역사를 볼 때 지도에 드러나는 면적 만으로 강국 여부를 직관적으로 파악하는 것은 조심스러운 부분이 있습니다.

요나라의 침략에 대응하지 못하다

발해의 멸망을 '미스터리'로 보는 시선도 있습니다. 큰 영토를 가진 강국이었던 발해가 어떻게 갑자기 망한 걸까요. 많지는 않아도 발해 멸망에 대한 기록은 명확하게 있습니다. 발해는 서쪽에 송나라, 남쪽에 고려, 동쪽에 거란족이 세운 요나라와 국경을 맞대고 있었습니다. 요나라는 세력을 확대해 요동을 장악한 뒤 925년 12월 발해를 공격해왔습니다. 야율아보기는 발해의 수도 상경성을 포위하고 발해의 주력군 3만을 무너뜨렸고, 더 이상 버틸 수 없다고 생각한 발해의 왕 대인선이 항복한 것입니다. 그런데 926년 1월 발해의 멸망 직전, 발해의 장군 신덕 등이 고려로 투항하는 등 내부 결속력이 약했던 점도 패인으로 작용한 듯합니다.

일부에서는 백두산 화산 폭발이 발해 멸망에 영향을 끼쳤다는 주장도 있습니다. 그러나 화산 폭발과 발해 멸망을 연결 짓기 어려운 것이 역사학계와 지질학계에서 백두산 폭발을 946년 정도로 보고 있다는 점입니다. 발해가 멸망한 지 무려 20여 년이 지난 뒤입니다. 그리고 946년 또는 947년의 화산 폭발도 동아시아 여러 나라에 별다른 영향을 끼치지 못한 것으로 보입니다. 946년에 고려와 거란 사이의 사신 교류 혹은 여진이 방물을 바치는 사건을 기록할 뿐 자연재해로 인한 교통의 어려움을 말하는 기록이 없으니까요. 그러므로 백두산 화산 폭발은 사실이지만 발해의 멸망과는 관련이 없습니다.

　발해는 여러 궁금증을 일으키는 나라입니다. 역사에서 발해의 멸망을 미스터리로 부르는 것은 대체로 논리의 비약에서 나타난 공백 혹은 사료의 부족 때문입니다. 발해사를 자국의 역사로 만들고자 하는 나라 역시 여럿이라는 점에서 치밀한 사실 확인과 명확한 의미 파악이 필요한데, 바로 이 점 때문에 고증이 더 어렵기도 합니다.

9. 대륙을 정복한 몽골, 몽골에 맞선 고려
위기에서 기회를 찾은 고려

#신라의 경순왕과 후백제의 견훤이 고려를 돕게 된 사연 #쿠빌라이와 아리크부카, 원종이 선택한 몽골의 후계자는? #혼란 속에서 고려가 나아갈 길을 모색한 공민왕

고려 말기의 영역(14세기)

후삼국시대에 궁예가 세운 후고구려는 마진으로, 또 태봉으로 국호를 바꾸었으나 결국 왕건의 등장과 함께 고려로 귀결되면서 주몽의 고구려와 현재 한국의 영어 이름, KOREA를 연결하는 바탕이 되었습니다. 2000년에 이르는 우리 역사의 흐름을 잇게 된 것입니다.

그렇다면 후삼국이 고려로 귀결되는 과정에서 결정적인 장면은 무엇일까요. 일단 900년 후백제의 건국, 901년 후고구려의 건국, 그리고 후고구려(이때 국호는 태봉)가 고려로 바뀐 918년이 기본이 될 것입니다. 그리고 신라에서 고려로 바뀌는 과정이라는 점에서 신라와 고려가 연결된 사건이 이 시기의 본질을 이해하는 데 도움이 될 것입니다. 그런 점에서 927년, 935년이 후삼국시대에서 중요한 의미가 있습니다. 이 해의 사건은 모두 경주에서 일어났으며 각 사건의 주인공은 경애왕과 경순왕입니다.

포석정에서 벌어진 충격적인 사건

927년 겨울에 일어난 사건을 《삼국사기》는 이렇게 전합니다. 신라의 경애왕이 포석정에 행차하여 잔치를 벌였는데, 이때 견훤이 경주로 쳐들어와 포석정을 습격했습니다. 갑작스러운 공격에 놀란 경애왕은 잠시 궁궐로 피했으나 곧 후백제군에게 잡혔습니다. 결국 견훤은 강압으로 경애왕이 자결하도록 한 뒤 왕비를 욕보였습니다. 견훤은 왕족인 김부를 신라의 새 왕으로 올렸는데, 그가 바로 경순왕입니다. 그리고 견훤은 경주를 떠납니다.

이 사건은 우리 역사상 유례를 찾아보기 어려운 충격적인 사건입니다.

신라의 멸망이 눈앞에 다다랐음을 알 수 있고, 후백제의 강성함을 보여주는 사건이었습니다. 더 나아가 경애왕의 방탕함과 무능, 견훤의 잔인함을 보여준다는 점에서 신라와 후백제 모두에게 탐탁지 않은 사건입니다. 그런데 조금만 생각해보면 이상한 점이 보입니다. 견훤이 경주 일대를 포위하고 전방위로 압박하는 속에서 어떻게 신라의 경애왕은 포석정에서 잔치를 베풀었을까요. 또《삼국사기》에 이 사건이 일어난 날이 음력 11월이라고 하는데, 양력으로 보면 12월이니 한겨울에 야외에서 잔치를 벌이는 것이 가능했는가 하는 부분입니다. 무엇보다 경애왕까지 죽인 견훤이 왜 신라를 멸망시키지 않고 경순왕을 즉위시키고 자신은 떠났는가 하는 점입니다.

그래서 많은 연구자가 경애왕이 포석정에서 벌인 잔치는 놀이가 아니라 국가의 민심을 하나로 모으는 행사로 제사 혹은 불교의 법회와 같은 성격이었을 것으로 보고 있습니다. 포석정은 이궁이 있는 곳이지만 헌강왕이 남산의 신을 만나기도 한 곳이며 근처에 오릉도 있다는 점에서 신성영역으로 볼 수 있습니다. 이미 국토 대부분을 상실하고 군사력도 약해진 상황에서 경애왕이 민심을 하나로 모으기 위한 노력이었다는 것이지요. 만약 놀이가 목적이라면 안압지, 곧 동궁 일대가 더 적절했을 테니까요.

그런데 더 이상한 부분이 있습니다. 바로 견훤이 경주에 도착하자마자 포석정을 바로 급습한 것입니다. 경주의 여러 곳 가운데 경애왕이 포석정에 있다는 사실을 파악하고 습격했다는 점입니다. 참고로 이 시기의 후백제는 전주-대구-영천 통로를 확보한 뒤 진주-합천-군위-의성-안동을 확보했습니다. 영천에서 경주는 눈앞이니 신라의 도읍지 경주는 후백제군에게 완전히 포위되다시피 했다고 볼 수 있습니다. 마치 642년, 백제 의자왕이 신라에 대대적인 공격을 했던 것이 연상될 정도입니다. 그때 김춘추가 고구려로 구원을 위해 달려갔던 것처럼 경애왕도 고려에 원군을 요청했습니다. 더불어 북방의 요나라, 송나라와 외교 관계를 맺으며 신라의 존립을 위해 노력했기 때문에 신라의 이러한 행동은 후백제에 위협이 될 수 있었습니다. 하지만 후백제의 견훤 역시 천년 역사의 종주국 신라를 멸망시키는 것은 부담스러웠던 듯합니다. 신라의 많은 호족이 후백제 쪽으로 돌아섰지만 신라의 멸망을 원하지 않았고, 여전히 중립적인 호족이 많았다는 점에서 부담을 느낀 듯합니다. 그래서 후백제는 신라의 대외정책을 친고려에서 친후백제로 바꾸는 정도의 군사작전을 벌였고, 그 결과가 경애왕을 제거하고 경순왕을 새로 세운 것으로 볼 수 있습니다.

그런데 견훤이 콕 집어서 포석정을 공격한 것을 보면 신라와 후백제 사이에 이미 연결 고리가 있었던 듯합니다. 신라 내부의 권력 다툼 속에서 일부가 견훤을 끌어들였다는 것이지요. 그렇게 보는 이유는 경애왕이 박씨라는 점입니다. 신라를 이끌어왔던 김씨 시대를 지나 신덕왕-경명왕-경애왕으로 이어지는 세 왕이 모두 박씨였습니다. 이런 점은 김씨 가문에게는 불만이 될 수 있습니다. 경애왕의 이종사촌인 경순왕이 즉위한 뒤 신라 내부에서는 경순왕을 비난하는 모습을 거의 볼 수 없다는 점도 이러한 가설에 힘을 실어줍니다. 그러므로 927년의 포석정 급습은 그저 견훤의 난폭함을 드러낸 사건만이 아닌, 신라 내부의 정치적 이해관계가 숨어 있는 사건이라고 볼 수도 있습니다.

후삼국의 판도를 바꾼 경순왕과 견훤의 투항

경애왕의 원군 요청을 받은 고려는 후백제와 대구 일대에서 충돌했으니 '공산전투'입니다. 이때 고려는 경애왕을 조문하고 후백제를 비난했는데 전투에서는 후백제가 크게 이겼습니다. 이 전투에서 왕건은 죽음을 겨우 피했으나 대신 신숭겸과 김락이 전사했습니다. 그러나 930년 고창전투, 곧 지금의 안동에서 벌인 고려와 후백제의 전투에서는 고려가 큰 승리를 거두며 경상북도와 강원도 일대가 모두 고려의 영역으로 들어오게 됩니다.

왕위에 오른 경순왕은 빠르게 움직였습니다. 사신을 고려에 보내 적대할 생각이 없음을 알리고 당면한 위기를 해결하기 위해 먼저 왕건과 면담을 요청했습니다. 그러나 왕건이 반응을 보이지 않자 다시 경순왕이 사신을 보내어 드디어 만남이 이뤄졌습니다. 931년 2월 왕건이 신하들과 함께 경주에 왔는데 자신을 소국의 왕으로 낮추었습니다.

신라에서는 왕건의 방문을 긍정적으로 평가했습니다. 심각한 재정문제를 겪고 있던 신라 왕실에 고려가 일정한 지원을 했기 때문입니다. 또 후백제가 신라를 공격할 것을 대비해 유금필이 이끄는 고려군이 신라에 머물도록 했습니다. 그러나 고려 역시 신라의 멸망이 아닌 고려의 영향 아래 두는 정도로 이 회담을 마무리했던 것으로 보입니다. 당시 천년 역사 신라의 무게감이 우리가 생각하는 것보다 컸던 것일까요.

이런 가운데 누구도 예측하지 못했던 일이 일어났습니다. 935년 아들들과 후백제 왕위 계승 문제를 놓고 다투던 견훤이 장남 신검에 의해 금산사에 유폐되었는데, 견훤이 금산사를 탈출해 개경의 왕건에게 나아가 투항한 것입니다. 후삼국의 판세를 완전히 바꾼 이 사건에 큰 충격을 받은 인물이 신라의 경순왕이었습니다.

경순왕은 다시 빠르게 움직였습니다. 태자(마의태자로 알려진 인물)와 일부 관료의 반대에도 고려에 귀부할 것을 결정한 뒤 고려에 통보했습니다. 고려에서는 관리들을 보내 신라의 항복 과정을 협의하고, 군대를 보내 후백제의 침략을 대비했습니다. 한편으로는 고려가 경주를 점령한 상태에서 경순왕이 항복했다고도 볼 수 있습니다. 935년 11월 경순왕의 항복 행렬은 경주를 출발해 안동, 영주, 원주, 철원을 거쳐 개경으로 들어갔습니다. 이 소문은 각지로 퍼져나갔을 것이니 고려가 후삼국의 승리자가 되었음을 알리는 결과를 낳았습니다. 그리고 경순왕의 항복으로 992년간 존속한 신라는 역사 속으로 사라지고, 다음해인 936년 복수의 칼을 간 견훤이 앞장선 10만 고려군에게 아들 신검의 후백제군이 패하면서 후삼국시대는 막을 내립니다.

북방의 강자 거란과 여진, 고려를 압박하다

고려는 건국 이후 태조의 훈요10조에서 볼 수 있듯이 서경을 중시하고 옛 고구려 영토를 회복하기 위한 북진정책을 펼쳤습니다. 북진정책은 북방에 있는 유목민족과 충돌이 필연적이었으니 그 첫 상대는 거란족(후에 요나라 건국)이었습니다. 태조 때부터 긴장관계였던 고려와 거란은 결국 20여 년 동안 3차에 걸친 대규모 전쟁을 벌입니다.

거란은 고려를 침입한 이유로 고려 왕의 친조, 강조의 정변 등을 들었으나 결국 고려와 송나라의 관계 속에서 외교적으로 고립되는 것을 두려워했기 때문입니다. 고려 역시 강성한 거란과 적대하기보다는 실리를 찾는 쪽으로 외교 노선을 정했습니다. 거란의 3차 침입에서 완승을 거두었지만, 송나라와 외교를 끊고 거란과 화친한 것입니다. 이러한 고려의 선택은 거란의 위신을 세워주고 대신 암묵적으로 동아시아의 조정자 역할을 인정받으면서 송나라와도 지속적으로 교류할 수 있게 되었습니다. 고려는 전략적 선택으로 100여 년 동안 평화를 유지할 수 있었던 것입니다.

이후 고려는 새로운 강자로 등장한 여진족(후에 금나라 건국)과 동북 9성을 놓고 충돌했습니다. 이번에도 고려는 여진족의 거점을 먼저 공격하여 동북 9성을 쌓는 등 강력한 군사력을 보여주었습니다. 이후 여진족의 압박과 간청 속에서 동북 9성을 반환하긴 했으나 고려는 여진족이 세운 금나라와 화친하며 역시 평화를 이어갈 수 있었습니다. 이처럼 고려는 군사력을 바탕으로 유연한 외교력을 펼쳐 한반도를 지킬 수 있었습니다.

100여 년이 흐른 뒤, 막강한 군사력으로 세계사의 흐름을 바꾸고 있던 몽골은 구대륙 대부분을 석권하고 정벌한 나라는 거의 모두 속국으로 만들었습니다. 몽골과 멀지 않은 곳에 위치한 고려 또한 몽골의 침입으로 국난이라는 표현을 넘어서서 생존마저 어려운 시련을 겪었습니다. 이러한 상황에서 고려가 무려 39년이나 항쟁을 했다는 것은 놀라운 일이 아닐 수 없습니다. 우리는 '원 간섭기(중국을 통일한 몽골은 국호를 원나라로 바꾼 뒤에도 고려에 대한 내정 간섭을 멈추지 않음)'라는 이 시기를 '부마국(사위의 나라)' 등으로 표현하며, 고려가 벌인 항쟁의 성과가 없었던 것처럼 평가하기도 합니다. 그러나 조금 더 들어가보면 39년에 걸친 고려의 저항이 협상의 근거를 만들어낸 것은 물론, 이러한 협상을 지렛대 삼아 최대한 고려에 유리한 상황을 만들어냈다는 것을 알 수 있습니다. 이 점은 전후 역사와 비교해도 상당한 성과였습니다.

고려 무신정권, 인류 최강의 정복 국가와 맞서다

몽골 제국의 역사는 한 청년의 삶에서 시작했습니다. 바로 테무진, 나중에 칭기즈칸이 되는 인물입니다. 테무진은 1189년 쿠릴타이라는 몽골족 부족회의에서 칸으로 추대되었습니다. 산전수전을 겪고 칸이 된 테무진은 이제까지 누구도 시도한 적이 없었던 몽골족 전체 통합을 목표로 삼았습니다. 그리고 마침내 1206년 유목민인 몽골족 100만 명을 하나의 세력으로 만드는 기적을 이뤄낸 것입니다. 이제 테무진이 아닌 '칭기즈칸'이란 이름으로 대제국 건설을 위한 정복 전쟁을 시작했습니다. 타타르족처럼 몽골에 위협이 되는 세력은 제거했으며 위구르처럼 몽골에 협력하는 경우는 제국의 지배층으로 편입시키기도 했습니다. 몽골에 저항하는 세력은 철저히 파괴하여 중앙아시아의 서하, 호라즘, 그리고 중원을 차지하고 있던 금나라를 모두 멸망시켰습니다. 칭기즈칸의 정복전은 유럽까지 이어져 칭기즈칸 생존 시에 이미 폴란드와 북인도, 중원과 초원지대 대부분을 영토로 갖는 대제국이 되었습니다. 인류 역사 최강, 최대의 정복 국가가 등장한 것입니다.

그런 몽골과 고려의 첫 만남은 나쁘지 않았습니다. 거란군 일부가 몽골군에 쫓겨오면서 고려의 강동성을 차지하자, 고려는 형제의 의를 맺고 거란을 같이 물리치자는 몽골을 도와 강동성을 함락했습니다. 그러나 강동성 전투 이후 급변한 몽골은 고려에 공물을 요구하며 위압적인 태도를 보였습니다. 그러던 중 고려를 방문한 몽골 사신 저고여가 돌아가던 길에 압록강 근처에서 죽는 사건이 일어났습니다. 이 사건을 이유로 칭기즈칸의 뒤를 이어 황제가 된 오고타이가 1231년 고려를 침략했습니다(1차 침입). 살리타^{살례탑}가 이끄는 몽골군은 고려의 저항을 무력화시키며 개경 인근까지 진출했는데, 이 과정에서 고려는 몽골군의 잔인함에 놀랐습니다. 저항하는 성을 처참하게 파괴하고 사람이든 짐승이든 보이는 대로 죽였습니다. 몽골군의 위세에 놀란 고려는 몽골에 화친을 요청했는데, 몽골이 이를 받아들였습니다. 몽골로서는 비록 고려의 성을 함락했지만 고려군의 강력한 저항, 대표적으로 귀주성의 박서와 김경손의 항전에 애를 먹었기 때문에 화친 요청을 받아들인 것입니다.

　몽골은 화친을 맺었지만 고려 지배를 위한 야욕을 멈추지 않았습니다. 서북면에 72명의 다루가치(정복지에 두는 감독관)를 파견했고 막대한 공물을 요구한 것입니다. 이러한 몽골의 압박을 받으면서도 고려는 항복할 뜻이 없었습니다. 당시 집권자였던 최충헌의 아들 최우는 몽골에 항복하는 것은 곧 무신정권의 종말로 보았기 때문에 고려 왕을 협박해 도읍지를 강화도로 옮겼습니다. 수전에 약한 몽골군에 맞설 수 있는 곳이라고 판단해, 10만 세대에 이르는 개경 백성을 강화도로 이주시켰습니다. 최우의 판단은 상당히 유효했습니다. 강화도가 비록 섬이긴 하지만 농토가 많고, 바닷길을 통해 조세를 거둘 수 있어서 장기 항전이 가능했습니다. 하지만 백성을 지키는 정부의 역할은 포기한 것이었습니다. 육지의 백성들은 몽골군에게 짓밟히거나 혹은 스스로 생존을 위한 항전을 해야 했으니까요.

고려의 항전 의지를 본 몽골은 다시 고려를 침략했습니다(2차 침입). 그러나 김윤후가 지키는 용인 처인성에서 살리타가 전사하면서 곧 철군했습니다. 고려가 몽골군을 상대로 승리했지만, 이후 대대적인 보복 침략이 모두 6회(작은 규모의 침입까지 포함해서 9회로 보기도 함)나 이어졌습니다. 이러한 몽골의 침략 속에서 대구 부인사에 보관하던 초조대장경, 경주의 황룡사가 불에 탔습니다. 그러자 고려는 부처님의 힘으로 몽골을 물리치고자 고려대장경, 곧 팔만대장경을 제작했고 다른 한편으로는 몽골에 화친을 요구했습니다. 몽골의 침략으로 세금이 급격하게 줄면서 정부 살림도 어려워지자, 고려 내부에서도 몽골과 강화를 하자는 세력이 등장하면서 최고 집권자인 무신과 대립하는 분위기가 만들어졌습니다.

결국 최씨 가문의 노비였던 김준이 최씨 무신정권의 마지막 인물 최의를 죽이자 형식적이나마 왕이 친정을 하는 모습이 만들어졌습니다. 이 과정에서 최씨 무신정권의 무력 기반이었던 삼별초 중에서도 대의명분에 따라 왕에게 충성하는 인물이 나오면서 왕에게 유리한 분위기가 만들어졌습니다.

원종의 선택, 고려의 멸망을 막다

1259년 고려의 고종은 화친을 맺기 위해 태자를 몽골로 보냈습니다. 그런데 이 시기 몽골은 헌종몽케이 죽으면서 후계자 문제를 두고 분열되어 있었습니다. 남송 정벌에 나가 있던 쿠빌라이와 수도 카라코룸을 지키고 있던 막내 아리크부카가 서로 후계자임을 주장했기 때문입니다. 압록강 일대에 도착한 고려의 태자는 이 상황을 파악하고 누구에게 손을 내밀지 고민했습니다. 태자의 선택은 쿠빌라이였습니다. 고려 태자의 화친 (몽골에서는 항복으로 인식) 소식을 들은 쿠빌라이는 기쁨을 감추지 못했던 것 같습니다.《고려사》를 보면, "당 태종조차도 (고구려를) 굴복시키지 못했는데, 이제 그 나라고려의 태자가 스스로 와서 귀부하니 이는 하늘의 뜻이로다"라고 했습니다. 고려를 고구려의 후계자로 인식하는 문장도 흥미롭고, 이렇게 표현할 정도로 고려의 화친을 반겼음을 짐작할 수 있습니다. 이는 당시 경쟁관계였던 아리크부카에 대해 자신의 우위를 증명하는 근거로 고려의 화친을 활용할 수 있다는 정치적인 계산이 있었을 것입니다. 이에 따라 쿠빌라이는 "고려를 복속하지 않을 것이며, 고려의 풍속을 바꾸려고 하지 않을 것"을 약속합니다. 만약에 고려 태자가 쿠빌라이가 아니라 아리크부카에게 화친을 요청했다면 어떤 일이 벌어졌을까요.

비록 침략에 굴복해 강화를 맺어야 하는 상황이지만 고려는 최악의 상태를 모면했다고 할 수 있습니다. 그런데 태자가 몽골과 협상하는 사이 고종이 죽으면서 태자가 왕위에 올랐습니다. 바로 원종입니다. 원종은 몽골군의 호위를 받으며 고려로 돌아왔고 이는 곧 원종에 대한 반항은 몽골에 반항하는 것이라는 메시지이기도 했습니다. 아직 무신정권이 끝난 것은 아니었지만 원종의 지위도 이전과 달라진 것이지요. 원종은 강화도를 나와 개경으로 돌아갈 계획을 세웠습니다. 하지만 무신들은 이러한 원종의 계획에 위기감을 느꼈고, 결국 10여 년 동안 원종과 무신들 사이에서 긴장이 지속되면서 개경 환도는 미뤄지고 있었습니다. 그런데 원종이 노리던 기회는 다른 방식으로 다가왔습니다. 최고권력자 김준이 임연에게 죽임을 당하고, 임연이 병으로 죽은 뒤 권력자가 된 임유무 역시 삼별초의 공격으로 죽임을 당한 것입니다. 더 이상 개경 환도를 막을 세력이 없어지자, 1270년 원종은 강화도를 떠나 개경으로 돌아왔습니다. 100여 년 동안의 무신정권 그리고 39년간의 대몽항쟁과 강화도 도읍은 역사 속으로 사라진 것입니다.

개경으로 돌아온 원종은 또 하나의 승부수를 던졌습니다. 이 시기 원을 건국하고 황제에 오른 쿠빌라이에게 혼인을 요청한 것입니다. 혼인을 통해 고려 왕실의 지위를 안정시키고자 했던 것인데, 쿠빌라이는 이러한 원종의 요청에 대해 처음에는 거부의 뜻을 보였습니다. 원과 고려의 황실이 하나로 된다는 것은 고려의 왕에게는 큰 혜택이 될 수 있었기 때문입니다. 하지만 원종이 계속해서 요청하자 쿠빌라이가 이를 허락했습니다. 이렇게 해서 나중에 충렬왕이 되는 태자와 쿠빌라이의 딸 홀도로게리미실^{제국대장공주}가 혼인을 하고, 원종과 쿠빌라이가 사돈이 된 것입니다. 보통 고려를 왕의 사위란 뜻의 부마를 써서 부마국으로 부르는데 이는 몽골이 강요한 것이 아닌 고려가 요청한 것이었습니다.

충렬왕의 아들 충선왕은 쿠빌라이의 외손자가 됩니다. 곧 우리나라 최초의 혼혈왕인데, 고려의 왕이라는 지위와 별개로 원 황실의 일족이 되었습니다. 실제로 충선왕은 심양왕이라는 지위와 함께 원나라 황위 계승 다툼이 일어났을 때 인종과 무종의 즉위에 개입할 정도가 되었으며, 쿠릴타이^{정책결정회의}가 열릴 때도 최상의 좌석을 배정받았습니다. 이러한 지위에 올랐다는 것은 원 황실의 일원이 되었다는 의미이며, 충선왕은 머리도 변발을 하고, 고려에서 볼 때 오랑캐 옷인 몽골의 옷을 입어야 했습니다. 고려의 왕이란 정체성이 약해지고 원나라에 머물며 고려 정치에 관여하는 정도라 할 수 있습니다. 이에 따라 고려는 혼란이 이어졌고 친원파의 득세도 만만치 않았습니다. 고려는 원나라의 공물 요구, 공녀 요구와 함께 정동행성 설치, 쌍성총관부와 탐라총관부 설치와 같은 압박과 영토 상실로 신음하게 되었습니다. 그러나 단 하나, 쿠빌라이의 약속으로 고려를 원나라에 복속시키는 것, 즉 고려의 멸망만은 피할 수 있었다는 점이 유일한 희망이었습니다.

그러한 희망은 고려의 왕으로서 정체성이 뚜렷했던 공민왕이 즉위하며 본격적으로 실현해 나갔습니다. 원나라 제국의 일원으로서 다양한 문화를 흡수하며 국제적인 감각을 익히고 변화에 잘 적응하는 체질이 된 것 역시 긍정적인 요소였습니다. 예를 들어 충선왕은 원나라의 도읍지인 대도베이징에 학문 연구기관 만권당을 열어 고려의 학자들이 중국 학자들과 교류하도록 했습니다. 여기에서 뛰어난 학자들이 성리학을 받아들이고 공민왕의 개혁에 참여하는 세력으로 연결되었습니다. 고려는 원의 간섭기라는 혼란의 시기를 극복할 수 있는 준비를 하고, 대륙의 변화 속에서 고려가 나아갈 새로운 길을 찾아갔던 것입니다. 다만 이러한 모색 과정에서 고려는 새로운 위기에 맞닥뜨렸는데, 그 중심에 신진사대부가 있었습니다.

10. 이상국가에 다가간 조선
vs 세계에 눈 뜬 동아시아
조선의 성리학과 사대교린 외교

#최영과 이성계의 운명을 바꾼 선택 #정도전, 재상이 중심이 되는 나라를 꿈꾸다
#명에 의존하며 급변하는 세계에 대응하지 못한 조선

세종 시기의 영역(조선 15세기)

고려 말 우왕 때 다시 '무신정권'이라고 부를 만한 상황이 만들어졌습니다. 바로 왕보다 힘이 강했던 두 장군, 최영과 이성계가 등장한 것입니다. 최영은 왕에 대한 충성심이 강하고 나라를 지키겠다는 열정이 강한 무장으로, 사익을 추구했던 무신정권기의 무장과는 달랐습니다. 그러나 정치적 바탕으로 본다면 최영은 권문세족과 비슷한 처지였습니다. 이성계는 남해안 일대를 노략질하던 대규모 왜구를 토벌한 황산대첩에서 승리를 거두며 민심을 얻었습니다. 공민왕 이후 성리학적 소양으로 길러진 신진사대부의 지지를 받았다는 점에서 정치적으로 최영과는 다른 처지였습니다.

당시 고려는 국내외 상황이 혼란스러워 유능한 장군이 필요한 시기였습니다. 대내적 상황을 보면 공민왕 이후 계속되어 온 권문세족, 친원파의 숙청 작업이 일단락되었지만, 여전히 상당수의 권문세족이 사병을 보유하고 있었습니다. 대외적으로는 대륙의 원명 교체기, 왜구의 침탈로 인해 크고 작은 전투가 이어지고 있었습니다. 이러한 문제에 맞닥뜨릴 때마다 최영은 이성계를 신뢰했고 이성계는 공을 세워 최영의 기대에 부응했습니다. 예를 들어 대표적인 권신인 이인임이 염흥방, 임견미 등을 끌어들여 신진 관료를 압박하는 일이 벌어졌을 때 이들을 제거한 것도 두 사람의 합작 결과입니다. 그런데 고려를 둘러싼 국제 정세가 두 사람을 서로 다른 길로 이끌었습니다.

최영과 이성계, 두 명장의 운명을 가른 선택

이 시기 원나라는 주원장이 세운 명나라에 의해 밀려나 북원이 된 터라 예전처럼 고려를 압박할 처지가 아니었습니다. 원나라의 후계자를 자임한 명나라는 고려에 대해 늘 의심의 눈을 거두지 않았습니다. 그리고 친명파라고 할 수 있는 공민왕의 죽음 이후 고려에 대해 본격적으로 압박을 가하며 원나라와 같은 권리를 요구한 것입니다. 고려가 무력을 동원해 되찾은 철령위를 다시 설치하겠다고 하자, 공민왕 이후 반원 자주 정책의 핵심에 있었던 최영은 명에 대한 대규모 군사 작전을 준비했습니다. 바로 요동 정벌입니다. 본인이 사령관이 되어서 이성계와 조민수가 좌우의 군대를 이끌도록 했습니다. 그런데 이성계가 여기에 대해 반대하고 나섰습니다. 이성계는 명나라를 치기 어려운 이유로 네 가지를 들었습니다. 큰 나라가 작은 나라를 공격하는 것이 무리한 일임을 비롯해 농번기에 군사를 모으기가 쉽지 않은 것, 여름장마로 말이 먹을 건초와 활의 아교가 녹는 문제가 있으며 전염병의 염려가 있다는 것, 그리고 원정이 진행되는 동안 왜구의 위협이 있을 수 있다는 점을 이유로 들었습니다. 하지만 최영은 이를 받아들이지 않았습니다.

이런 가운데 또 하나의 변수가 생겨났습니다. 우왕이 자신의 신변 안전을 위해 장인이기도 한 최영이 옆에서 지켜주도록 요청한 것입니다. 우왕의 뜻을 받아들인 최영은 고려에 남고 이성계가 4만, 명목으로는 10만에 이르는 고려군을 이끌고 요동 정벌에 나섰습니다. 그런데 이성계는 장마로 비를 피하던 압록강의 위화도에서 회군을 했습니다. 무기가 비에 젖고 군사들이 도망가는 등 상황이 여의치 않았던 것입니다. 왕의 명을 받지 않고 군대를 돌렸으니 회군은 곧 반역입니다. 우왕과 최영은 상황이 급박하게 돌아가자 이성계를 막기 위해 사력을 다했지만, 변변한 군사가 없던 탓에 최영은 패배할 수밖에 없었습니다. 이성계 일파에게 체포된 최영은 고양으로 유배되었다가 곧 죽음을 맞이했고 우왕 역시 귀양을 가야 했습니다. 명나라는 고려의 대규모 군사 작전을 보고 철령위를 요동 지역으로 후퇴하여 설치했습니다. 이후 고려는 명나라와 관계를 회복하고 양국 관계는 안정되었습니다.

다음 왕위는 우왕의 아들, 창왕이 이었습니다. 아직 조민수를 중심으로 하는 구 세력의 힘이 고려의 정치 공간을 채우고 있었던 터라 이성계의 반역 그리고 혁명의 여정은 아직 가야 할 길이 남은 것입니다. 그리고 그 길에 새로운 학문인 성리학의 소양을 기른 신진사대부가 이성계를 받쳐주었습니다. 신진사대부의 논리 속에서 1년 만에 창왕을 폐하고 그 자리에 공양왕을 올렸습니다. 그 명목은 '폐가입진廢假立眞', 곧 우왕과 창왕은 신돈의 아들이니 왕이 될 자격이 없는 가짜란 것입니다.

신돈은 우왕의 아버지인 공민왕을 보좌하며, 개혁 정치를 펼쳤으나 반역죄 명목으로 참살당한 인물입니다. 우왕의 어머니가 바로 신돈의 여종이라는 사실이 '폐가입진'의 논리였습니다. 이렇게 고려의 마지막 구 세력을 몰아내고 정권을 장악한 이성계는 조준과 정도전을 중심으로 새로운 나라를 위한 개혁안을 만들었습니다. 토지문서를 불태우고 새로운 토지 제도 과전법을 실시한 것입니다. 과전법을 통해 신진사대부의 경제적 기반을 갖출 수 있게 되었고, 고려와 달리 귀족이 아닌 지식인 즉, 사대부가 나라의 중심이 될 수 있는 바탕을 만들었습니다. 정도전은 왕이 아닌 재상이 중심이 되는 나라를 구상했습니다. 이제 공양왕을 몰아내고 이성계가 왕위에 오르는 것이 눈앞에 온 것처럼 보였습니다.

그러자 이제까지 고려의 개혁에 참여했던 이색의 제자 정몽주 등은 고려를 지키기 위한 마지막 저항을 했습니다. 공양왕의 세자를 명에 사신으로 보내 고려 왕조의 연속성을 보장받으려고 했으며, 이성계가 부상당한 것을 계기로 이성계 일파를 제거하고자 한 것입니다. 그러나 이방원이 나서서 정몽주를 죽이면서 이 마지막 시도도 실패로 돌아갔습니다. 고려는 멸망하고 새로운 나라 조선의 시대가 열린 것입니다.[1392년]

서양 문물에 눈 뜬 중국과 일본, 총 한 자루에서 시작된 야욕

조선 건국 이후 몽골과 여진 등 북방 유목민족은 멀리 쫓겨나거나 흩어졌고 명나라의 강성함이 눈에 띄었습니다. 이러한 명의 발전을 보여주는 사건이 영락제 때 정화의 원정입니다. 색목인 출신의 환관인 정화는 영락제의 신임 속에서 아시아 남쪽 바다와 아프리카까지 항해하며 여러 지역에 명의 위엄을 알린 것입니다. 이 원정은 1405년부터 1433년까지 7차례에 걸쳐 진행되었는데, 명의 함대가 지나간 곳은 동남아시아, 서아시아, 아프리카의 케냐와 소말리아, 마다가스카르에 이를 정도였습니다. 보선寶船이라 이름 붙인 배 62척의 거대한 배를 포함해 전체 원정 함대 숫자가 무려 3,500척에 이르렀고 원정대의 전체 규모는 3만 명에 이르렀습니다. 큰 보선 한 척은 콜럼버스가 타고 간 산타마리아호 배수량의 30배에 이르렀고 3개의 돛으로 항해하는 서양 배와 달리 10개의 돛을 달아 훨씬 안정적인 항해가 가능했습니다. 이 배에 아프리카에서 기린을 싣고 명에 오는 것도 별다른 어려움이 없었던 것입니다. 그러나 영락제를 이어 즉위한 다른 황제들은 정화의 원정은 재정을 낭비하는 것으로 여겨 원정을 중단시켰습니다. 중국은 다시 세계사에서 물러난 것입니다.

정화의 항해가 있고 80여 년이 지난 1513년, 포르투갈 상선이 광동에 들어와 무역을 요구하는 일이 일어났습니다. 명이 이를 거부했으나 포르투갈 상인들은 다시 여러 지역으로 옮겨 다니며 무역을 하자, 포르투갈 상인들이 1557년에 마카오에 거주하며 교역하는 것을 허가했습니다. 이때 포르투갈 사람들을 명나라에서는 불랑기로 불렀습니다.

이 시기, 중국 배가 난파하며 그 배에 타고 있던 포르투갈 인들이 지금의 일본 가고시마 현에 속하는 다네가시마에 상륙하는 일이 일어났습니다. 이때 포르투갈 인이 가지고 있던 총에 관심을 둔 그 지역 영주는 2정의 총을 사서 1정을 분해, 복제에 성공합니다. 불을 붙여 방아쇠를 당기는 화승총은 새를 잡을 정도로 정확도가 높다고 해서 '조총鳥銃'으로도 불렸습니다. 이 조총의 등장으로 100여 년 동안 혼란을 이어가던 일본의 전국시대戰國時代:센고쿠지다이 전투 방식도 바뀌게 되었습니다. 조총을 활용한 오다 노부나가가 크게 세력을 떨치기 시작했고, 그로부터 50년이 지난 1592년 수만 정의 조총을 보유한 일본은 조선을 침략하게 됩니다. 포르투갈 상인의 활동으로 일본에는 크리스트교가 전해지면서 가고시마의 영주가 천주교인이 되기도 했습니다. 그러나 도요토미 히데요시는 천주교에 대해 적대적이었고 마침내 포르투갈 상인은 물론 크리스트교를 엄금했습니다. 하지만 이 과정에서 일본 정부에 협조한 네덜란드가 나가사키 데지마를 중심으로 활동할 수 있게 되었습니다.

　이처럼 중국과 일본이 기본적으로 쇄국을 했다고는 하지만 부분적으로 이루어진 서양 세력과 교역을 통해 새로운 세계에 관심을 갖고 또 영향을 받고 있었던 것입니다. 중국과 일본에게는 조금 더 넓어진 세계가 생겨난 것입니다.

문치의 시대, 사대교린 외교의 한계

　그러나 조선은 이와 같은 동아시아의 변화를 거의 읽어내지 못했습니다. 그 배경에는 조선의 기본 외교 정책인 '사대교린'이 있었습니다. 성리학의 이념에 따라 큰 나라를 섬기고 이웃의 작은 나라와 교류한다는 외교 정책인데 여기에는 '높낮이'가 있습니다. 조선을 중심으로 볼 때 명은 높고 일본과 여진은 낮았던 것입니다. 외교란 기본적으로 서로의 이익을 위해 움직여야 하는데 이와 같은 조선의 외교는 현상 유지 정도가 최선이었습니다. 그나마 명나라와 교류는 조선의 위신을 세우는 일이었으나 다른 나라와 교류는 부득이한 것으로 보았습니다. 혹시 유럽 어떤 나라가 조선과 교류하고자 했더라도 그들은 일본이나 여진보다도 낮은 존재이니 상종하는 것 자체가 욕된 일이었을 것입니다.

　조선은 건국 이후 명나라와 안정적인 관계를 유지하기 위해 전략적으로 '사대'의 외교 형식을 취했으나 시간이 흐르며 내용도 따라가는 사대가 된 것입니다. 여기에는 태종과 세조, 특히 중종 이후 정통성에 문제가 있는 왕은 명나라의 책봉을 통해 정통성을 인정받고자 했던 부분도 영향을 끼쳤습니다. 조선 중기에 사람들이 유일하게 관심을 가진 세계는 명이었다 보니, 그밖에 세계에 대해서는 무지할 수밖에 없었습니다.

　조선은 문치주의를 지향한 나라였습니다. 학문과 덕망을 갖춘 문인들이 관직을 맡아 어진 왕을 보필하며, 협의와 논의로써 만들어지는 제도를 통해 궁극적으로 온 백성을 두루 잘살게 한다는 이념이 문치주의입니다. 그러나 문치주의는 활기를 잃고 후대로 갈수록 현실문제를 해결하지 못한 채 원칙주의, 사대주의로 빠지며 나라를 혼란과 위기에 빠트리고 맙니다. 고려말의 개혁세력이었던 신진사대부에서 이어진 조선의 문치는 그저 이상에 불과한 것일까요?

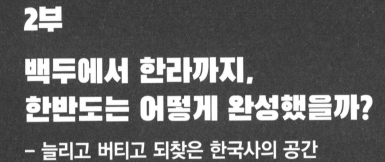

2부

백두에서 한라까지,
한반도는 어떻게 완성했을까?

– 늘리고 버티고 되찾은 한국사의 공간

가끔 세종대왕의 업적을 열거할 때 놓치는 부분이 있습니다. 바로 4군과 6진의 개척입니다.

이는 매우 중요한데, 대한민국 헌법상의 영토인 한반도, 곧 압록강과 두만강을 경계로 한 지금 영토의 윤곽이 만들어졌기 때문입니다. 고려말 이후 지속된 북진정책, 곧 북쪽 지역 이민족을 몰아내고 전략적 요충지를 확보하고자 한 노력이 결실을 본 것입니다. 여기에는 엄청난 노력이 들어갔으니 태종 3년^{1403년} 처음으로 강계부를 편입한 이후 1443년 우예군 설치에 이르기까지 40여 년이 걸리는 일이었습니다.

4군 ^{여연/무창/우예/자성} 설치에 비해 '폐4군'은 잘 알려지지 않았습니다. 세종 때 여진족을 막기 위해 4군을 설치했지만, 단종 3년에 3군을 폐했고, 세조 5년에 '자성'마저 폐하여 폐4군으로 불리게 되었습니다. 여진족 등을 막기 어려웠고, 교통과 생활이 어렵다는 이유로 단종에서 세조를 거치는 사이 이 지역 주민들을 모두 강계부나 구성부로 옮긴 것입니다. 비록 영토상의 후퇴는 아니었지만 국경을 유지하는 것이 얼마나 어려운 일인지 짐작할 수 있습니다. 200여 년이 지난 숙종 때 이를 복구하려 했으나 실패한 뒤 정조 이후 본격적인 개간 작업이 이뤄졌습니다. 그리고 진보가 설치된 뒤 순조 이후 다시 조선의 실질적인 행정력이 닿을 수 있게 되었습니다.

조선의 4군과 폐4군을 통해 전근대 시기 영토의 문제를 새로운 각도에서 보게 됩니다. 역사 공부에서 꼭 필요한 것이 역사부도, 그리고 각 시기 영토를 표시한 지도입니다. 역사부도에 등장하는 지도는 주변 나라와 관계, 각 나라의 전쟁과 교류의 모습, 각 나라의 영토에서 볼 수 있는 문화유산의 특성과 흔적 등을 담고 있습니다. 그런데 우리 눈에 먼저 들어오는 건 각 시대 나라의 면적, 곧 영토의 넓이입니다. 아무래도 지금 한국이 10만 제곱킬로미터라는 점에서 영토에 대해 결핍을 느끼게 됩니다. 일본만 해도 면적이 37만 제곱킬로미터이니 그 차이가 만만치 않습니다. 사실 영토가 넓으면 대체로 강국이 됩니다. 러시아, 중국, 인도를 보면 짐작할 수 있습니다. 그러나 유일한 조건이 아닌 것이 영토가 우리나라보다 넓으나 경제력이나 군사력에서 우리에 미치지 못하는 나라도 있으니까요.

더 나아가 전근대 역사에서 영토란 인구나 행정력이 지원하지 않는다면 일시적 점령에 지나지 않는 경우가 종종 있습니다. 국경에 철책을 설치하고 경계를 뚜렷하게 한 것은 근대, 현대에 와서 생긴 것입니다. 고구려와 백제가 서로 경쟁하던 4세기 중반, 영토의 크기만 놓고 보면 고구려가 백제를 압도해야 하지만 실제 전쟁에서는 백제의 근초고왕이 고국원왕을 압박하기도 했습니다. 이러한 배경에는 고구려와 백제의 인구 규모가 비슷했던 것과 관련이 있습니다.(《삼국사기》, 고구려와 백제의 멸망 당시 인구: 고구려 69만 호, 백제 76만 호) 즉 영토의 넓이가 곧 국력이 아님을 짐작할 수 있습니다. 그런 점에서 옛 역사를 볼 때 영토의 넓이는 국력을 나타내는 상대적인 여러 지표 가운데 하나일 뿐입니다.

그런데 영토의 넓이가 그 나라의 국력을 평가하는 요소 중 일부일 수는 있으나 영토가 없는 나라는 없습니다. 그러므로 우리 민족도 영토를 지키고자 필사적인 노력을 했습니다. 확장보다 중요한 것이 지키는 것이며, 일시적 확장으로 보이는 것도 결국은 현재 확보한 영토를 지키기 위한 목적으로 진행된 것이 많았습니다. 영토를 지키기 위한 노력은 전쟁과 외교를 통해 이루어졌는데 시대에 따라, 주변국과의 관계에 따라 그 양상이 달랐습니다. 한반도가 갖는 지정학적 요소가 매우 중요했던 것입니다. 지금 전쟁이 없다고 하더라도 한국을 둘러싼 주변의 상황, 곧 북쪽으로 러시아와 중국, 태평양 쪽으로 일본과 미국의 첨예한 이익이 부딪치는 지점에 한반도가 있음을 생각해보게 됩니다. 그리고 그 한반도는 삼국시대처럼 남과 북으로 나뉘어 있습니다. 이처럼 영토와 국경의 문제는 시대의 흐름 속에서 어떤 역학구도로 변화했는지를 바라볼 때 그 의미를 제대로 이해할 수 있을 것입니다.

1. 고조선의 광활한 영토를 되찾기 위한 핫스팟은?

미천왕의 서안평 점령

#삼국지에 등장하는 위, 촉, 오의 시대… 고구려는 기회이자 위기? #동천왕, 단 한 번의 오판으로 멸망 위기에 빠지다 #고구려를 구한 밀우와 유유 #마침내 서안평을 점령한 미천왕의 활약은?

미천왕의 서안평 점령(고구려 4세기)

한반도에서 명멸한 국가들 중에서 고구려는 여러 면에서 인상 깊은 나라입니다. 고조선을 계승하고자 했고, 고대 동북아시아의 강국으로서 넓은 영토를 소유했습니다. 특히 우리가 주목해야 할 부분은 고구려가 한반도 영토에 남아있던 한나라 세력을 몰아냈다는 것입니다. 전한의 한무제가 위만조선을 멸망시킨 후 한사군을 설치했는데, 고구려 건국 이후에도 한반도 서북쪽에 여전히 존재했던 것입니다.

고구려는 졸본에서 국내성으로 도읍을 옮긴 후에 영토 확장을 도모했습니다. 이 과정에서 고구려가 가장 주목한 요충지가 서안평이었습니다. 한반도 서북쪽의 경계이자 오늘날 중국 단둥 지역으로 추정되는 이곳을 차지한다는 것은 고구려에게 두 가지 중요한 의미가 있었습니다.

첫째는 한반도 영토에서 한사군을 몰아내기 위한 기초라는 점입니다. 한사군은 한반도 서북쪽에 있었는데 서안평을 점령하면, 한반도에 고립된 한사군을 몰아낼 수 있게 됩니다.

다른 하나는 고조선의 옛 영토를 회복하기 위한 기반이 마련됩니다. 서안평은 요동 진출의 교두보 역할을 하는 요충지로서, 중국 본토로 진출하기 위해 이 지역을 차지하는 것은 매우 중요했습니다.

영토 전쟁은 필연적으로 충돌을 불러일으킵니다. 나라의 운명을 건 충돌이어서 고구려에 위기가 올 수 있고 그 위기를 극복하지 못한다면 고구려는 존망의 위험에 빠지며, 만약 이겨낸다면 고구려는 강성한 나라로 우뚝 서게 될 것입니다. 고구려를 고조선의 후예로 여기며 동북아시아 강자가 되고자 야심을 품었던 두 명의 왕이 있으니 바로 동천왕, 미천왕입니다.

동천왕, 2만 대군을 이끌고 서안평을 공략하다

고구려 11대 왕인 동천왕(고구려의 왕 이름은 대부분 무덤을 만든 곳의 이름을 붙인다. 동천에 무덤을 만들면 동천왕, 고국원에 무덤을 만들면 고국원왕이다)은 왕으로서 업적을 논하기 전에 태어나는 과정에도 아슬아슬한 사연이 있습니다. 고구려 10대 왕인 산상왕은 왕자가 없어서 걱정이 많았습니다. 보통 이런 경우라면 다른 부인을 들여 왕자를 낳겠지만 그러기 어려운 배경이 있었습니다. 산상왕은 고국천왕의 동생이었는데, 고국천왕의 왕비였던 우씨의 지원으로 왕위에 오른 뒤 우씨는 다시 산상왕의 왕비가 되었습니다. 곧 우씨는 산상왕에게 형수이면서 동시에 부인인 것입니다. 고구려에 있던 '취수혼', 곧 형의 부인을 동생이 부인으로 삼는 것을 예로 들기도 하지만 이 사건은 권력의 안전한 이동이 핵심이었습니다. 그런 이유로 산상왕이 다른 여인을 부인으로 맞이하기 어려웠습니다.

그러던 어느 날 나라 제사에 쓸 제물로 기르던 돼지가 도망가는 사고가 일어났습니다. 큰 실수를 한 관리가 급하게 돼지를 쫓아갔지만 잡지 못했는데, 주통촌, 곧 술을 빚는 마을의 젊은 여인이 돼지를 잡은 것입니다. 산상왕은 이러한 보고를 받고 돼지를 잡았다는 여인이 신기하기도 하고 궁금해서 찾아갔다가 그 여인의 미모에 빠져 하룻밤을 보냈습니다. 이때 여인은 산상왕에게 혹시 자신이 왕자를 낳게 된다면 자신과 왕자를 지켜달라는 약조를 받아냅니다. 나중에 이 소식을 알게 된 우씨 왕후가 군사를 보내 이 여인을 죽이려고 했습니다. 이때 여인에게는 이미 태기가 있었습니다. 남장을 하고 도망가던 여인은 결국 군사들에게 포위되어 죽음을 앞두게 됩니다. 그러자 여인은 큰소리로 말하기를, "내 뱃속에 대왕의 아이가 있다. 너희들은 왕의 명령을 받들 것이냐, 왕비의 명령을 받들 것이냐?"라며 묻자 군사들이 여인을 해치지 못했습니다. 우씨 왕후도 왕의 아이를 가진 여인을 없앨 수는 없다고 생각했고, 이 소식을 들은 산상왕은 여인을 궁궐로 불러들입니다. 이렇게 극적으로 태어난 아이가 산상왕의 유일한 왕자이며 산상왕의 뒤를 이어 왕위에 오른 동천왕입니다.

동천왕은 대범한 성격이었다고 알려져 있습니다. 우씨 태후의 핍박에도 늘 웃으며 대해서 결국 우씨 태후도 죽을 때 자신의 행실을 반성했다고 합니다. 동천왕은 성품이 너그러웠지만, 전쟁에 임해서는 용맹스러웠습니다. 동천왕이 왕위에 있을 때, 고구려 주변 상황은 급박하게 돌아가고 있었습니다. 중원의 후한이 멸망하고 위, 촉, 오 삼국은 물론 각 나라의 변경 지역에 새로운 기회를 엿보는 호족들이 등장했습니다. 고구려와 인접했던 요동 지역의 공손씨가 대표적이었습니다. 또한 후한과 경쟁했던 북방의 여러 종족도 세를 넓히려 했습니다. 이때 고구려는 손권이 파견한 오나라 사신과 만나 외교 관계를 맺었습니다. 이를 통해 고구려는 북쪽의 공손씨를 압박하고자 했고 오나라는 고구려를 통해 위나라에 압력을 주고자 했습니다. 그러나 고구려가 위나라와도 비교적 친하게 지내자, 오나라는 고구려와 거리를 두게 되었습니다. 이러한 상황에서 요동의 호족 공손씨가 연왕을 자칭하며 위나라와 대립했습니다. 이때 고구려는 위나라가 공손씨를 멸망시키는 전쟁에 군사를 보냈는데, 이 전쟁에서 위나라를 이끈 장수가 소설 《삼국지》에 등장하는 사마의였습니다.

고구려는 이 전쟁에 공을 세웠으나 위나라는 고구려 몫을 주지 않은 것으로 보입니다. 4년 뒤, 고구려는 요동 지역으로 진출할 교두보가 될 서안평을 공격했습니다. 중원에 삼국의 경쟁이 치열하다보니 위나라가 여기까지 신경 쓰기는 어렵다고 본 것입니다. 그러나 삼국 중 군사력이 최강이었던 위나라는 관구검을 보내 고구려를 공격했습니다. 그렇지만 동천왕은 여기에 맞서 2만 명의 대군을 이끌고 두 번이나 큰 승리를 했습니다.

미천왕, 요동 진출의 거점을 차지하다

그런데 그 승리가 문제였습니다. 여기에 도취한 동천왕은 위나라 관구검의 계략에 빠져 1만 8천 명에 이르는 전사자를 내고 2천여 명의 군사와 함께 몸만 빠져나올 정도의 참패를 당했습니다. 도읍지인 국내성, 도성 배후의 요충지인 환도성도 위나라 손에 들어가 고구려의 멸망이 눈앞에 닥친 듯했습니다. 이때 밀우가 나서서 적군의 선봉을 막으며 탈출 시간을 벌어준 덕분에 남옥저로 피신한 동천왕은 안정을 찾을 수 있었습니다. 이후 유유가 스스로 적의 선봉장 왕기 앞으로 나아가 거짓으로 항복한 뒤 왕기를 죽이고 자결했습니다. 밀우와 유유가 목숨 받쳐 충성한 데는 동천왕이 신하들에게 두터운 신망을 받았던 것이 바탕이 되었다고 할 수 있습니다. 위나라 군대는 장수 왕기가 죽자 우왕좌왕했고, 동천왕은 다시 고구려군을 모아 반격하는 데 성공했습니다. 멸망 직전까지 간 고구려가 되살아난 것입니다. 그러나 동천왕이 확보하려고 했던 서안평, 곧 요동으로 나아갈 교두보 확보는 다음 왕의 과제가 되었습니다.

동천왕 이후 고구려는 왕위 계승을 놓고 혼란을 겪었습니다. 12대 중천왕은 왕위를 노린다는 이유로 동생들을 죽입니다. 당시 고구려에서 왕의 동생은 왕위를 위협하는 정적이라는 인식이 강했습니다. 13대 왕인 서천왕은 무난하게 통치했으나 14대 봉상왕은 왕실의 친족을 경계해서 즉위하자마자 명장인 숙부 달가와 동생 돌고를 죽였습니다.

돌고의 아들 을불은 살기 위해 궁궐에서 도망쳐 나왔습니다. 먹고 살 일이 캄캄해 남의 집 머슴으로 들어간 을불은 온갖 허드렛일에 시달렸습니다. 심지어 주인은 개구리 울음소리가 시끄럽다며 소리가 안 날 때까지 연못에 돌을 던지라고 시켰습니다. 견디다 못한 을불은 그 집을 나와서 소금 장수를 시작했지만, 도둑으로 몰려 고초를 겪기도 했습니다.

그런데 을불의 처지를 비참하게 만든 것도, 그리고 바꾼 것도 봉상왕이었습니다. 매몰차고 유능하지도 못했던 봉상왕은 사치도 심했습니다. 국상 창조리와 신하들이 아무리 말려도 소용이 없자, 이를 보다 못한 창조리는 봉상왕을 폐위할 결심을 합니다. 이를 위해 다음 왕위를 이을 왕족인 을불을 찾는 데 성공한 창조리는 사냥터에서 정변을 일으켜 봉상왕을 몰아냈습니다. 봉상왕이 스스로 목숨을 끊자, 두 아들도 따라 죽었습니다. 이에 창조리가 을불을 왕위에 올렸으니 바로 미천왕입니다.

미천왕이 왕위에 올랐을 때 중원은 삼국시대가 막 끝나고 진나라로 통합되는 시기였습니다. 그러나 일시적으로 통합되었던 진나라는 건국 직후 8명의 왕자가 난을 일으키며 다시 혼란에 빠졌습니다. 이때를 놓치지 않고 미천왕은 요동 진출의 거점이 될 서안평을 차지했습니다. 지금의 단둥丹東 일대인 서안평의 확보는 고구려가 서해까지 영역을 확장했다는 의미가 됩니다. 곧 서북쪽이 아닌 서남쪽으로 영역을 확장한 것입니다. 서안평을 점령하면서 한반도 일대에서 주둔하며 중국과 교류하던 낙랑군, 대방군은 길이 막혀버렸습니다. 고구려는 곧 낙랑군과 그 남쪽에 있던 대방군을 멸망시키면서 지금의 평안도, 황해도 일대를 장악했습니다. 광개토대왕 때는 한사군의 마지막 세력인 현도군을 몰아냄으로써 한반도에서 중국의 한사군은 모두 사라지게 됩니다. 다른 한편 고구려는 남쪽에서 영역을 확장해오던 백제와 충돌해 두 나라 사이 전쟁이 되었으니 바로 고구려의 고국원왕, 백제의 근초고왕 때 일입니다.

2. 고구려가 한국의 역사라는 명확한 증거
장수왕의 평양 천도

#영류왕의 결사대, 평양성에서 수나라 4만을 물리치다 #장수왕이 수도를 평양으로 옮긴 이유는? #중국의 고구려 역사 왜곡 논란을 끝낼 수 있는 증거

장수왕의 평양 천도(고구려 5세기)

고구려는 오늘날 중국 동북부와 한반도 북부에서 시작한 나라입니다. 고구려가 동아시아의 강국이다보니 고구려의 영토를 자신의 역사로 편입하려는 나라들이 몇몇 있었습니다. 거란족이 고구려의 계승자라며 고려를 침략해 왔고, 현재 중국은 동북공정에서 고구려를 자신의 지방정권으로 왜곡하고 있습니다. 고구려의 기록이 부족하다보니, 역사 전공자라 하더라도 고구려 전체 역사를 자세히 알기에는 어려움이 있습니다. 그런데 주변국들의 이런 터무니없는 역사 인식을 단박에 깰 수 있는 사건들은 많았습니다. 그 대표적인 사례가 바로 고구려의 평양 천도입니다.

고구려는 도읍지를 졸본성에서 국내성으로 그리고 평양성으로 옮겼습니다. 한 국가가 수도를 옮길 때는 그에 따른 의미가 있게 마련입니다. 예를 들어 국내성 천도는 고구려가 한사군을 내몰고 한반도를 아우르는 나라임을 알리는 계기가 되었습니다. 그렇다면 평양 천도의 의미는 무엇일까요?

고구려의 수도, 졸본과 국내성

고구려는 처음 졸본(중국 요령성 환인 지역)에서 건국했습니다. 고구려는 건국 직후부터 평상시 거점이 되는 도시와 비상시 군사 목적의 산성으로 이루어진 도성체계가 있었습니다. 대체로 환인 분지의 높은 지대에 있는 오녀산성이 군사 목적의 산성이라면, 평상시에는 그 동쪽 혼강 근처의 평지에 있는 도시에 머물렀을 것으로 보입니다. 그런데 유리왕 21년 제사를 지낼 때 쓰는 돼지가 달아나는 일이 생겼습니다. 돼지를 찾아 나선 신하가

'국내 위나암'에 이르렀을 때 지세와 물산의 풍부함을 보고 왕에게 알렸습니다. 이렇게 해서 고구려는 졸본에서 국내로 천도하고 위나암 성을 쌓았습니다. 위나암 성의 실체에 대해서는 논란이 있지만 대체로 졸본에 이어 고구려의 두 번째 도읍지라고 봅니다.

다만 도읍지에도 두 개의 중심지가 있었던 것으로 보입니다. 하나는 지금 '산성자 산성'으로 고구려 때 환도성으로 불렸던 곳인데, 고구려 역사에서 뼈아픈 사건이 일어난 곳입니다. 동천왕 때는 위나라 관구검의 군대에게, 고국원왕 때는 선비 모용씨가 세운 전연의 군대에 함락되었던 고구려의 도성이 이곳입니다. 둘레가 약 7킬로미터의 거대한 산성으로, 동남쪽에서 궁궐터가 발견되었습니다.

또 하나의 중심지는 평지에 쌓은 성으로 둘레가 2.7킬로미터 정도인 국내성입니다. 대략의 모습을 살펴볼 수 있는 환도성과 달리 국내성은 평지에 있어서 개발과 훼손 때문에 안타깝게도 옛 모습을 거의 알아보기 어렵습니다. 국내성 축성 시기는 연구자에 따라 동천왕 혹은 고국원왕 때로 나뉘지만, 산성인 환도성을 보완하고 대체하기 위해서 쌓았다는 데는 의견이 모아집니다.

국내성을 도읍지로 삼은 기간은 대략 423년으로 미천왕과 소수림왕, 광개토대왕, 장수왕으로 이어집니다. 고구려 역사 704년 가운데 약 60%에 해당하는 오랜 기간이었습니다. 이 시기에 고구려는 전략의 요충지인 서안평을 점령하면서 대륙으로 확장하려는 의지를 드러내는 한편, 한반도에서는 한사군을 몰아내면서 내부의 안정을 다졌습니다.

장수왕이 수도를 평양으로 옮긴 이유는?

장수왕은 다시 천도를 단행해 평양에 도읍지를 정했습니다. 평양 천도는 고구려 역사에서 중요할 뿐 아니라 한반도 서북 지역의 주요 도시로서 평양의 의미를 만들어준 사건이기도 합니다.

평양이 처음 역사의 전면에 등장하는 것은 동천왕 때입니다. 당시 위나라의 공격을 피해 남쪽으로 잠시 도읍을 옮긴 적이 있는데, 이때 평양에 대한 내력을 적은 기록이 《삼국사기》에 있습니다. "평양은 본래 선인仙人 왕검의 택이다." 곧 평양은 단군왕검과 깊은 관련이 있는 신성한 곳이라고 믿었던 것입니다. 또 장수왕의 아버지 광개토대왕도 전쟁을 치르는 중에 평양에 9개의 큰 사찰을 지었을 만큼 주목한 곳이었습니다. 427년 장수왕은 전략적인 선택으로 도읍지를 국내성에서 평양으로 옮겼습니다. 또 평양은 대동강을 통해 서해를 이용하기 좋고, 내륙의 평야지대와도 쉽게 연결되는 곳입니다. 천도를 통해 백제를 압박하고 남진정책을 펼치겠다는 의지를 보인 것이지요. 더불어 도읍지의 이동은 왕권 강화를 위한 정치적 의미와 고구려가 새롭게 도약하고자 하는 뜻을 드러낸 것입니다.

이처럼 평양 천도는 고구려 역사에서도 중요하지만 우리 역사에서도 많은 의미를 갖는 사건입니다. 주변국들은 고구려를 자신의 역사에 편입시키지만, 평양 천도에서 볼 수 있듯 고구려의 중심이 한반도라는 점입니다. 요즘처럼 터무니없는 역사 논쟁이 많은 시절, 고구려의 도읍지가 한반도로 들어왔다는 사실은 고구려가 우리 역사의 중요한 줄기라는 근거가 될 수 있습니다.

평양성은 어떤 모습이었을까?

평양성은 668년 나당연합군의 공격을 받아 무너질 때까지 260여 년 동안 고구려의 도읍지였습니다. 그런데 평양의 고구려 도읍지는 사실 두 개가 있습니다. 첫 번째는 안학궁과 대성산성으로, 427년부터 586년까지 대략 160년 정도 도읍지 역할을 한 것으로 보입니다. 고구려의 이전 도읍지인 집안 지역과 비슷하게 궁궐과 배후 산성이 있는 구조였습니다. 안학궁의 둘레는 약 2.5킬로미터, 면적은 38만 제곱미터로 경복궁⁴³만 제곱미터보다 약간 좁습니다. 안학궁 뒤로는 둘레가 7킬로미터에 달하는 대성산성이 있어서 전쟁이 나면 이곳으로 옮겨갔습니다. 곧 적이 쳐들어오면 왕과 신하들은 안학궁을 나와 대성산성의 행궁으로 피신해 항전하는 방식이었던 것입니다. 지금 이 일대는 경치가 좋은 곳이라서 평양의 유원지가 되었는데, 대성산성 안에는 '조선중앙동물원'이 있습니다.

안학궁과 대성산성을 번갈아 쓰는 방식이 불편하다고 느낀 양원왕이 축성을 시작하여 평원왕까지 도읍지를 새롭게 조성했는데, 그곳이 바로 평양성長安城입니다. 평원왕은 평강왕이라고도 부르는데, 그의 딸이 유명한 평강공주입니다. 평양성의 내성과 북성을 560년대에, 그리고 외성과 중성을 570년대에 완성하면서 586년에 안학궁에서 평양성으로 도읍지를 옮겼습니다.

새롭게 고구려의 도읍지가 된 평양성長安城은 대동강과 보통강 사이에 만들었는데, 하늘에서 보면 우리 몸의 장기인 위장처럼 생겼습니다. 대략의 구조를 보면 궁궐이 있는 내성을 중심으로 북쪽에 모란봉을 둘러싼 북성을 두고, 남쪽에 관청이 있는 중성, 그리고 이방里坊으로 부르던 田자 형

시가 구조로 백성들이 사는 외성을 둔 구조입니다. 성의 동쪽과 남쪽은 대동강이, 서쪽은 보통강이 자연 해자 역할을 하도록 했습니다. 평양성 성벽의 둘레는 약 16킬로미터, 중성과 외성을 잇는 성벽까지 더하면 무려 23킬로미터의 긴 성벽이 있는 도성입니다. 평양성은 고려와 조선을 거치며 조금 달라졌으나 기본적인 윤곽은 유지되었습니다.

태자 영류왕, 500명의 결사대로 수나라 4만을 물리치다

이 평양성에서 몇 번의 중요한 전투가 있었습니다. 그 가운데 가장 유명한 것이 612년 수나라의 침략에 맞서 싸운 전투입니다. 수나라는 별동대 30만 명을 포함해 113만 명의 대군을 몰고 쳐들어왔는데, 별다른 성과를 거두지 못하자 작전을 변경해 평양성을 함락하고자 했습니다. 별동대 역시 을지문덕이 펼쳐놓은 함정에 수모를 겪었지만 도읍지인 평양성을 함락한다면 승리할 수 있다고 보았습니다. 구체적으로는 내호아가 이끄는 수나라의 수군이 병참을 지원하고 별동대와 함께 평양성을 함락한다는 계획이었습니다. 그런데 수나라의 별동대가 평양성에 도착하기 전에 내호아의 부대가 평양성 전투에서 궤멸되는 일이 벌어졌습니다. 내호아는 고구려군의 작전에 속아 작은 승리에 도취하고 4만 명의 대규모 병력을 꾸려 평양성을 공격하다 대패한 것입니다.

여러 기록을 보면 나중에 영류왕이 되는 건무가 500여 명의 결사대로 무찔렀다고 하지만, 실제로는 훨씬 많은 병력이 평양성을 지키고 있었을 것입니다. 이때 고구려 군대는 외성으로 수나라 군대를 유인해 들어오게 했습니다. 수나라 군대가 평양성 안까지 들어와 약탈을 하며 대오가 흩어지자 이때를 놓치지 않고 공격해서 큰 승리를 거둔 것입니다. 평양성이 외성과 중성, 내성으로 이루어진 복잡한 구조라는 점을 활용한 전술을 펼친 것입니다. 결국 이 전투로 병참을 담당하던 수나라 수군이 무너지면서 별동대 역시 평양성을 공격할 수 없는 상황이 되었습니다. 그리고 이 별동대가 돌아가던 길에 청천강, 곧 살수에서 을지문덕이 이끄는 고구려 군에게 참패했으니 우리 역사에서 '살수대첩'으로 부르는 전투입니다.

이처럼 고구려는 만주뿐 아니라 한반도를 아우르는 우리 역사 속 나라였습니다. 따라서 북방의 드넓은 영역을 차지했던 고구려의 역사와 함께 한반도를 중심으로 삼았음을 증명하는 고구려 평양 천도의 의미를 살펴보는 것도 중요합니다. 아쉽게도 평양성을 제대로 볼 수 없어서 고구려의 역사를 이해하는 데 어려움이 있습니다. 하지만 중국의 역사 왜곡 논란이 끊이지 않는 상황에서 고구려 역사 속 주요 공간인 평양성, 곧 장안성의 위용과 역사에 대해서도 함께 관심을 가졌으면 좋겠습니다.

3. 신라가 동해의 해상권을 장악한 까닭은?

지증왕의 우산국 복속

하슬라

우산국(현재 울릉도와 독도)

#국호 '신라'의 의미, 덕업일신 망라사방 #이사부가 나무 사자를 만든 이유는? #일본의 독도 영유권 주장은 자신의 역사 기록을 부정하는 것!

지증왕의 우산국 점령(신라 6세기)

울릉도는 동서가 10킬로미터, 남북이 9.5킬로미터인 화산섬입니다. 한반도 면적에 비하면 매우 작은 영토이지만, 일본이 아직도 영유권을 주장하는 독도와 가까이 있어서 우리의 관심을 많이 받는 곳이기도 합니다.

고대에는 울릉도가 우산국이라 불리는 소국이었습니다. 그리고 우산국과 매우 가까운 독도는 우산국 사람들의 생활문화권에 속한 곳이었습니다. 6세기 국력이 성장한 신라는 한반도에서 고구려의 영향력을 줄이고 동해 해상권을 장악하기 위해 지증왕 때 우산국을 정벌했습니다. 이때부터 울릉도는 한반도의 영토가 됐는데, 지증왕이 한반도 동쪽의 작은 국가인 우산국을 차지한 외교적인 이유, 울릉도와 독도의 역사 그리고 우리가 왜 독도에 관심을 가져야 하는지에 대해 살펴보겠습니다.

신라, 왕의 탄생

신라 지증왕 때 왕을 왕으로, 신라를 신라로 부르기 시작했습니다. 곧 지증왕 이전에는 왕을 마립간이라고 했습니다. 신라 왕실은 박혁거세 이후 거서간-차차웅-이사금-마립간이라는 호칭을 썼는데, 이 가운데 이사금은 지금 왕을 가리키는 우리말 '임금'의 어원이 됩니다. 또 신라에서 시호를 처음 쓴 왕이 지증왕입니다. 지증왕의 원래 이름은 지대로, 지철로, 지도로였는데 죽은 뒤 그 아들인 법흥왕이 '지증'이란 시호를 올린 것입니다. 이전까지는 왕의 이름을 그대로 불렀으니 이름이 유리면 유리이사금, 눌지면 눌지마립간 이런 식으로 불렀습니다. 참고로 조선시대 왕은 이름을 거의 부르지 않았습니다. 살았을 때는 상ᆫ이나 주상 혹은 전하로 불렸으며 죽으면서 시호를 갖게 됩니다. 그리고 종묘에 신주를 올릴 때는 다시 묘호가 정해졌습니다. 태종이며 세종이 여기에 해당합니다.

한편 나라 이름을 신라로 정한 것도 지증왕 때였습니다. 지증왕 때 기록을 보면 신라의 '신'은 '덕업일신德業一新'에서, 신라의 '라'는 '망라사방網羅四方'에서 가져온 것으로, 이러한 의미를 담아 국호를 신라로 정한 것입니다. 사실 이 기록은 조금 의아한 부분이 있는데, 신라라는 국호는 이미 쓴 적이 있기 때문입니다. 광개토대왕비에도 '신라매금', 곧 신라마립간이란 표현이 등장합니다. 이 시기에 여러 국호, 예를 들어 사로 등의 국호도 있었는데, 지증왕 때 신라를 국호로 확정했다고 보면 좋을 듯합니다. 그런 점에서 지증왕은 역사 용어로서도 '신라 ○○왕'이라고 쓸 수 있는 첫 왕인 셈입니다.

망라사방, 신라를 중심으로 세상을 인식하다

신라의 국호에 담긴 '덕업일신 망라사방德業一新 網羅四方'은 '왕의 덕업이 날로 새롭고 사방으로 널리 퍼져 나간다'는 뜻입니다. '망라사방'이란 뜻에서 신라를 중심으로 세상을 보는 인식을 엿볼 수 있습니다. 이러한 인식의 확장 속에서 신라는 주변의 소국을 복속하고자 했습니다. 그리고 그 대상 가운데 하나가 바로 우산국, 곧 지금의 울릉도입니다. 우산국 정벌을 결정한 계기에는 고구려와 왜의 교통로 차단, 동해안의 제해권, 독도 강치를 비롯한 해산물 획득을 위한 경제적 목표 등이 있었던 것으로 보입니다. 무엇보다 이 시기에 신라는 고구려와 국경을 맞댄 동해안 일대에 관심이 높았습니다. 실직^{삼척}, 하슬라^{강릉} 일대를 중요하게 생각하여 우산국 정벌을 노린 것입니다.

신라로서는 우산국이 소국이지만 정벌이 결코 만만한 것이 아니었습니다. 바다를 건너야 하고, 한편으로 그 섬의 사람들이 사납다는《삼국사기》의 표현에서 알 수 있듯이 강한 저항이 예상되었으니까요. 지증왕은 먼저 이사부를 하슬라^{강릉} 군주로 임명하여 사전 준비를 하게 했습니다. 이사부는 힘만으로 우산국을 정복하기 어렵다고 판단, 나무로 만든 사자(목우사자)를 배에 가득 싣고 가 위협하여 우산국 주민의 항복을 받아냈습니다.

《삼국사기》에 따르면, 지증왕은 체격이 크고 담력도 뛰어났다고 합니다. 지증왕이 우산국 정벌에 나선 배경에는 우경(소가 논밭을 갈게 함)을 통해 생산력이 증대되면서 국력에 대한 자신감이 있었기 때문입니다. 지증왕 때 신라의 변화를 살펴보는 것은 법흥왕 이후 신라의 발전을 이해하는 데 필요한 과정입니다.

독도가 한반도 땅인 결정적인 증거

《삼국사기》에는 신라 지증왕 13년, 이사부 장군이 울릉도를 신라 영토로 만들었다는 기록도 나옵니다. 이 기록이 중요한 이유는 이웃한 섬인 독도와 연결이 되기 때문입니다. 독도가 우리 땅임을 밝히기 위해서는 관련 역사 기록을 살펴보아야 하는데, 이때 독도에 인접한 울릉도가 신라 때부터 한반도 영역임을 밝힌 사료는 중요한 역할을 합니다.

울릉도와 독도는 우리 역사에서 자주 함께 등장합니다. 독도는 울릉도에서 눈에 보일 정도로 가까워서인데, 《고려사》나 《동국문헌비고》 등 역사적 기록에서도 "동해에 두 섬이 있는데, 서로 멀지 않아 바람 불고 맑은 날이면 서로 바라볼 수 있다"고 기록하고 있습니다. 두 섬에 사는 사람들이 서로를 인식하고 있었음을 보여줍니다. 울릉도에서 독도까지는 87킬로미터, 독도에서 가장 가까운 곳에 있는 일본 섬인 오키섬은 157킬로미터 정도입니다. 울릉도와 독도는 조선 정부의 공식 기록인 《세종실록지리지》에도 기록되어 있습니다. 여기에 우산과 무릉 두 섬을 우산국으로 표현했는데, 여기서 무릉은 울릉도이고, 우산은 독도를 말합니다.

독도와 관련하여 꼭 기억해야 할 인물이 숙종 때 안용복입니다. 안용복은 울릉도 주변에서 고기를 잡다가 일본 어부들에게 끌려서 일본으로 갔습니다. 여기에 대해 안용복은 우리나라 섬에서 일본 어부들이 고기 잡는 것도 문제이며 조선 사람을 핍박하는 것도 큰 문제라며 항의했습니다. 그러자 일본 정부는 안용복의 문제 제기에 따라 독도 문제를 조사했고 이와 관련하여 "울릉도는 일본의 영토가 아니다"라는 내용의 문서를 안용복에게 주었습니다. 이는 당시 일본이 울릉도(와 그 부속 도서인 독도)가 자신의 영토가 아니라고 판단했다는 중요한 증거입니다. 또한 안용복의 행적에 대해 일본이 남긴 기록인 《원록각서》를 보면 강원도 안에 죽도와 송도, 곧 울릉도와 독도가 있다고 표기를 했습니다.

한참 뒤인 메이지 유신1868년 이후 일본 내무성에서는 시마네 현에 훈령을 내려 독도를 시마네 현에 편입시킬지 검토하도록 했습니다. 이때 시마네 현은 자료와 함께 지도를 그려 보고서를 제출했는데, 영토 문제라는 점에서 내무성에서 결론을 내릴 수 없다고 판단했습니다. 이에 따라 당시 일본 정부의 최고기관인 태정관에서는 '울릉도와 독도는 일본과 관계가 없다'는 결론을 내렸습니다.

역사로 증명하는 한국, 자신들의 역사를 부정하는 일본

독도 문제가 대두되자 대한제국은 1900년 10월 25일, 칙령 41호를 통해 울릉도와 독도에 대해 명확하게 영토임을 밝히고 개발 의지를 밝혔습니다. 이러한 역사적 사실을 바탕으로 지금 독도의 날을 10월 25일로 정하여 기념하고 있습니다. 이 칙령은 울릉도와 독도를 대한제국의 영토로 확인했다는 의미 외에도 또 하나 중요한 것이 있는데, 바로 독도의 이름을 석도로 표기한 것입니다. 1880년대 섬을 비워두는 공도정책을 폐기하면서 울릉도에도 사람들이 들어가 살게 되었습니다. 당시 전라도 남해안 주민들이 많이 들어갔는데, 전라도 사투리로 '돌'을 '독'이라고 해서 바위로 된 독도를 돌섬, 곧 독섬으로 부르기 시작한 것입니다. 그리고 이러한 이름을 음으로 풀어쓰면 독도가 됩니다. 그러나 일본의 경우 울릉도는 죽도, 독도는 송도라고 불렀다가 최근에 독도를 죽도, 곧 다케시마라고 부르는데, 그 변화의 이유도 명확히 설명하지 못하고 있습니다.

독도를 일본이 영토로 선언한 것은 러일전쟁 때입니다. 일본 해군은 러일전쟁 당시 울릉도를 불법적으로 점거하고 망루를 설치한 뒤 독도를 일본 영토로 편입할 것을 정부에 요청한 것입니다. 이를 받아들여 1905년 일본 내각에서 일방적으로 독도 편입을 결정한 뒤, 2월 22일 시마네 현이

고시 40호로 독도를 시마네 현에 편입한다고 선포했습니다. 이때 독도는 주인이 없는 섬이니 자신의 영토에 편입한다고 밝히고 있습니다. 이는 한국 영토를 자기들 맘대로 자국 영토에 편입시킨 것입니다. 대한제국은 이러한 일본의 행동을 좌시하지 않았습니다. 1905년 을사늑약으로 외교권이 박탈된 상황 속에서도 일본이 독도를 자기네 영토로 만들었다는 소식을 듣고 지금의 울릉도 군수에 해당하는 심흥택이 춘천군수 이명래에게 이 사실을 알리고, 다시 외교부에서 이를 확인했습니다. 이때 대한제국의 외교부에서는 "독도는 일본의 영토라는 것은 근거가 없으니 다시 조사하라"며 명령을 내린 것입니다.

지금까지 역사 기록을 살펴봤듯이, 일본의 독도에 대한 영유권 주장은 우리 역사뿐 아니라 자신들의 역사 기록도 부정하는 것입니다. 무엇보다 우리나라가 국권을 빼앗기는 과정에서 가장 먼저 침탈당한 곳이라는 점에서도 독도는 중요한 곳입니다. 그러므로 독도에 대해 살펴보는 것은 단순히 독도가 우리 땅이라는 확인을 넘어 일제의 침략 과정을 되새기는 것이고, 우리 국토 수호 의지를 다지는 시험대라고 할 수 있을 것입니다.

4. 약소국이 강대국을 이기는 단 한 가지 방법

김춘추의 삼국 통일

#백제와 가야, 고구려와 왜, 당까지 #영원한 친구도 적도 없는 캐스팅보터, 신라
#그런데 왜 고구려와 백제는 삼국의 승자가 되지 못했을까?

김춘추의 활약으로 만들어낸 삼국 통일(신라 7세기)

한반도에서 신라의 통일은 큰 의미를 가집니다. 최초의 한반도 통일이자, 그야말로 강국인 고구려와 백제를 물리치고 이뤄낸 삼국통일이기 때문입니다. 물론 통일 과정에서 이민족인 당나라를 끌어들인 이유로 신라의 통일에 부정적인 견해가 많은 것도 사실입니다. 고구려와 백제, 그리고 가야까지 같은 민족으로서 어찌 그럴 수 있느냐는 마음이 담겨있습니다. 하지만 이러한 부정적인 시각은 오늘날의 관점이지, 당시의 시각으로 본다면 조금 다를 수도 있지 않을까요.

고구려와 백제, 신라와 가야가 서로 동류의식을 느꼈다고 하더라도 국경을 맞대고 있는 입장에선 생존과 번영을 위해 무너뜨려야 할 대상으로 인식했을 것입니다. 물론 역사를 바라볼 때, 외세를 끌어들인 신라의 전략이 아쉬운 부분이 있습니다. 하지만 신라의 삼국통일을 폄하하기보다는 삼국시대의 강국이었던 고구려와 백제가 통일하지 못하고 약자인 신라가 삼국을 제패하게 된 이유를 살피는 것이 더 의미가 있을 것입니다. 예를 들어 고구려는 신라가 내민 연합 제안을 내친 연개소문과 그 후예들의 내분이 국력의 쇠퇴를 가속화했고, 백제는 나당연합의 구도에 발 빠르게 대응하지 못했습니다.

무엇보다 우리가 유심히 봐야 할 부분은 신라의 외교입니다. 삼국 가운데 최약자였던 신라의 상황이 오늘날 중국과 일본, 미국 등 강국들 사이에 끼어있는 우리의 현실과 비슷하기 때문입니다. 삼국이 통일을 눈앞에 두고 대립하던 시기, 신라는 어떻게 외교를 통해 우뚝 설 수 있었을까요.

신라, 패권 싸움에서 캐스팅보트를 쥐다

신라가 외교에 매달렸던 이유는 고구려나 백제에 비해 국력이 약하다는 태생적 한계 때문이었습니다. 또 수백 년의 경험 속에서 나라 간에는 영원한 동지도 적도 없다는 것을 파악하고, 약소국이 살기 위해서는 외교가 중요하며, 이를 위해 국가 차원의 관심과 이를 실현할 기구, 전문가의 필요성도 알고 있었던 것입니다.

광개토대왕이 고국원왕의 원수를 갚기 위해 백제를 공격했고, 백제의 아신왕이 항복할 때 신라는 고구려를 통해 북중국의 나라와 교류를 시도하고 있었습니다. 따라서 백제가 볼 때 신라도 위험한 존재였습니다. 그래서 백제는 가야와 왜를 움직여 신라를 공격하도록 했습니다. 경주가 함락당할 위기에 빠지자 신라의 내물왕은 급히 고구려에 원병을 요청했고, 고구려의 광개토대왕은 5만 병력으로 신라의 구원에 나섰습니다. 이때 가야는 큰 타격을 입고 왜도 물러갔으나 신라 역시 고구려의 영향력 안에 완전히 들어가게 된 것입니다. 고구려의 영향력으로 실성왕의 즉위, 그리고 눌지왕 때 볼모로 보냈던 복호와 미사흔을 데려온 것은 앞에서 살펴본 바 있습니다.

이후 신라는 고구려의 압박에서 벗어나기 위해서 464년 백제와 동맹을 맺었고 경주에 머물고 있던 고구려의 병력 100여 명을 몰살하면서 반고구려, 친백제 노선을 명확하게 한 것입니다. 이후 475년 고구려 장수왕의 공격으로 백제 개로왕이 잡혀 죽고 한성을 빼앗기면서 나제동맹은 더욱 굳건해졌습니다. 그러나 신라는 백제와의 동맹에만 기댈 수 없다고 여겨 방어체계 정비에 노력을 기울였습니다.

이 시기에 신라와 백제 사이에 있던 가야의 여러 나라들이 동요하며 백제 혹은 신라의 압박에 대응하는 모습이 나타나면서 두 나라 사이에 변수로 등장했습니다. 백제가 대가야를 압박하자 신라는 대가야와 결혼동맹을 맺어 가야의 여러 나라를 자국의 영토로 만들었습니다. 결국 532년 신라는 금관가야를 멸망시키고 왕족을 진골로 편입시켰습니다. 다른 여러 가야와 백제는 위기감을 느꼈으나 백제는 여전히 신라와 우호관계를 유지하고자 했습니다. 백제의 성왕은 옛 한성이 있던 한강 유역 회복을 위해 고구려와 전쟁을 준비하고 있었기 때문입니다. 오히려 백제는 신라가 중국 남조의 양나라와 교류할 수 있도록 도와주었고, 신라는 법흥왕 때 이차돈의 순교 이후 불교를 받아들여 중국이나 백제가 그랬던 것처럼 불교를 중심으로 체제를 개혁하고자 했습니다.

강력한 왕권을 수립한 신라는 외교와 전쟁에 적극적으로 나섰습니다. 진흥왕은 이사부와 거칠부의 도움을 받으며 신라의 영토 확장을 계획했는데, 그 목표가 한강 유역이었습니다. 백제 혼자 고구려와 맞설 수 없는 상황에서 신라는 백제와 손을 잡고 고구려가 차지한 한강 유역을 공격하고자 한 것입니다. 그러나 신라는 백제와 함께 움직이는 대신 독자적인 군사 활동을 했습니다. 신라가 보기에 백제는 고구려와 맞서는 상황에서 신라를 버릴 수 없다고 보았고, 고구려는 백제와 맞서야 해서 신라의 공격에 적극적으로 대응하기 어렵다고 본 것입니다.

결국 백제와 신라는 고구려를 공격하여 백제가 한강 중류의 6개 지역을 차지하고, 신라는 상류 지역의 10곳을 장악했습니다. 그런데 백제가 잠시 한강에서 철군한 사이 신라가 그 영역을 차지해버렸습니다. 이에 분노한 백제의 성왕은 거국적으로 백제, 대가야 연합군 3만 대군을 동원해 신라를 공격했습니다. 지금의 옥천 일대, 관산성에 벌어진 이 전투에서 성왕이 잡혀 죽으면서 백제는 전멸에 가까운 패배를 맞게 됩니다. 그리고 대가야 역시 신라에 의해 멸망하면서[562년] 신라는 삼국 경쟁에서 유리한 위치를 차지하게 되었습니다.

누구도 적이나 친구로 보지 않았던 신라

신라는 한강 유역을 확보한 덕에 중국과 직접 교섭할 수 있는 통로가 생겼습니다. 또한 왜와 친선관계를 유지하기 위해 노력하면서 외교 담당 부서인 영객전을 설치했습니다. 고구려, 백제와는 다른 차원의 외교를 펼친 것입니다. 이런 가운데 중국에 통일왕조, 곧 남북조를 통일한 수나라가 들어서며 삼국에는 이전과 다른 양상이 전개되었습니다. 백제와 신라는 수나라에게 당시 강국이던 고구려를 공격해달라고 요청한 것입니다. 수나라의 양제는 자신의 정치적 입지를 다지기 위해 고구려 침략에 적극적이었지만 612년 을지문덕 장군의 살수대첩에서 대패하며 왕조가 멸망하게 되었습니다. 그리고 수나라를 이어 들어선 당나라의 태종은 수나라가 섣부르게 고구려를 공격하여 멸망한 전철을 밟지 않기 위해 치밀한 준비를 했습니다. 전략적으로 먼저 돌궐, 토번, 고창 등을 제압하고 마지막 목표로 고구려를 설정한 것입니다.

이런 가운데 신라와 백제 사이에서도 큰 사건이 일어났습니다. 642년 백제 의자왕은 즉위 직후 대규모 병력을 동원하여 신라 대야성을 함락한 것입니다. 결국 김춘추는 신라를 구할 방도를 찾아 나서고, 이때 김춘추의 외교 활동은 삼국의 운명을 가르는 방향타가 됩니다. 김춘추는 고구려의 연개소문을 찾아 도움을 요청했다가 실패하고 심지어 위험에 빠졌다가 탈출했습니다. 이제 신라에게 고구려는 협상의 대상에서 빠지게 된 것입니다. 645년 당 태종이 고구려 안시성에서 패배하는 사건이 있었는데, 신라는 이때 3만 병력으로 당을 지원하기도 했습니다. 김춘추는 신라의 안정을 위해 646년 일본으로 갔습니다. 별다른 성과는 없었지만 일본의 내정을 파악한 것으로 보입니다. 이후 648년 다시 당 태종을 만나서, 고구려를 먼저 멸망시키는 것이 아닌 백제를 먼저 멸망시키는 방안을 제안했습니다. 이때 당 태종이 죽으며 김춘추의 제안이 바로 실현되지는 않았지만 신라와 당은 군사동맹을 맺을 수 있었고, 660년 나당연합군의 백제 공격으로 시작된 삼국통합 전쟁에서 신라가 최종 승자가 되었습니다.

신라는 국력이 약할 때 외교에 최선을 다하며 생존전략을 세웠습니다. 누구도 적으로 상정하지 않았으나 누구도 친구로 두지도 않았고, 국력을 키워 삼국 경쟁에 나서게 되자 외교의 대상을 당나라와 왜까지 확대했습니다. 이런 외교력과 군사력을 바탕으로 강국 고구려와 백제를 무너뜨리고 통일을 이뤘습니다. 이러한 결과는 한두 가지 이유로 규정하기는 어렵지만 적어도 고구려와 백제에는 김춘추와 같은 외교 전문가가 없었다는 것이 차이라면 차이가 될 것입니다.

5. 거란을 대하는 고려의 탁월한 전략 이중주

서희와 강동 6주

#거란 1차 침입의 이유, "우리가 고구려를 계승한 나라다" #고려거란전쟁의 승리 비법, "강동 6주를 선점하라!" #'힘'이 있어야 외교도 평화도 찾아온다

성종 시기 강동 6주(고려 10세기)

926년 발해가 거란족에 멸망하면서 우리 역사의 영역은 크게 줄어들게 됩니다. 이 사건은 송과 친선관계를 맺고 거란과 여진에 거리를 두었던 고려에게도 큰 문제를 안겨주었습니다. 거란과 국경을 마주하게 되어 언제든 충돌 가능성이 생겼기 때문입니다. 그럼에도 고려는 고구려를 계승한다는 명분으로 북진정책을 추진했고, 이들과의 충돌은 현실이 되었습니다.

실제로 고려는 전 시기에 걸쳐 거란과 여진, 몽골과 전쟁을 치렀습니다. 주목할 부분은 당시 이들 국가는 각각 요나라, 금나라, 몽골제국(후에는 원나라)을 건국한 강국으로, 고려에게는 감당하기 어려운 상대였습니다. 고려는 숱한 위기를 겪었지만 군사력과 유연한 외교를 통해 나라를 지켜냈습니다.

여기에 그치지 않고 고려는 거란과 충돌과정에서 영토를 새롭게 얻는 성과도 있었습니다. 바로 한반도 서북지역의 강동 6주를 확보하며 다시 압록강까지 영토를 넓힌 것입니다. 고려는 강동 6주를 기반으로 거란과의 수차례 전쟁에서 승리할 수 있었는데, 강동 6주가 얼마나 중요했는지는 고려-거란 전쟁을 통해 확인할 수 있습니다.

발해를 멸망시킨 거란, 이에 맞서는 고려

거란족은 몽골과 퉁구스 계통의 종족, 혹은 선비족의 한 갈래로 알려져 있습니다. 거란족은 '키탄'이라고도 부르는데, 이 키탄에서 유래한 것이 '캐세이'이고, '캐세이퍼시픽 항공'도 여기에서 나온 말입니다. 한때 중국을 가리키는 말이었는데 이를 항공사 이름에 채택한 것입니다. 거란에 대한 기록은 5세기에 이미 등장해서 고구려나 중국 기록에서 볼 수 있습니다. 거란은 10세기 초에 부족의 통합을 이루며 강력한 세력으로 등장했는데, 그 중심에는 야율아보기라는 지도자가 있었습니다. 916년에 즉위해 중국식으로 황제라 칭하고 송나라의 연운 16주를 차지한 이후인 938년에는 중국식 국호인 '요'로 이름을 바꾸었습니다.

6대 황제인 성종^{982~1031} 때 이르러 국력이 송나라를 압도할 정도가 되었습니다. 1004년에 송나라와 25년의 전쟁 끝에 맺은 '전연의 맹약'에 따르면 송은 매년 요나라에 은 10만 냥, 비단 20만 필을 바쳐야 했으니 큰 비용을 치르고서야 평화를 유지할 수 있게 된 것입니다. 이렇게 동아시아 강자가 된 거란에게 부담스러운 나라가 있었으니 바로 고려입니다. 사실, 고려와 거란의 악연은 훨씬 이전부터 시작되었습니다. 926년 거란이 발해를 멸망시키자, 고구려를 계승하겠다는 뜻을 세운 고려는 발해의 태자 대광현 일행 등 유민을 받아들여 북쪽 국경지대에 머물도록 한 것입니다. 942년 거란은 유화책으로 고려에 사신과 선물을 보냈지만 고려의 태조 왕건은 요나라의 사신을 섬으로 유배 보내고 선물로 보낸 50마리의 낙타는 개경 만부교 아래 묶어서 굶어 죽도록 했습니다. 이 배경에는 대외적인 긴장감을 높여서 호족들을 통제하고자 한 것이었으나 결과적으로는 고려가 거란에 대해 적대함을 명확히 드러낸 것입니다. 태조는 후손들에게 남긴 〈훈요십조〉에서 거란을 금수의 나라로 보고 경계할 것을 당부하기도 했습니다. 그리고 태조가 죽고 50여 년이 지날 즈음 거란은 야욕을 드러내기 시작했습니다.

서희, 80만 거란군을 퇴각시키고 강동 6주를 얻다

요나라의 전성기를 시작한 성종은 993년 고려를 침공했습니다. 거란의 1차 침입입니다. 소손녕이 이끄는 80만 대군의 침입에서 거란이 고려를 침략하는 이유로 고구려 계승을 문제 삼았습니다. 곧 요나라는 자신들이 고구려를 계승한 나라인데 신라의 땅에서 일어난 고려가 요나라의 영토를 잠식했다는 것입니다. 지금 우리가 보기에는 터무니없는 명분처럼 보이지만, 고구려에 대한 당대의 이미지가 어떠한 것인지 짐작할 수 있기도 합니다. 문제는 대군을 앞세운 거란의 침략 앞에서 고려 조정은 그들의 요청에 따라 일부 영토, 곧 평양 이북 지역을 할양하려고 했습니다. 그런데 이에 반발하고 나선 것이 바로 서희였습니다. 서희는 "거란이 고구려의 옛 땅을 떠벌리는 것은 고려를 두려워하고 있음을 보여주는 것으로, 만일 그들의 요구를 들어준다면 북한산 이북도 모두 고구려의 땅인데 그것도 요구할 것이다"라고 주장하고, 한 번 나아가 싸워보고 결정해도 좋지 않겠느냐며 적극적인 대응을 촉구한 것입니다. 고려 성종은 서희의 주장을 받아들여 결국 서희가 나서서 소손녕과 담판을 하게 되었습니다.

서희의 담판 내용은 유명합니다. 먼저 서희가 소손녕을 만나 고려가 소국이 아님을 주장하며 기세 싸움에서 이긴 뒤, 고려라는 국호의 의미와 고려의 수도가 고구려의 평양이라는 사례를 통해 고구려의 계승자는 고려임을 명확하게 했습니다. 실제로 후삼국시대에 궁예가 세운 나라를 후고구려로 부르지만 원래 국호는 '고구려'였습니다. 그 고구려는 후기에 고려라는 국호를 썼으니 나라 이름을 그대로 쓴 것입니다. 그러자 소손녕은 속셈을 드러냈습니다. 바로 고려가 가까운 요나라 대신 멀리 있는 송나라와 외교 관계를 맺은 것에 불만을 토로하며, 고려 왕의 요나라 입조를 요구한 것입니다. 이때 서희는 기막힌 제안을 했습니다. 고려에서 요나라로 가는 길, 곧 압록강 일대가 여진족으로 막혀있어서 그러하니 이들을 고려가 몰아내는 것을 용납하겠느냐는 것이었습니다. 소손녕이 이 제안을 받아들이고 철군을 하자, 고려는 이 지역을 영토로 만드는 데 성공했습니다. 귀주, 홍화진, 철주, 통주, 곽주, 용주가 여기에 해당하니 바로 '강동 6주'입니다. 이를 통해 고려는 압록강까지 북진하면서 중요한 군사 요충지를 확보한 것입니다. 이후 강동 6주는 거란의 2차 침입, 3차 침입에서 위력을 발휘했습니다.

의도하지 않은 반란과 현종의 즉위

거란의 1차 침입에서 고려는 서희의 담판으로 성과를 거두었지만, 약속했던 고려 왕의 요나라 입조는 지키지 않았습니다. 이러한 가운데 고려에 강조의 난이 일어나자, 거란은 요나라의 허락 없이 고려의 왕이 바뀐 것을 문제 삼으며 1010년, 2차 침입을 했습니다.

거란이 침략의 명분으로 삼은 강조의 난은 목종이 쫓겨나 죽임을 당하고 대신 현종이 즉위한 사건입니다.

현종의 아버지는 태조의 여덟째 아들인 왕욱이며 어머니는 경종의 비 헌정왕후였습니다. 헌정왕후는 경종이 젊은 나이로 죽은 뒤 남편의 숙부뻘인 왕욱과 관계를 맺고 낳은 아이가 바로 현종입니다. 헌정왕후는 현종을 낳다가 죽었는데, 성종은 이러한 관계를 문제 삼아 왕욱을 경남 사천으로 귀양을 보냈습니다. 현종은 왕위와는 거리가 먼 인물이었지만 성종의 뒤를 이어 왕위에 오른 목종이 후사를 보지 못하고, 목종의 모친인 헌애왕후(천추전에 머물러 천추태후로 부름. 현종의 이모)가 김치양과 사통하여 낳은 아들을 왕위에 올리려고 하면서 상황이 급변했습니다. 헌애왕후는 현종이 위협이 된다고 12살의 어린 현종을 승려로 만들어 신혈사(지금의 진관사로 추정)로 보낸 뒤 암살을 시도했습니다. 이런 가운데 목종도 생명의 위협을 느끼면서 동북면에 군사를 이끌고 있던 강조를 개경으로 불러들였습니다. 그런데 강조는 헌애왕후와 김치양이 이미 목종을 시해했다는 잘못된 정보를 듣고 개경에 들어왔다가 의도치 않게 자신이 반역을 한 상황이 되어버리자, 먼저 헌애왕후를 몰아내고 김치양을 죽인 뒤 목종을 귀양 보냈습니다. 그리고 곧 사람을 보내 목종을 죽이고 현종을 왕위에 올린 것입니다.

2차 침입에서 큰 역할을 한 양규와 강동 6주

거란은 고려 왕이 입조하지 않고 강조가 왕을 죽이는 정변을 일으켰다는 이유로 고려를 다시 침입했습니다. 이때 요나라의 성종이 직접 40만 대군을 이끌고 침략에 나섰는데, 우리 역사에서 적의 왕이나 황제가 직접 군대를 지휘한 것은 드문 편에 속합니다. 안시성 싸움 때 당 태종, 병자호란 때 청 태종 정도를 꼽을 수 있습니다. 그만큼 거란이 작정하고 고려를 침략해 온 것인데, 40만 대군도 강동 6주를 함락하는 데 어려움을 겪었습니다. 양규가 지키는 흥화진을 거란의 40만 대군도 함락하지 못했던 것입니다. 그리고 비록 통주에서 강조가 거란의 대군에 패하긴 했으나 첫 전투에서는 고려가 승리했으니 전술상의 문제만 없었다면 거란에 위험한 상황이 만들어졌을 것입니다. 강동 6주가 전략상 얼마나 중요한 곳인지 짐작할 수 있습니다.

전쟁이 의도한 대로 풀리지 않자 거란은 강동 6주의 일부만 함락하고 남하하여 개경을 함락할 계획을 세웠습니다. 그러자 현종은 후일을 기약하자는 강감찬의 말을 들어 나주로 몽진을 떠났습니다. 당시만 하더라도 왕이 개경을 떠난다는 것은 상당한 위험을 감수해야 했다는 점에서 현종이 큰 용기를 낸 것입니다. 거란은 고려의 왕도 잡을 수 없게 되자 돌연 철수를 결정했습니다. 여기에는 몇 가지 이유가 있었습니다.

겨울이 다가오는 데다 후방에서 양규 장군이 거란군을 위협했기 때문입니다. 양규 장군은 소규모 병력으로도 거란과 싸워 적군을 6,500명 이상 물리치고 포로가 된 백성 3만여 명을 구했습니다. 또 말과 낙타를 상당수 노획한 전투력은 거란군에게 공포의 대상이 된 것입니다. 고려 역시 출구 전략을 마련했으니, 하공진을 사절단으로 보내 나중에 현종이 입조할 것을 조건으로 화의를 요청한 것입니다. 명분을 얻은 거란이 철군하면서 다시 고려와 거란의 대치는 소강상태로 들어갔습니다.

귀주대첩, 강동 6주에서 이룬 또 한 번의 대승

위기를 극복한 고려는 다시 거란이 쳐들어올 것에 대비해 전쟁 준비를 하는 한편 거란의 1차 침입 이후 단절했던 송과 외교를 1013년에 복구했습니다. 위기감을 느낀 요나라의 성종이 다시 고려 침략을 명하니 바로 거란의 3차 침입입니다. 소배압이 이끈 10만 대군이 침략해 왔습니다. 하지만 이번에는 고려의 전쟁 준비도 이전과 달랐습니다. 고려는 현종의 통치 속에서 강감찬, 강민첨, 김종현 장군이 20만 대군을 지휘하는 나라가 되었습니다. 현명한 군주, 명장, 거란의 침입에 치를 떠는 백성들이 똘똘 뭉친 고려는 거란군을 계속해서 패퇴시켰습니다. 결국 전쟁에서 이길 수 없다고 판단한 소배압은 퇴각하는데, 이때 고려군은 이를 쫓아 강동 6주의 하나인 귀주에서 거란군을 공격해 완벽한 승리를 거두었습니다. 바로 '귀주대첩'입니다.

그런데 전쟁에 이긴 고려는 의외의 선택을 했습니다. 송과 외교를 끊고 대신 거란과 외교를 맺으며 거란의 연호를 쓰기로 한 것입니다. 그러자 거란에서는 고려 왕의 입조를 요구하지 않았고, 강동 6주의 반환에 대한 논의도 멈추었습니다. 거란으로서는 명분을, 고려로서는 실리를 얻었다고 볼 수 있습니다. 고려의 군사력이 강력했던 덕분에 거란도 고려를 존중했으며 송나라 역시 고려에 의지하는 결과를 만들었습니다. 고려의 이러한 선택은 결국 여진족의 금나라와 분쟁이 생기기까지 100여 년 동안 평화를 유지하는 바탕이 되었습니다.

여기서 볼 수 있듯이 국력을 기반으로 현명한 외교를 펼치면 그 누구도 넘보지 못하는 평화를 누릴 수 있는 것입니다. 그러나 거란의 3차 침입과 격퇴에서 볼 수 있듯이 군사력이 없다면 외교란 임시방편에 그치기가 쉽습니다. 힘이 바탕이 되지 않고 외교로만 나라를 지키는 것의 한계도 분명해 보입니다.

6. 제국이 된 금나라가 고려와 전쟁을 하지 않은 이유는?

윤관의 동북 9성

천리장성

3학설

2학설

1학설

#별무반, 거침없이 북진 킥! #점령한 여진 땅을 반환하라고요? #거란과 북송을 물리치고 중원을 차지한 금나라 #그럼에도 고려에는 조심조심

윤관의 동북 9성 추정 영역(고려 12세기)

거란과의 전쟁을 끝낸 후 1033년부터 고려 덕종은 천리장성을 쌓기 시작했습니다. 강동 6주를 차지한 고려는 오늘날 한반도의 서북쪽을 영토화했지만 북동쪽은 북방 유목민족의 영토였습니다. 그 지역에 자리 잡은 것이 바로 여진족입니다.

천리장성을 쌓을 때만 해도 여진족은 강한 세력이 아니었습니다. 그러나 동북쪽 여진족이 고려를 침탈하는 일들이 많아지면서 고려의 숙종은 북진정책을 위해 특단의 대책을 세웠습니다. 바로 보병, 기병, 승병이 중심이 된 별무반의 편성입니다. 숙종의 왕위를 이은 예종은 윤관에게 여진 정벌을 지시합니다. 17만 대군을 이끈 윤관은 한 달 만에 여진족의 본거지를 장악했고, 동북 9성을 축조하는 성과를 이루었습니다. 오늘날 한반도 동북쪽의 영토를 상당 부분 되찾은 것입니다.

그런데 고려와 여진의 관계는 예상과 다르게 흘러갔습니다. 고려는 동북 9성을 여진족에게 반환한 것입니다. 그리고 여진족은 금나라를 건국했고, 급기야는 북송을 멸망시키고 남송을 정벌하기 위해 원정을 갈 정도의 강력한 나라로 성장했습니다. 다만 고려와의 전쟁을 섣부르게 하지 않았습니다. 고려가 거란, 몽골과 수십 년 동안 전쟁을 했던 것과 비교하면 다행스러운 일인데, 고려가 전쟁을 피할 수 있었던 배경은 무엇일까요.

윤관, 여진족을 물리치며 동북 9성을 쌓다

여진족은 한반도 북부와 만주 일대에 살던 민족입니다. 그 이전에는 숙신이나 읍루, 말갈 등으로 불렸고, 10세기 이후 여진족으로 부르기 시작했습니다. 후금과 청淸을 건국한 이후에는 만주족으로 불렸습니다. 우리 역사에도 자주 등장하는 민족으로, 고구려에 말갈족이 복속되기도 했고 발해의 구성원이 되기도 했습니다. 이들 여진족은 발해 멸망 이후 우리 역사와 조금 거리를 두기 시작했습니다.

고려 건국 시기에 만주의 여진족은 거란족에 복속된 부족은 숙여진, 그외 부족은 생여진으로 불렀습니다. 고려는 이들 여진족을 방향에 따라 압록강 유역의 부족을 서여진, 두만강에서 연해주 일대에 살던 부족을 동여진으로도 불렀습니다. 북진정책을 추진하던 고려는 건국 초부터 이들과 접촉이 많았습니다. 고려가 천리장성을 쌓은 뒤 서여진 대부분은 거란에 복속되면서 관계가 뜸해졌고, 동여진과 교섭하는 일이 많아졌습니다. 동여진은 필요한 물건을 고려에서 구하거나 혹은 귀순을 청하기도 했습니다. 고려 역시 여진족의 귀화를 허락하고 무역도 인정하는 편이었습니다.

여러 부족으로 나뉜 여진족은 고려를 상국으로 여기며 말과 화살을 바치고, 곡식을 가져가는 등 좋은 관계를 유지했습니다. 국경 지역에서 작은 소란이 없는 것은 아니었지만 여진족과 국경을 맞대고 있던 고려의 동북 지역은 비교적 안정된 상태였습니다. 하지만 조금씩 동여진이 고려 동북쪽 지역을 침탈하는 일이 잦아졌는데, 이는 여진족 내부의 변화와 관련이 있었습니다. 하얼빈을 근거지로 하는 여진족의 완옌부가 중심이 되어 주변의 여진족을 통합하기 시작한 것입니다. 이에 따라 고려는 급하게 임간 등을 보내 여진족의 침입에 맞서도록 했으나 패하고 말았습니다. 다시 윤관을 보냈으나 별다른 성과를 거두지 못했습니다. 기병 중심의 여진족을 막기에는 고려의 보병 중심 체제로는 역부족이었던 것입니다.

이때 윤관이 숙종에게 군대 개편을 건의해서 생겨난 부대가 바로 별무반입니다. 당시 고려는 어떻게 여진에게 질 수 있느냐는 분위기가 팽배했고, 숙종도 여진 정벌을 위해 불공을 드릴 절을 세우라고 할 정도였다는 점에서 거국적인 대응이 가능했던 것으로 보입니다. 이렇게 생겨난 별무반은 보병인 신보군, 기병인 신기군, 승려 부대인 항마군을 중심으로 상인, 노비까지 포함한 군대였습니다. 총병력 규모가 17만 명에 이르렀습니다.

윤관과 오연총을 대장으로 삼은 고려의 별무반은 한 달 만에 여진족의 본거지를 장악했습니다. 윤관은 여진족을 몰아낸 뒤 각각의 요충지에 성을 쌓고 남쪽 백성을 이주시켜 고려의 영토로 만들었습니다. 이렇게 쌓은 성이 널리 알려진 동북 9성입니다.

동북 9성의 반환, 어떻게 볼 것인가?

윤관의 여진족 정벌로 동북 지역의 국경 문제는 일단락되는 것처럼 보였지만 근거지를 잃은 여진족이 고려가 새로 쌓은 성을 끊임없이 공격해 왔습니다. 고려군은 여진족 완옌부 주력부대의 공격을 그럭저럭 막아냈지만 성과 성이 멀리 떨어져 있어 고립되기도 했습니다. 그래도 고려가 쌓은 9성이 위력을 발휘하자 여진은 군사 작전으로 동북 9성을 되찾는 것이 어렵다고 판단하고 고려에 사신을 보내 조공을 약속하며 반환을 요청했습니다. 고려는 이 문제를 논의하기 시작했는데, 다수 관료는 동북 9성을 지키기 어렵다는 이유로 반환에 찬성했습니다. 예종도 여진 정벌로 동북

지역이 안정되리라 예상했지만, 성을 쌓은 뒤에도 전쟁이 끊이지 않자 답답해하던 차였습니다. 결국 고려는 윤관 등의 반대를 뒤로 하고 동북 9성을 여진에게 반환했습니다.

지금 우리가 보기에는 아쉽기만 한 결정입니다. 한편 고려의 반환 결정이 나오자 여진족은 자신들의 소와 말을 동원해 9성의 고려 백성들이 옮겨가는 것을 도왔다고 합니다. 전쟁이 끊이지 않았던 9성의 반환 과정에서 다친 고려 사람이 없다고 할 정도로 여진족 역시 9성의 반환이 순조롭게 이뤄지기를 바랐다고 할 수 있습니다.

안타깝게 폐기된 고려의 북진정책

여진족은 고려에 대해서는 늘 조심스러운 태도를 취했습니다. 아골타가 금나라를 세우고, 중국 본토를 위협하는 세력이 되어 고려에게 맹약을 강요했지만 섣부른 군사 작전을 하지는 않았습니다. 송나라를 적극적으로 침략한 것과는 다른 모습입니다. 여진족이 별무반의 위력을 이미 경험했고, 고려가 거란과의 전쟁을 훌륭히 수행한 것을 알고 있었기 때문입니다. 고려는 군사, 외교 분야에서 막강한 실력을 가졌으며, 동북아시아에서 중요한 위치를 차지한 나라임을 알 수 있습니다. 동북 9성을 여진족에게 반환했다는 점만을 강조하여 북진정책의 실패라고 쉽게 단정하기 어려운 부분이 여기에 있는 것입니다.

다만 안타까운 일은 고려 안에서 그 다음에 일어났습니다. 동북 9성이 반환되면서 이에 공을 세웠던 윤관과 오연총, 임언 등에게 벌을 주어야 한다는 주장이 나온 것입니다. 이들은 동북 9성의 실패를 비판하는 것이라기보다는 이를 계기로 윤관 등을 비롯해 북진정책을 지지하는 세력을 몰아내려는 것이었습니다. 더 나아가 고려의 이익보다는 정권의 안정, 귀족의 안위를 더 우선시했다고 할 수 있습니다.

예종이 이를 일부 받아들이면서 고려의 외교 전략이 수정되었음을 보여줍니다. 곧 김부식 등 온건주의적인 주화파가 금나라의 압박을 받아들여 송나라와 외교를 끊고 미약하나마 금나라에 대해 사대의 예를 갖추기로 한 것입니다. 이때 금나라와 전쟁이 굳이 필요했느냐 하는 것과는 별개로, 고려의 북진정책이 공식적으로 폐기되었음을 확인해준 사건인 것은 분명합니다.

7. 몽골과 명나라는 왜 탐라국을 탐했을까?

탐라국과 말

#제주도가 하나의 나라였다고? #세 명의 공주가 배를 타고 탐라에 온 이유 #전복과 귤, 그리고 말 #조선 건국에 이르러 되찾은 제주도

탐라총관부(고려 13~14세기)

제주도는 한반도 남단에 있는 섬으로, 지정학적으로 중요한 위치를 차지하는 곳입니다. 우리에게 제주도는 그저 아름다운 섬으로만 알려져 있지만, 실상은 상당히 치열한 역사의 공간이었습니다.

제주도는 원래 한반도의 국가들에 조공을 했던 독립국가였다가 고려 때 한반도 역사에 편입되었습니다. 제주도의 탄생에서 한반도의 편입까지, 역사 속으로 들어가보겠습니다.

벽랑국에서 세 명의 공주가 온 이유는?

제주 시내에서 유독 푸른빛이 가득한 곳이 있는데, 바로 삼성혈입니다. 입구에는 제주의 상징인 돌하르방이 서있고, 조그마한 전시관과 사당 그리고 땅 위에 난 세 개의 구멍 삼성혈三姓穴/三聖穴이 있습니다. 이곳은 웅장한 곰솔을 비롯해 오래된 나무들이 있어서 제법 깊은 숲의 분위기가 느껴집니다. 신화에 따르면 삼성혈에서 세 명의 신인神人인 고을나, 양을나, 부을나가 나왔는데, 주로 사냥을 하며 지냈다고 합니다. 어느 날 먼 바다에서 배가 제주도로 들어오는 것을 본 신인들이 급히 마중을 갔습니다. 멀리 바다 건너 벽랑국에서 세 명의 공주가 배를 타고 온 것입니다. 세 명의 공주는 세 신인과 인연을 맺기 위해 폐백으로 소와 말, 오곡의 씨앗을 들고 왔습니다.

제주도 삼성혈 신화는 배필이 될 인물이 찾아온다는 점에서 금관가야의 김수로왕을 찾아온 허황옥 이야기와 같고, 바다가 등장한다는 점에서 석탈해 신화와도 같습니다. 그리고 김수로 신화, 석탈해 신화가 각각 금관가야와 신라 건국 신화의 일부이니 세 신인과 벽랑국 공주 이야기도 제주도 건국 신화라고 할 만합니다. 제주도 신화에 '건국'이란 말을 붙이는 것이 의아할 수 있겠지만 제주도는 고려 때 군현으로 편입되기 전까지 독립국이었습니다. 그 전의 제주도는 탐라, 탐모라, 탁라, 또는 주호라 부르던 하나의 나라였던 것입니다. 그렇다면 삼성혈 신화는 어떻게 해석할 수 있을까요.

먼저 땅속에서 나온 신인이란 모티브는 제주도의 동굴 모습을 생각한다면 쉽게 상상할 수 있습니다. 육지의 여느 동굴은 산 중턱에 있지만, 용암 동굴이 많은 제주도는 그 입구가 평지에 수직으로 놓인 경우가 종종 있습니다. 혹시 이러한 동굴에서 사람이 나오는 모습을 본다면 마치 땅에서 솟아나는 것처럼 보일 것입니다. 그리고 세 신인이 배필을 맞이하기 전 동굴에서 생활하던 모습은 구석기 시대 생활상을 연상하게 합니다. 그런데 세 공주를 맞이하며 이전과 다른 생활을 하게 된 것입니다. 목축과 농경이 등장한 신석기 시대 이후의 모습입니다. 세 공주가 출발한 벽랑국의 정체에 대해서는 여러 가지 견해가 있습니다. 예전에는 일본으로 보았다면 최근에는 한반도, 그중에서도 전라도 일대로 보는 견해가 많습니다. 조선시대까지만 해도 영암이나 나주에서 제주도로 갈 수 있었다는 점에서 신빙성이 높은 주장입니다.

고려와 몽골, 탐라를 탐하다

제주도가 한반도의 역사와 관련을 맺는 시기는 조공을 하던 삼국시대 그리고 고려시대입니다. 고려 숙종 10년[1105년]에 탐라군이 설치되었고 의종 때 탐라현이 설치되었으니 이때 고려의 군과 현이 되었다고 볼 수 있습니다. 하지만 여전히 '탐라'란 이름이 남아있었으며 고려와 다른 탐라만의 벼슬인 성주, 장군 등 독자성이 강하게 유지되었습니다. 고려 말 충렬왕 때 '탐라' 대신 '제주'란 이름을 갖게 되면서, 탐라의 특수함이 사라지고 맙니다. 이러한 변화의 배경에는 중요한 사건 하나가 있었습니다.

바로 '삼별초의 항쟁'입니다. 고려가 몽골과 강화를 맺고 개경으로 돌아가야 하는 상황에서 신변의 위협을 느낀 군인들, 곧 삼별초가 일으킨 난입니다. 1270년 1천여 척의 배로 강화도를 떠난 삼별초는 진도의 용장성 일대에 근거지를 만들었으나 여몽연합군의 공격으로 9개월 만에 함락되고 맙니다. 그러자 삼별초는 다시 제주도로 근거지를 옮겼지만 1273년 여몽연합군의 공격으로 무너지고 말았습니다.

삼별초의 항쟁과 관련하여 제주도 여러 곳에 유적이 있는데 대표적인 곳이 애월에 있는 항파두리입니다. 여기에서 항은 항아리를 뜻하고, 파두리는 바두리란 제주도 말로 입구를 뜻합니다. 곧 항아리 입구처럼 둥글게 쌓은 토성을 가리키는데, 전체 둘레가 6킬로미터에 이르는 거창한 규모입니다. 그리고 중심 부분에는 둘레 750미터 정도의 석성을 쌓았습니다. 최근 항파두리 일대는 발굴을 통해 옛 모습을 찾아가는 중인데, 토성에 올라가 보면 항파두리가 전략적으로 얼마나 중요한 곳인지 넓게 트인 전망을 통해 알 수 있습니다.

삼별초는 진도에 머물던 때부터 제주도에 관심을 두고 있었습니다. 고려 정부도 제주도가 중요한 거점이 될 거라고 판단하여 결국 두 세력은 제주도 확보를 위해 전투를 벌였습니다. 이때 삼별초가 승리하며 제주도로 옮겨갈 수 있었던 것입니다. 제주도에 대해 또 관심을 가진 세력이 있었으니 바로 몽골이었습니다. 몽골이 볼 때 제주도는 쿠빌라이원 세조가 계획하던 일본 정벌의 전초기지가 될 만한 위치였고, 말을 기르는 목마장이 될 수 있다고 본 것입니다. 실제로 몽골의 의지는 그대로 반영이 되어 제주도는 몇 개의 몽골 직할령 가운데 하나가 되었습니다. 바로 탐라총관부입니다.

탐라총관부가 된 제주도에 몽골은 1,700명 정도의 병사를 주둔시켰는데, 이후 1276년 원 세조 쿠빌라이는 제주도에 160필의 말을 보내 목장을 운영하도록 했습니다. 몽골이 제주도에 목장을 설치하도록 한 이유는 첫 번째 제주도가 동아시아 해로의 중심지 곧 몽골과 고려, 일본과 남송을 잇는 길목에 있어서 필요한 지역에 말을 빠르게 보낼 수 있다고 본 것입니다. 그리고 온화한 기후와 넓고 평탄한 지형, 말을 위협할 맹수가 없는 점과 말을 수호하는 별자리인 방성(별자리 28수 가운데 하나)을 볼 수 있어서 말을 기르기 좋다고 여겼습니다.

목호와 명, 말을 둘러싼 복잡한 사연은?

몽골에서 말을 기르는 사람들을 하치라고 합니다. 하치는 제주도에서도 몽골의 방식대로 목장을 구분하여 겨울 영지와 여름 영지를 설정한 뒤 유목을 했습니다. 몽골 고유종의 혈통을 보존하기 위해 노력하고, 말을 거세하거나 주인을 확인하는 낙인을 찍는 풍습도 그대로 따랐습니다. 또 이들

목축 기술이 빠져나가는 것을 막기 위해 목장 근처에 고려인의 접근도 금했지만 몽골의 하치가 고려인과 혼인을 하며 분위기는 달라졌습니다. 제주도에는 '고려 열녀 정씨비'와 같은 유적이 있는데, 주인공인 정씨의 남편이 석곡리보개란 목호^{牧胡 : 목장 관리를 위해 파견된 몽골인}였음을 알려주는 기록이 《조선왕조실록》,《신증동국여지승람》에 나옵니다.

이렇게 몽골은 탐라의 목장을 중시했지만, 말을 가져올 관리를 보냈다는 기록은 1295년, 1347년 두 번밖에 없었습니다. 이에 대해 기록이 누락된 것이라고 보기도 하고, 제주도의 말이 필요하지 않은 상황이거나 나중을 위해 비축하다가 쓰지 않았을 가능성, 그리고 제주에서 자란 말이 추운 몽골지역에서 적응하지 못했을 가능성 등을 두고 의견이 나뉘고 있습니다.

그런데 이들 목장은 고려 말 복잡한 국제 정세 속에서 논란의 중심에 서게 됩니다. 여전히 제주도는 몽골의 직할령이지만, 대륙에서는 원나라가 북쪽으로 쫓겨나 북원이 되고 그 자리를 명이 차지했습니다. 몽골의 간섭이 약해진 틈을 타 제주도를 수복하려는 고려 정부와 말을 기르던 몽골 출신 목호 사이에 충돌이 일어난 것입니다. 바로 목호의 난입니다. 다섯 번에 이르는 목호의 난은 격렬했으며 목호들에게는 나름의 명분도 있었습니다. 1374년 목호의 수뇌부 석질리필사, 초고독불화 등이 "원 세조^{쿠빌라이}가 기른 마필을 어찌 명에 헌납할 수 있느냐"라고 항의하며 반란을 일으킨 것입니다.

명나라가 탐라의 말 2,000필을 고려를 통해 요구했기 때문인데, 결국 명나라의 요구를 받아들이기로 한 고려는 목호를 진압하기 위해 최영을 보내 제주도 곳곳에서 전투가 벌어졌습니다. 목호들은 명월포, 새별오름, 예래동 등에서 저항하다 범섬에서 최후를 맞이했습니다. 목호의 난이 토벌되고 난 뒤 고려는 이미 보낸 300필의 말에 1,700필의 말을 더하여 명나라에 보냈습니다. 이후 조선이 건국되면서 명나라는 공물의 형식으로 제주 목마장이 아닌 조선에 말을 요구했습니다. 조선은 이를 받아들이면서 결과적으로 제주도와 말을 얻었습니다. 탐라총관부는 제주도로, 그리고 말은 조선의 소유가 된 것입니다.

고려와 마찬가지로 조선은 태종 때 감목관을 설치하는 등 제주도를 말 기르는 목장으로 활용했습니다. 조선 초기만 하더라도 기병의 수가 많았으며 또 명에 공물로 보낼 말이 대규모로 필요했기 때문입니다. 대략 이 당시에 제주도에서 길렀던 말은 1만~2만 필 정도였는데, 조선에서 기르는 말의 40~60퍼센트 정도였습니다. 원래 몽골이 목마장을 설치하기 전에도 말을 길렀는데 몽골 간섭기를 지나며 제주도의 상징 가축이 말이 된 것입니다. 그리고 조선에 필요한 말을 공급하는 곳이 되면서 제주도는 이제 한반도와 깊은 관계를 맺게 되었습니다. 그러나 정부에서 필요로 하는 말의 수효가 늘어날수록 제주도 백성의 부담은 커졌습니다. 조선시대에 제주도 사람을 괴롭혔던 것이 세 가지 있었는데 바로 전복, 귤과 함께 말이었습니다. 이 부담을 견디다 못한 제주도 백성들이 육지로 나아가자, 이를 막기 위해 조선 후기에는 200여 년 동안 육지로 나오지 못하도록 '출륙 금지령'을 내리기도 했습니다.

많은 분들이 제주도의 역사를 4.3항쟁이라는 현대사의 한 장면으로 기억할 겁니다. 그러나 제주도는 독립국이었다가 한반도로 편입되는 과정에서 탐라국과 고려, 삼별초와 몽골, 조선과 명나라의 역학구도 속에서 많은 고통을 겪은 땅이었습니다.

8. 세종, 오늘날의 한반도 라인을 완성하다
세종과 4군 6진

#한반도 북쪽 영역을 세종이 개척한 사연 #고려 때에는 백두산의 존재감이 크지 않았다 #신채호가 백두산을 사랑한 이유는? #기억하자 세종, 잊지 말자 백두산

4군 6진의 위치(조선 15세기)

조선이 현재 한국에 남겨준 역사적 유산은 손에 꼽을 수 없을 정도로 많습니다. 그 가운데 하나가 바로 '한반도'라는 영토입니다. 우리가 가볍게 여기는 세종대왕의 업적이 있는데, 바로 4군 6진 설치로 국토를 넓혔다는 것입니다. 세종대왕 하면 한글 창제, 과학기구 발명 등의 업적이 워낙 유명하기 때문이기도 하고, 조선을 영토 확장과 연결해서 생각하기 어려운 부분도 있을 듯합니다. 또 역사를 시간의 흐름으로 이해하다 보니 공간을 다루는 역사 지리에 관심이 적은 탓도 있겠지요. 이 점을 보여주는 사례 가운데 하나가 '백두산'입니다. 우리가 백두산을 민족의 영산이라고 부르면서도 그 이유와 배경은 비교적 덜 알려진 편입니다. 원래 백두산은 우리 민족을 상징하는 산으로 보기에는 고려, 조선 초기의 역사와 거리가 있습니다.

세종은 왜 4군 6진을 설치했는가?

조선은 개국 초기부터 급변하는 동아시아 정세 속에서 긴장을 늦출 수가 없었습니다. 남쪽에는 고려 말부터 왜구의 침입이 잦았는데, 조선은 군사력을 복구해서 비교적 탄탄한 방어시스템을 구축했습니다. 하지만 북쪽은 상황이 달랐습니다. 중국에서 새로 건국된 명나라가 기존 지배자였던 원나라와 각축을 벌이다 새로운 지배자가 되었기 때문입니다. 새롭게 등장한 명나라와 아직 무시할 수 없는 세력을 가진 원, 그리고 여진족까지. 조선은 북쪽의 정세 변화에 위기의식을 느낄 수밖에 없었습니다. 세종 때에 들어서야 비로소 조선은 명나라와 관계가 안정적이 되었고, 몽골의 위협도 거의 사라졌습니다. 그러나 태종 때부터 시작된 여진족과 크고 작은 충돌은 지속되었습니다. 세종은 두 번이나 대규모 군사를 동원해 여진족을 정벌하게 됩니다. 하지만 좀더 근본적인 해결 방안을 고민하던 세종은 애매한 국경이 아닌 뚜렷한 국경, 곧 산과 들이 아닌 강으로 구분되는 국경을 원하게 됩니다.

이러한 계획 속에서 개척한 영역이 바로 4군과 6진입니다. 4군은 최윤덕 장군이 중심이 되어서 압록강 일대의 여진족을 몰아내고 개척한 영역으로 우예, 여연, 자성, 무창을 가리킵니다. 두만강 영역인 6진의 완성은 세종 때이지만 태종 때 이미 경원과 경성에 무역소를 설치하기도 했습니다. 그러다가 세종 때 김종서 장군이 중심이 되어 경원, 종성, 경흥, 회령, 부령에 진을 설치한 뒤 황보인의 건의로 온성에 진이 설치되었습니다.

이후 세종은 4군과 6진을 확고한 영토로 만들기 위해 사민정책을 펼쳤습니다. 그러나 4군은 지키고 유지하는 데 어려움이 있어 세조 때 일시적으로 철폐되어 폐4군으로 불렀다가 조선 후기 정조 때 복군이 되었습니다.

고려 사람들은 백두산을 쉽게 갈 수 없었다?

백두산이 우리 역사에 편입되었던 시기는 고조선, 그리고 고구려와 발해 때입니다. 발해의 멸망이 926년, 세종 때 4군과 6진을 설치한 것이 각각 1430~1440년대이니 500여 년 동안 백두산을 볼 기회가 없었을 것입니다. 단종과 세조 때에는 몽골의 후예인 오이라트 부족과 여진족의 침입을 이유로 4군을 폐하고 17세기 말에야 복구했으니, 압록강과 두만강의 경계에 있는 백두산은 꽤 오랫동안 우리 영토 밖에 있었습니다. 쉽게 볼 수 없는 백두산에 우리 민족이 특별한 의미를 부여하기 어려웠을 것입니다.

우리나라 기록에서 백두산과 관련된 기록은 고려 때만 해도 뚜렷하지 않았습니다. 공민왕 때 책으로 알려진 《옥룡기》에서 '백두산과 지리산'이 언급되었습니다. 그러나 백두산이 영토 밖에 있어서 구체적으로 묘사하지 못하고 풍수와 관련하여 산의 줄기에 대한 설명에 그쳤습니다.

조선 건국 후, 북방 영토 확장 과정에서 백두산에 대한 인식이 조금씩 명확해진 것으로 보입니다. 태종 때 전국의 명산에 제사 지낼 때 백두산을 포함시켰고, 세조 때 남이 장군은 여진족을 토벌하러 가는 중에 백두산을 보며 〈북정가〉라는 시를 남기기도 했습니다.

그러던 백두산이 중요한 산으로 인식된 것은 숙종 때입니다. 당시 조선과 청나라는 국경선을 표시하기 위해 '백두산정계비'를 만듭니다. 이때 백두산은 서쪽으로는 압록강이 흐르고, 동쪽으로는 토문, 두만강이 흐른다고 보면서 국경선의 기준이 되었습니다. 숙종 때 4군의 복구 등 북방 영토에 대한 관심이 생기면서 백두산의 존재가 부각된 것으로 보입니다.

백두산이 한반도의 상징이 된 사연

백두산의 중요성을 인식하는 또 다른 계기도 있었습니다. 당시 조선에 굴욕을 주었던, 청나라를 세운 여진족이 자신들의 발상지를 백두산으로 본 것입니다. 조선은 이들을 견제하기 위해 백두산을 한반도에서 가장 중요한 산, 곧 조종지산祖宗之山으로 받아들이기 시작했습니다. 이러한 가운데 1860년대, 청나라가 만주 일대 출입을 금지하던 봉금을 해제했습니다. 이로써 많은 조선 사람이 백두산 일대에서 약초를 캐거나 사냥을 할 수 있게 되어 백두산은 더 가까운 산이 되었습니다.

그러자 조선과 청나라 사이에 다시 국경 문제를 두고 분쟁하고, 협의하는 과정이 반복되었습니다. 1885년 조청 간에 1차 감계회담(영토의 경계를 검토하는 회담)을 비롯하여 1887년 2차 감계회담이 있었으며 1902년에는 이범윤이 북간도 시찰사로 파견되어 압록강과 두만강 북쪽에서 세금을 받다가 청나라의 항의를 받는 일도 있었습니다. 이범윤의 활동은 자연스럽게 백두산에 대한 관심을 높이는 계기가 되었습니다. 이런 분위기 속에서 백두산의 이미지를 결정짓는 중요한 사건이 일어났습니다.

역사학자 신채호가 〈대한매일신보〉에 연재한 〈독사신론〉을 통해 "백두산은 단군이 처음 나라를 세운 곳"이라고 주장한 것입니다. 곧 《삼국유사》에 등장하는 태백산이 그동안 구월산이나 태백산으로 인식하던 분위기를 바꿔 백두산으로 인식하는 계기가 마련된 것입니다. 그러자 많은 한국인이 백두산에 대한 관심을 갖게 되었는데, 실제로 이러한 분위기를 반영한 것이 바로 대종교입니다.

1909년 단군교로 출발한 대종교는 1910년 백두산을 중심으로 모두 5개의 교구를 설치했습니다. 백두산 인근 화룡현 청파호에 총본산을 설치하고, 동도교구는 동만주와 연해주에, 서도교구는 남만주에, 남도교구는 한반도에, 북도교구는 북만주에, 그 외 지역은 외도교구를 설치한 것입니다. 자연스럽게 대종교 신자들이 백두산 일대에 모여들었으며 대종교와 단군을 통해 백두산에 대한 이야기가 널리 퍼지게 되었습니다. 당시 사회적으로 영향력이 컸던 인물 중에 대종교 신자가 많았는데 신채호를 비롯해 박은식, 김좌진 등이 여기에 해당합니다.

그러자 식민지 시기 민족의 정체성을 우리나라가 처음 출발한 백두산에서 찾으려는 움직임이 언론사를 중심으로 일어났습니다. 〈동아일보〉와 〈조선일보〉는 백두산 기행문이나 백두산 관광객을 모집하기도 했습니다. 자연스럽게 백두산을 민족의 신령스러운 산, 곧 영산으로 표현하기 시작했으니 이 시기에 백두산의 이미지가 명확하게 자리를 잡았다고 할 수 있습니다. 이러한 백두산은 분단 이후, 접근할 수 없게 되면서 동경하는 마음이 더 커져갔습니다. 1980년대 통일의 상징으로 등장하며 '백두에서 한라까지'라는 구호를 통해 '남북통일'의 의미를 더 부여받게 된 것입니다.

세종과 백두산, 한반도의 지도와 상징을 완성하다

현재 백두산은 중국을 통해서 갈 수 있습니다. 북한과 중국의 국경은 1962년 중국의 주은래가 주도하여 평양에서 체결된 '조중국경조약(공식 이름은 조중변계조약)'을 따르고 있습니다. 중국과 북한이 압록강과 두만강, 백두산 일대의 국경을 협의해서 정한 것입니다. 이때 천지를 기준으로 보면 55퍼센트는 북한에 속하고, 45퍼센트는 중국에 속하게 되었습니다.

이처럼 백두산은 조선 후기에 이르러서야 우리 민족의 영산으로 역사적 맥락이 생겨났다고 할 것입니다. 때로 역사에서는 그 존재의 의미를 놓치기도 했지만, 지금은 '백두에서 한라', 혹은 애국가의 '동해물과 백두산'이란 표현에서 볼 수 있듯이 우리 국토의 중요한 상징으로 인식하고 있습니다. 시간의 흐름에 따라 그 공간에 부여하는 의미도 달라지게 됩니다. 우리 국토 한반도를 상징하는 백두산의 의미는 시대에 따라 달라졌지만 우리 역사의 근원적 의미를 품고 예나 지금이나 굳건하게 자리하고 있습니다.

9. 동아시아 역사를 바꾼 최후의 해전

이순신의 노량해전

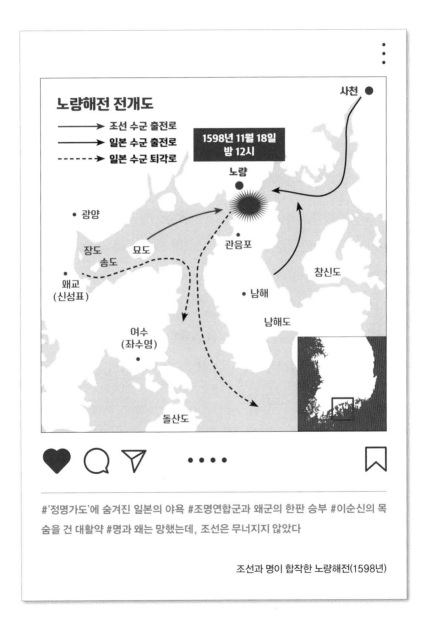

노량해전 전개도

→ 조선 수군 출전로
→ 일본 수군 출전로
- - → 일본 수군 퇴각로

1598년 11월 18일
밤 12시

사천

노량

광양

장도
송도 묘도

왜교
(신성표)

관음포

창신도

남해

남해도

여수
(좌수영)

돌산도

#'정명가도'에 숨겨진 일본의 야욕 #조명연합군과 왜군의 한판 승부 #이순신의 목숨을 건 대활약 #명과 왜는 망했는데, 조선은 무너지지 않았다

조선과 명이 합작한 노량해전(1598년)

임진왜란은 동아시아의 국제전으로, 조선과 명나라, 일본 세 나라의 역사에 큰 영향을 끼친 전쟁이었습니다. 명나라는 임진왜란에 병력과 비용을 쏟아붓는 바람에 여진족에게 밀려 50여 년 뒤 멸망의 길로 접어들었고, 일본에서는 도요토미 세력이 무너지고 도쿠가와 세력이 정권을 잡으며 에도 막부를 열었습니다. 조선은 지배층의 변동은 크지 않았지만 정치, 경제, 사회에 큰 타격을 입으면서 임진왜란을 기점으로 조선 전기와 후기로 나뉘게 됩니다.

동아시아 세 나라의 명운을 가른 이 국제전을 바라보는 시선은 선조의 무능과 이순신 장군의 위대함이라는 교훈적 메시지가 강합니다. 하지만 우리가 간과하는 부분이 있는데, 이 전쟁은 일본이 아시아의 강자인 명나라를 정복할 것임을 천명하면서 조선에게 길을 내어달라는 '정명가도征明假道'의 명분에서 비롯되었다는 것입니다. 일본은 처음부터 최종 침략의 목표가 명나라임을 명확히 했지만, 우리는 '한일전'의 의미로만 해석하는 경우가 많았습니다. 실제로 임진왜란은 명나라가 조선에 원병을 보내면서 조선과 명나라의 연합군과 일본군이 동아시아의 패권을 걸고 한판 승부를 벌인 전쟁이었습니다.

조명연합군 VS 왜군

우리가 임진왜란을 바라보는 시각에서, 조명연합군과 일본군의 전투는 상대적으로 과소평가 된 부분이 있습니다. 임진왜란 초기에 일본군에 대항해 의병들이 분전했고, 옥포해전 등 조선 수군의 초기 승리도 큰 성과였지만 전세를 역전시키기에는 어려움이 있었습니다. 임진왜란의 상황이 심각하다고 느낀 명나라는 곧 대규모 파병을 했습니다. 비록 조선이 명나라 원군에 기대는 모습이었으나 조명연합군이 평양성 탈환까지 이뤄냈습니다. 그러나 이후 전황은 큰 전환점을 마련하지 못하고 장기전으로 변해갔습니다. 이런 상황 속에서 각 지역에서 일어난 조선 관군과 의병의 승전 혹은 패전의 내용은 널리 알려져 있습니다. 그러나 조선에 온 명나라 군대, 조명연합군의 역사는 희미해졌습니다.

영화 〈노량〉이 나오면서 임진왜란을 조선-일본의 전쟁이 아닌 조선-명나라-일본의 세 나라 사이 전쟁으로 파악하는 분위기가 생겨났다고 할 수 있습니다. 노량해전은 이순신 장군의 대표적 해전임에도 명량해전이나 한산대첩에 비해 덜 알려졌고, 아무래도 이순신 장군의 전사, 임진왜란의 마지막 해전이라는 점에 관심이 집중되어 있었습니다. 그렇지만 앞에서 살펴본 국제전이라는 의미와 관련하여 노량해전은 전쟁 당사국들이 마지막 총력을 기울인 전투였습니다. 그러므로 노량해전을 올바르게 파악하는 것은 임진왜란의 마지막 해전이라는 의미는 물론 임진왜란의 성격과 역사를 이해하는 데에도 도움이 됩니다.

조명연합군 최후의 전략, 사로병진 작전

1597년 명량해전에서 대패하고 전의를 상실한 일본은 한반도 남부 왜성에서 버티고 있었고, 조선과 명나라는 전쟁을 끝내기 위해 마지막 대규모 군사 작전을 준비하고 있었습니다. 조선과 명이 준비했던 군사 작전은 바로 '사로병진' 작전입니다. 곧 네 개 방면으로 군사를 진격시켜 왜군의 근거지를 공격하는 작전입니다. 이를 위해서 조선은 2만여 명의 육군과 수군이, 명은 9만 명의 육군과 수군이 참여했습니다. 여기에 저항하는 왜군은 8만~9만 명에 이르렀으니 20만 명에 이르는 대규모 군대가 전투를 앞둔 상황이었습니다. 이 작전에 총사령관은 명나라 형개였고, 그를 중심으로 동로군, 중로군, 서로군 그리고 조명연합 수군인 수로군이 구성되었습니다. 동로군은 명나라 제독(당시에는 육군 장군에게 붙인 호칭) 마귀와 별장 김응서가 이끌었는데, 공격 대상은 울산의 가토 기요마사였습니다. 중로군은 명나라 제독 동일원과 조선의 경상우병사 정기룡이 이끌며, 공격 대상은 사천의 시마즈 요시히로였습니다. 서로군은 명나라 제독 유정과 전라병사 이광악이 이끌며, 공격 대상은 순천의 고니시 유키나가였습니다. 마지막으로 수로군은 도독 진린과 통제사 이순신이 이끌며 공격 대상은 역시 순천의 고니시 유키나가였습니다.

일본군을 끝장낼 수 있는 총공세 작전이 펼쳐졌지만, 동로군과 중로군은 별다른 성과를 거두지 못했습니다. 가토는 울산성에 해자까지 만들어 방어를 튼튼히 하는 바람에 조명연합군이 승리하지 못했습니다. 중로군은 사천의 시마즈 부대를 공격하다가 큰 패배를 당했고, 이때 동로군 역시 퇴각했습니다. 그리고 순천의 고니시를 공격하던 서로군도 별다른 성과를 거두지 못한 채 대치중이었습니다. 역사에는 가정이 없다고 하지만, 사로병진 작전이 초기에 성공했다면 남해안의 일본군을 모조리 섬멸하고 이순신은 전사하지 않았을지도 모릅니다.

고니시 뇌물에 넘어간 명나라 장수들

결국 마지막으로 기대할 수 있는 것은 4로 가운데 수로, 곧 이순신과 진린의 조명연합 함대뿐이었습니다. 당시 명 도독 진린은 400여 척의 전선을 이끌고 통제영이 있던 고금도에서 조선 수군과 합쳤습니다. 조선 수군은 60여 척의 판옥선이 있었는데, 군사 수로 보면 명의 수군이 2만여 명, 조선 수군이 1만여 명 정도였습니다. 배의 숫자에 비해 병력 규모의 차이가 크지 않은 이유는 조선 수군의 주력 전선인 판옥선 규모가 커서 1척당 120~130명이 승선하는 것과 달리 명나라의 주력 전선인 사선과 호선은 규모가 훨씬 작아서 1척당 승선 인원이 30~40명 수준이었기 때문입니다. 다만 명나라 수군 역시 조선 수군과 마찬가지로 호준포와 불랑기포와 같은 화포를 활용할 수 있다는 점에서 화력은 일본의 전선을 압도했습니다.

조명연합 함대는 1차로 순천의 고니시와 전투를 벌였지만 별다른 성과를 거두지 못하면서 전황은 소강상태로 들어갔습니다. 그런데 침략의 원흉, 도요토미 히데요시가 8월 중순 사망하면서 왜군 장수들에게 11월 중순까지 귀국하라는 명이 떨어졌습니다. 이러한 정보가 조선과 명나라에도 알려지게 된 것이 11월 초, 이 시기부터 전선이 다시 급박하게 돌아갔습니다. 이때 순천의 고니시 부대는 전투에서는 별다른 피해를 입지 않았으나 조명연합 함대가 포위를 풀지 않아 일본으로 탈출이 어렵게 되었습니다. 그러자 고니시는 먼저 명나라 제독 유정을 뇌물로 포섭했습니다. 그리고 다시 명나라 도독 진린을 어느 정도 포섭하는 데도 성공했습니다.

이때 고니시는 "남해도 쪽 사위에게 연락하고자 하니 배 한 척을 통과

시켜 달라"고 합니다. 바로 사천에 주둔하고 있던 시마즈 부대에게 원군을 요청하는 배였습니다. 이에 따라 조명연합 함대는 시마즈와 고니시의 군대를 함께 대적해야 하는 상황이 된 것입니다. 상황이 여기에 이르자 진린 역시 고니시에게 속은 것을 알고 후회했다고 하는데, 결국 조명연합 함대는 이순신 장군의 지휘 아래 시마즈 부대와 일전을 벌일 준비를 하게 됩니다. 전장은 남해와 하동의 좁은 해협인 노량, 곧 지금의 남해대교가 지나는 곳이었습니다. 이러한 계획 속에서 전격적으로 조명연합군은 남해로 옮겨갑니다. 조선 수군이 사천과 순천의 중간쯤에 위치한 노량의 길목을 막아서고 명나라 수군은 그 배후를 지키는 방식으로 진을 구성했습니다. 왜의 시마즈 수군은 예상대로 300척 정도의 함대를 이끌고 노량으로 접근해 왔는데, 조명연합군의 상황을 미처 파악하지 못한 채 한밤중에 노량에서 격돌하게 되었습니다.

노량해전, 연합군의 승리로 임진왜란의 막을 내리다

　이때 조선 수군은 화포와 마침 불어온 북서풍을 이용해 왜군 상당수를 화공으로 격침하는 데 성공했습니다. 조선 수군의 포화를 빠져나간 왜군은 다시 명나라 전선의 공격을 받게 되었습니다. 곧 노량에서 광양만에 이르는 곳이 모두 전장이 되면서 이순신과 진린이 탄 대장선이 위기에 빠지기도 했지만 승세가 조명연합군으로 완전히 기울자 왜의 수군은 탈출을 생각합니다. 그렇게 선택한 진로가 남해의 관음포, 곧 물길이 아닌 섬 안쪽으로 들어간 포구였습니다. 이렇게 왜군 함대가 함정에 빠진 데에는 조선 수군이 이 방향으로 왜군의 전선을 밀어낸 것으로 보이는데, 결국 갇혔다고 생각한 왜군과 조명연합군의 마지막 격전이 다음 날 아침에 벌어졌습니다. 좁은 공간에서 벌어진 전투여서 조선 수군이 기피한 근접전이 일어나며 백병전이 펼쳐지기도 했습니다. 이 과정에서 조선 수군의 장수 가리포첨사 이영남을 비롯해 10여 명이 전사했고, 명의 장수로는 부총병 등자룡 등 2명이 전사했습니다. 왜군 장수도 30여 명이 전사했다고 하니 당시의 치열한 전투 상황을 짐작할 수 있습니다.

1598년 11월 19일 오전, 노량해전은 시마즈의 함선이 관음포에서 탈출하고 전투 추이를 지켜보고 있던 순천의 고니시 부대도 탈출하면서 끝났습니다. 이때 일본 수군은 200척이 침몰되었고, 조선 수군은 4척, 명나라 수군은 2척의 손실이 있었습니다. 명나라 수군 2척의 손실 가운데 1척은 조선이 부총병 등자룡에게 빌려준 판옥선이었습니다. 그리고 왜선 50여 척도 크게 피해를 입어 온전하게 돌아간 왜선은 50척 정도에 불과했습니다. 참고로 한산대첩 당시에는 왜선 73척 중 59척, 명량해전 당시에는 왜선 133여 척 중 31척을 격파했습니다. 그러므로 노량해전은 임진왜란 해전 사상 최대의 승리라고 할 수 있습니다. 그러나 이 전쟁에서 이순신 장군이 전사했다는 사실 때문에 그러한 전과를 적극적으로 드러내기 어려운 점이 있었습니다.

이순신 장군의 죽음에 대해 자살설, 은둔설 등이 퍼지기도 했지만 당시 여러 기록을 보면 전사로 보는 것이 적절해 보입니다. 당시 전투가 이전 조선 수군의 전투와 달리 여러 명의 사상자가 나올 정도로 근접전이었다는 점, 그리고 당대의 기록이 모두 전사로 적고 있다는 점입니다. 당시 이순신 장군이 탄 배에는 아들 회와 조카 완이 있었으며 군관 송희립이 있었습니다. 이순신 장군의 죽음 뒤에도 군사 지휘가 가능했던 것은 바로 송희립이 같은 배에 타고 있었던 덕분입니다. 전쟁이 끝난 뒤 이순신 장군의 유해는 남해에 3일 동안 머물렀다가 당시 통제영이 있던 고금도로 운구되었고, 이후 육지로 옮겨져 아산에서 3개월의 장례를 치른 뒤 안치되었습니다. 지금의 아산 현충사 일대입니다.

노량해전은 임진왜란이라는 절체절명의 위기에서 나라를 구한 이순신 장군의 마지막 전투였습니다. 또 다른 의미로는 조선과 명나라의 연합군이 일본군에 승리한 전쟁이었습니다. 임진왜란 중 거의 유일하게 조선과 명나라가 힘을 합쳐 만든 승리라고 할 수 있습니다.

10. 독도 논쟁을 종식한 마지막 사건

샌프란시스코 강화조약

#연합군, 일본에게 국권을 주며 한반도에 대한 모든 권리를 포기시키다 #강화조약 어디에도 독도가 일본령임을 증명할 수 없다 #한국이 전승국에 들어가지 못했던 것은 아쉬운 일

강화조약의 서명식(1951년)

1945년 8월 14일 일본은 연합국에 무조건 항복하겠다고 통보합니다. 태평양전쟁을 선언했던 일본 천황은 다음날인 8월 15일 라디오 방송을 통해 종전을 선언합니다. 이로써 제2차 세계 대전이 종결되었고, 한반도는 일본의 영향력에서 벗어나게 됩니다.

이때부터 일본은 연합군의 통제 속에 있다가 6년이 지난 후 강화조약에 서명하면서 국권을 회복하게 됩니다. 이 조약이 바로 샌프란시스코 강화조약입니다. 연합국은 일본에게 국권을 부여하는 조건으로 한반도에 관한 일본의 모든 권리를 포기함을 명시했습니다.

70여 년이 지난 최근에 이 조약이 많이 언급되고 있는데, 일본이 독도 문제를 꺼내면서 이 조약을 왜곡해서 주장하기 때문입니다. 강화조약의 문구는 여러 차례 수정과 보완을 거치는 과정에서 주일 미국 정치고문인 시볼드가 미국 국무부에 보낸 의견서가 반영되었습니다. 제6차 초안에 독도가 일본령으로 변경되었고, 한국 정부가 문제를 제기하자 독도가 한국 영토임을 부정하는 러스크의 서한이 한국에 전달되기도 했다는 사실을 놓고 일본이 독도의 영유권을 주장하고 있는 것입니다.

결론적으로 말하면 제6차 초안에서 제안된 일본의 독도 영유권 문제는 최종 조약문에서 생략되었고, 1951년 일본의 해상보안청에서 제작한 일본 영역 참고도에는 '죽도'로 표기된 울릉도 옆 독도를 한국 영토로 표기하고 있습니다. 더 나아가 1차에서 5차에 이르기까지 초안에서 독도가 한국 영토로 포함되었습니다. 단지 최종 조약안에 독도 표기가 없을 뿐입니다.

강화조약, 패전국인 일본에게 관대한 대접을 하다

미국은 1947년 이후 대일강화조약 샌프란시스코 강화조약을 체결할 준비를 했습니다. 이러한 정보를 취득한 일본은 영토 관련 자료를 7권이나 만들어 미국 측에 건네려고 했습니다. 패전국인 일본의 문서는 접수가 거부되었지만, 비공식적인 경로로 미국 측 인사에게 전해진 것으로 보입니다. 이때 영국과 미국이 각각 강화조약의 초안을 만들었는데 영국은 독도의 한국 영토를 표기하는 대신 조약 서명국 지위를 한국에 부여하는 것은 반대했다면, 미국은 독도 문제 등을 언급하지 않고 조약 서명국 지위를 한국에 부여하자고 했습니다. 결국 소련이 반대할 명분을 줄 수 있다는 이유로(북한이 있었다는 점에서) 강화조약에 한국을 조약 서명국에서 제외했습니다. 대신 미국이 한국의 이익을 충분히 대변할 수 있음을 강조했습니다. 이 과정에서 한국은 독도, 파랑도(지금의 이어도), 대마도 등의 영유권을 주장하는 서한을 보내기도 했습니다. 그러나 앞에서 살펴본 것처럼 강화조약 최종안에는 한국의 영토와 관련하여 한반도와 부속도서로서 제주도, 거문도, 울릉도만 표기되었습니다.

1951년 9월 8일 강화조약 조인에는 모두 51개국이 참여했고, 세 나라가 서명에 반대했습니다. 소련과 체코슬로바키아, 폴란드입니다. 곧 소련을 중심으로 하는 공산권이 불참하면서 냉전체제가 진행되고 있음을 보여주었고, 일본은 강화조약을 통해 정상적인 국가가 되었습니다. 동독과 서독으로 나뉘고 1990년에야 다시 통일한 독일과 비교하면 관대한 조치입니다. 그런 점에서 샌프란시스코 강화조약을 역사상 승전국이 패전국에게 부여한 가장 관대한 조약이라는 평가도 있습니다. 예를 들어 조약을 협상하는 과정에서 일본의 요시다 수상은 정중한 대접을 받으며 발언권까지 얻었다면, 베르사유 회의에서 독일 대표는 가시 철망에 둘러싸여 회의석상에 앉는 것은 물론 회의 내용도 들을 수 없었습니다. 이렇게 일본에게 유리한 강화조약이 생겨난 배경에는 냉전체제가 있었습니다. 일본의 경제 자립을 통해 공산권의 확산을 막고자 하는 미국의 의도가 있었던 것입니다.

배상과 영토 분쟁, 서명국이었다면 없었을 논란

이 강화조약에서 한국 영토와 관련하여 독도 표기가 최종안에 빠진 것은 아쉬운 일이지만, 강화조약 진행 과정과 그 이전에 있었던 한국의 독립과 영토와 관련된 여러 조약과 문서에는 독도의 한국 영유권을 인정하고 있습니다. 곧 카이로 선언1943년 12월 1일, 포츠담선언1945년 7월 26일, 일본의 항복문서1945년 9월 2일 등이 있습니다. 특히 연합국 최고사령부 지령 제677호1946년 1월 29일 제3조에 '일본은 일본의 4개 본도(홋카이도·혼슈·규슈·시코쿠)와 약 1천 개의 작은 인접 섬들을 포함한다고 정의된다. … 그리고 제외되는 것은 울릉도·리앙쿠르암Liancourt Rocks ; 독도·제주도 등이다'라고 규정하고 있습니다. 그리고 샌프란시스코 강화조약 1~5차의 초안까지 모두 독도는 한국령으로 표기하고 있습니다. 그러므로 일본이 단지 6차 초안에 독도가 일본령으로 들어갔다는 이유로 독도 영유권을 주장하는 것은 충분히 반박할 수 있습니다. 오히려 당시 어떤 문서에도 독도를 일본령으로 표기한 것이 없음을 근거로 들 수 있습니다. 한국이 전승국의 일원으로 강화조약에 서명할 수만 있었다면 충분히 바로잡을 수 있을 문제였습니다.

그런데 이 강화조약과 관련하여 한국에 영향을 끼친 것이 하나 더 있습니다. 바로 전후 배상 문제입니다. 당시 분위기에 따라 조약에 서명한 전승국 대부분이 일본에 대해 배상 청구를 위한 교섭을 포기하는 것으로 결정했습니다. 오직 인도네시아와 필리핀만 배상 협상을 하는 것으로 결정한 것입니다. 그래서 한국의 경우 전승국이 아닌 기타 식민지 피해국의 자격으로 양자간 협상을 통해 배상 여부를 결정해야 했습니다. 1965년 한일협정의 근거가 여기에 있었던 것입니다.

3부

경계 밖의 한국인,
경계 안의 외국인

– 국경을 가로지르며 만들어낸 강한 한국사

우리 고유의 문화는 무엇일까요. 한때 '한국적인'이라는 말이 유행했습니다. 그런데 우리가 흔히 한국적이라고 표현하는 것들 중에 외국에서 들어온 것이 많습니다. 예를 들어 경복궁의 조영 원리는 중국의 《주례》를 토대로 한 것이며, 그 건축의 사상적 배경은 대체로 고려 말 유입된 성리학이 영향을 끼쳤다고 보고 있습니다. 또 주심포, 다포 양식 건물도 고려 때 중국에서 들어온 건축 양식입니다. 물론 한양이라는 지리적 여건은 고유의 특징이라고 할 수 있습니다. 또 나중의 일이긴 하나 경복궁 건물에 온돌이 들어간 것은 다른 나라에서 보기 어려운 것입니다. 그러므로 우리 고유의 문화는 현재 우리가 볼 때 납작한 종이 한 장처럼 되어있지만, 그 단면을 보면 여러 시기에 여러 곳에서 들어온 것이 차곡차곡 쌓여 시간이란 무게추가 누른 것이라고 할 수 있습니다.

　우리의 문화와 역사를 만들어간 사람들도 그렇습니다. 한국인, 대한민국 사람은 누구이고 어디까지 해당하는 걸까요. 일제강점기 나라가 사라져서 만주와 연해주, 미주로 떠나서도 자신을 조선 사람, 대한인, 한국인으로 인식하고 조국의 독립을 위해 자금을 모으거나 투쟁한 사람들이 있습니다. 또 외국인으로 한국에 와서 한국의 독립운동에 헌신하고 한국에 묻히길 원한 사람들도 있습니다. 이처럼 근대와 현대 역사 속에서 국적과 국토의 선을 넘어 한국 역사와 함께한 사람들이 많습니다.

　과거 역사를 살펴보아도 이러한 현상은 쉽게 볼 수 있습니다. 고구려가 영토를 확장하면서 그 지역의 여러 종족을 고구려인으로 받아들였던 것이나, 발해가 말갈족과 함께 나라를 세운 것을 생각해보면 이미 우리 조상은 여러 민족(혹은 종족)이 섞이는 과정에서 생겨난 존재입니다. 이를 구체적으로 알려주는 것이 바로 '족보'이기도 합니다. 고려 말 이후 제작되기 시작한 족보에 그 집안이 시작된 곳이라고 할 수 있는 '본관'이 한반도 밖에 있는 것들도 볼 수 있습니다. 이순신 장군과 함께 싸운 진린의 손자가 조선에 귀화한 사례 등도 여기에 해당할 것입니다.

그러므로 한국사에서 한국인의 범주를 넉넉한 마음으로 보아야겠다는 생각이 듭니다. 어떤 외국인이 한국 역사 속으로 들어왔다는 것은 한국의 역사와 문화가 풍부해졌다는 것이고, 어떤 한국인이 외국으로 나갔다는 것은 한국사의 범위가 넓어진 것이라고 할 수 있습니다.

1. 삼국이 목숨 걸고 뛰어든 강한 나라 만들기 프로젝트

삼국의 귀화정책

#거문고의 왕산악과 오경박사 고안무의 공통점은? #능력만 있다면 벼슬과 세제 혜택 등 아낌없이 퍼주는 귀화정책 #조선의 쇄국 이미지와는 전혀 다른 풍경

동아시아의 인적 교류(삼국시대)

아주 고립된 나라가 아니라면 문화란 주변국과 교류를 통해 보완, 확장됩니다. 우리의 경우 한자와 불교, 유교 등이 여기에 해당합니다. 한자로 된 기록물인《조선왕조실록》은 우리의 자랑스러운 문화유산이며, 고려의 청자, 조선의 백자는 현대 한국문화의 중요한 모티프입니다. 그리고 사찰이나 성균관, 향교와 서원 역시 한국인의 정신이 깃들어 있는 전통문화의 보물창고입니다.

우리 역사의 고대 시기, 곧 삼국으로 나뉘고 통일 전쟁이 있었던 시기도 경쟁적으로 외국의 선진 문물을 받아들였습니다. 결국 신라가 승자가 되었으나 고구려나 백제 모두 성장과 생존을 위해 경쟁력 강화에 관심이 많았는데, 이 과정에서 삼국의 지배층들은 새로운 문물을 전파할 외국인에 깊은 관심을 보였습니다. 그 외국인들은 대체로 선진 문화에 익숙했던 중국계 망명객들이었습니다.

귀화인을 등용하고 우대한 고구려와 백제

고구려는 북위의 공격을 받고 멸망한 북연의 왕 풍홍의 망명을 받아들였습니다. 이 사건을 통해 고구려의 외교와 망명자에 대한 생각을 엿볼 수 있습니다. 당시 대륙의 북부에서는 북연과 북위가 대립하고 있었습니다. 그런데 두 나라 모두 고구려에 손을 내밀었습니다. 고구려와 친하게 지냈던 북연은 북위의 공격을 막아달라고 요청했고, 북위는 북연을 공격할 뿐 고구려와 적대할 생각이 없다는 통보를 했습니다. 실제로 북위가 북연을 침공했는데, 고구려는 대규모 병력을 동원해 북위의 군대가 북연의 수도

화룡에 도착하기 전에, 북연 왕 풍홍과 북연 사람들을 고구려로 데리고 왔습니다. 고구려는 두 나라의 전쟁에 개입하지는 않았으나 북연의 핵심 인물들을 구하고 북위에 대해서는 무력시위를 해서 명확하게 존재감을 드러낸 것입니다.

이후 북위가 풍홍을 보내라고 했으나 고구려는 간곡하지만 단호하게 풍홍을 보낼 생각이 없음을 밝혔습니다. 고구려는 풍홍 등을 통해 발달한 대륙의 문물을 받아들이고자 했던 것 같습니다. 그러나 요동에 머물던 풍홍이 장수왕의 경고에도 북위와 경쟁관계에 있던 송나라로 다시 망명하려고 하자, 이번에는 송으로 가던 풍홍을 죽입니다. 아쉽게도 고구려가 풍홍의 망명을 받아들인 효과와 성과는 거두지 못했지만, 선진 문물을 받아들이려는 고구려의 의도는 엿볼 수 있는 대목입니다.

이러한 모습은 고구려가 낙랑과 대방을 313년, 314년에 멸망시킨 이후에도 비슷하게 나타났습니다. 덕흥리 고분의 주인공 유주자사 진이란 인물은 중국에서 온 망명자로 알려져 있는데, 고구려는 이 귀화인을 관리로 등용하기도 했습니다. 조금은 다른 목적으로 귀화인을 활용한 사례도 있습니다. 고구려에서 거문고로 유명한 왕산악은 고구려에서 제2상, 곧 두 번째 지위의 재상이란 높은 벼슬에 올랐습니다. 그런데 성씨로 볼 때 귀화인일 가능성이 높습니다. 《삼국사기》 기록을 보면 왕산악이 진나라에서 보낸 7현의 악기를 6현으로 개조하고 100여 곡의 음악을 만들었다고 합니다. 왕산악이 새로 만든 현을 연주하니 검은 학이 날아와서 이 악기의 이름을 현학금, 줄여서 현금이라고 했고 이를 우리말로 바꾼 것이 거문고입니다. 여기에서 눈여겨볼 점은 왕산악의 사례에서도 볼 수 있듯이 고구려는 외국에서 온 인물 혹은 그 후손도 높은 벼슬까지 올라갈 수 있는 나라였다는 것입니다. 당나라도 귀화인에게 처음 10년 동안 세금을 면제해줄 만큼 이 시기 동아시아 여러 나라는 실력있는 귀화인을 우대했습니다.

백제도 귀화인의 활동이 많았습니다.《일본서기》에 백제에서 온 오경박사(유교 경전인《시경》《서경》《주역》《예기》《춘추》를 연구하고 가르치는 사람) 고안무를 '한漢고안무'로 적고 있습니다. 이를 통해 고안무가 중국 한족계임을 짐작할 수 있습니다. 백제《서기》를 편찬한 고흥을 비롯해 백제에서 활약한 고씨 성을 가진 인물들은 비슷한 내력을 지닌 것으로 보입니다. 그리고 일본으로 건너가 한문과 유학을 가르치고 태자의 스승이 되었던 왕인도 성씨로 보아 귀화인 혹은 그 가문의 후손으로 볼 수 있습니다.

중국의 우수한 제도와 문화를 받아들인 신라

하지만 신라는 고구려, 백제와 상황이 조금 달랐습니다. 신라 건국 초, 석탈해 설화와 김알지 설화에 등장하는 호공은 왜인으로 기록되어 있고 중국의 사서를 보면 신라 진한 지역에 포로로 잡혀간 중국인에 대한 기록도 있습니다. 그러나 고구려, 백제와 달리 중국계 귀화인이 많지는 않았던 것으로 보이는데, 이는 신라의 지정학적 위치가 영향을 끼쳤기 때문입니다. 고구려는 중국 여러 나라와 국경을 맞대고 있었고, 백제는 바닷길을 통해 남조와 교류가 가능했습니다. 이와 달리 신라는 육로와 해로 모두 고구려와 백제에 기대야 해서 한계가 있었습니다. 다만 왜와의 교류는 별다른 어려움이 없었을 것입니다.

　백제가 중국계 귀화인을 인재로 등용했다면, 신라는 지리적 한계를 딛고 중국의 문화를 받아들이려고 노력했던 것으로 보입니다. 6세기 중반, 한강 유역을 차지하며 중국과 직접 교류할 수 있게 되면서 큰 변화의 물꼬를 텄습니다. 그런데 이 시기 신라에 위기가 닥쳤습니다. 신라 선덕여왕 때 백제의 의자왕이 보낸 군사가 대야성까지 함락한 것입니다.

　그러자 신라는 당나라에 원병을 요청했는데, 단순히 외교에 그친 것이 아니라 당나라의 제도 등을 적극적으로 받아들였습니다. 이러한 노력은 그대로 이어졌으니 진덕여왕 때 중국 관리의 복식을 받아들였고 중국 연호를 썼습니다. 왕과 관료들이 모여 새해 축하 의식을 시작했는데 중국의 사례를 참고한 것입니다. 이 시기 정권을 주도하고 있던 김춘추, 김유신의 의도가 반영된 것으로 보입니다. 또 자장율사 역시 당나라에 다녀오며 복식 등을 가져와 귀화인의 역할을 대신한 것입니다. 이처럼 중국의 제도를 본받는 것을 '한화 정책'이라 하는데, 복식과 같은 문화만이 아니라 집사부와 이방부 같은 관제 정비도 뒤따랐습니다. 신라 한화 정책의 핵심은 바로 국학의 설치와 운용이었습니다. 국립대학이라고 할 수 있는 국학 설치는 당의 국학 제도를 참고한 것입니다. 요즘으로 본다면 정치제도를 선진국 시스템으로 바꾸고 주요 제도도 받아들인 뒤 마지막으로 우리나라 대학을 선진국과 같이 운영한 것입니다. 신라의 최고 교육기관인 국학을 중심으로 활동한 신라인들은 다시 당나라 국학으로 유학을 떠나기도 해서 국학은 중국의 선진제도를 신라로 들여오는 창구 역할을 했습니다. 신문왕 때 국학 정비와 더불어 각 관청을 다섯 등급으로 정리했는데 이 역시 당나라의 제도를 모방한 것입니다. 그리고 경덕왕 때 다시 한화 정책을 펼쳤는데, 대표적인 것이 지명의 변화입니다.

《삼국사기》지리 관련 기사를 보면 모두 408개의 지명을 바꾼 기록을 전하고 있는데, 이 가운데 24퍼센트, 약 4분의 1이 지금도 쓰는 지명입니다. 예를 들어 실직과 하슬라를 합쳐 부르던 하서주를 명주로 바꾼 것을 비롯해 상주, 전주, 무주가 이때 생긴 이름입니다. 작은 지명 가운데 대표적인 곳을 살펴보면 예천군, 김해군, 남해군, 하동군, 가평군, 삼척군, 부여군, 김제군, 고창군 등이 경덕왕 때 생겨난 이름입니다. 군이 시가 되고 읍이 되기는 했어도 그 앞에 붙은 이름은 757년에 정해진 것이니 이들 지역의 이름 내력은 거의 1,300년이 되어가는 셈입니다. 당시에 이런 변화는 낯선 것이었지만 긴 시간이 흐르며 자리를 잡았습니다. 이제 당시 정해진 개성이나 정선의 다른 이름을 상상하는 것이 오히려 어려울 정도입니다.

역사는 전쟁만이 아니라 경계를 넘나드는 교류의 산물이다

신라의 토우와 고구려 고분벽화에서 볼 수 있듯이, 소수이긴 하지만 서역 사람들도 삼국에 왔던 것으로 보입니다. 이들이 귀화했는지, 혹은 잠시 머물렀는지는 알 수 없지만 이러한 그림이나 공예품으로 남아있다는 점에서 그들에 대한 관심이 컸음을 알 수 있습니다. 하지만 삼국에 큰 영향을 끼친 사람은 중국계 귀화인이었습니다. 나라에 따라 조금씩 차이는 있지만 대체로 한문과 유학, 행정과 교육에 영향을 주었습니다. 귀화인이 많았던 고구려와 백제는 4세기 태학유학 교육기관의 설립이나 율령반포왕권 강화,

역사서 편찬이 있었습니다. 신라도 다른 나라에 비해 조금 늦기는 했으나 법흥왕 때 율령을 반포했습니다. 또한 삼국이 중국 승려, 혹은 중국을 거쳐 들어오는 인도의 승려를 통해 불교를 받아들여 새로운 변화를 모색했습니다.

이처럼 삼국은 각국의 역량 강화를 위해 외국인의 귀화에 호의적이었습니다. 귀화인이 많지 않았던 신라는 외교를 통해, 유학생을 보내 귀화인을 받아들이는 효과를 만들고자 했습니다. 조선 후기 개항과 함께 들어온 서양 문물과 서양인에 대해 배타적이었던 분위기와 비교되는 대목입니다.

한 나라의 문화란 고정된 것이 아니라 변화, 발전하며 흘러갑니다. 다른 나라와 교류 속에 외부의 문화가 흘러들며 문화의 자원이 풍부해지는 것이지요. 처음엔 낯설었지만 기존의 문화와 섞이고 스며들며 지금의 한국 문화적 특성을 만들어낸 것입니다.

2. 처용과 페르시아 왕자가 '바실라'에 온 이유는?

신라의 서역 교류

#원성왕의 관을 허공에 걸어놓은 이유는? #헌강왕이 용왕의 아들을 경주로 데리고 온 사연 #페르시아와 카자흐스탄에서 발견된 신라의 모습

페르시아 아비틴 왕자의 이동(신라 11세기)

삼국시대에는 중국계 귀화인 외에도 서역 사람들의 흔적이 남아있습니다. 고구려의 벽화와 신라의 고분에서 코가 우뚝하고 기골이 장대한 서역인의 모습이 발견되고, 신라시대에는 무역항이던 울산을 통해 서역 사람들이 오간 흔적들을 발견할 수 있습니다.

고분이 많아 고분의 도시로 불리는 경주에서도 석물의 구성이 완벽하다고 평가받는 왕릉이 있습니다. 바로 원성왕릉입니다. 원성왕릉은 십이지신상을 새긴 호석, 문인석, 무인석, 돌사자상 등 여러 조각이 있어 마치 고려나 조선의 왕릉을 보는 것 같습니다. 그런데 원성왕릉의 주인공, 원성왕도 신라 역사에서 특이한 사연을 가진 왕입니다.

김경신의 꿈, 생사를 가르는 서로 다른 해몽

신라 원성왕재위 785~798은 무열왕계를 대신해서 내물왕계 진골 귀족이 연합해서 왕위를 이어가기 시작한 시기의 왕(첫 내물왕계 왕은 직전 왕인 선덕왕)입니다. 원성왕이 왕위에 오르는 과정은 좀처럼 믿기 어려운 이야기가 전해집니다.

왕이 되기 전 원성왕, 곧 김경신은 이상한 꿈을 꾸었습니다. 관모를 벗고 12줄 가야금을 들고 천관사 우물로 들어가는 꿈입니다. 너무나 생생하면서도 이상한 꿈이라고 생각한 김경신은 점치는 사람에게 해몽하도록 했습니다. 그러자 그 해몽이 불길했습니다. 꿈 내용에서 관모를 벗는 것은 관직을 잃을 징조이며, 12줄 가야금을 든 것은 목에 칼을 쓸 징조이고, 우물로 들어가는 것은 감옥에 갇힐 징조라고 한 것입니다. 꿈의 해몽을 듣고 크게 상심한 김경신이 두문불출하자 아찬 벼슬의 여삼이란 인물이 걱정스러워서 김경신을 찾아왔습니다. 여삼은 사연을 듣더니 자기가 해몽을 해주겠다고 했습니다. 여삼의 해몽에 따르면 관모를 벗은 것은 김경신 위로 더 높은 사람이 없다는 뜻이며, 가야금의 12줄은 12대에 걸쳐 후손이 왕위에 오를 것을 상징하고, 천관사 우물에 들어가는 것은 궁궐로 들어갈 징조라는 것입니다. 곧 왕이 될 꿈이라는 얘기인데, 앞선 해몽과 180도 다른 해석입니다.

서로 다른 꿈 해몽에 조바심이 난 김경신이 다시 어떻게 하면 좋을지 물으니, 여삼은 서라벌 북천의 신에게 제사를 지내라고 했습니다. 김경신이 조바심을 냈던 이유는 두 가지 꿈의 해몽이 모두 자신의 상황과 관련이 있었기 때문입니다. 당시 김경신은 김주원에 이어 다음 왕위에 오를 수 있는 2순위라 왕이 될 수도, 죽을 수도 있었던 것입니다.

선덕왕이 죽자 다음 왕위를 이을 사람을 놓고 귀족들 사이에서 논쟁이 일어났습니다. 이때 상황에 대해 《삼국사기》와 《삼국유사》에서 전하는 바가 조금씩 차이는 있지만 큰 맥락에서는 비슷합니다. 왕위 계승 1순위였던 김주원 대신 2순위였던 김경신, 곧 원성왕이 왕위에 올랐다는 것입니다. 그리고 꿈의 내용과 연결되는 기록도 있습니다. 곧 궁궐의 북쪽을 흐르는 북천, 곧 알천 북쪽에 살던 김주원이 갑자기 내린 비에 물이 불어나며 궁궐에 들어오지 못하자 궁궐 안에 있던 김경신이 왕위에 올랐다는 것입니다. 결국 북천의 신 덕분에 김경신이 왕위에 올랐다고 할 수 있습니다. 물론 실제 역사에서는 김경신계와 김주원계의 치열한 왕위 다툼이 있었겠지만, 역사 기록은 이렇게 누그러뜨려서 전하고 있습니다. 결국 왕위를 놓고 다투던 김주원은 경주를 떠나 강릉에 정착하게 되는데, 이후 명주군왕이 되었으며 강릉 김씨의 시조가 됩니다. 참고로 김주원의 아들 김헌창과 손자 김범문은 나중에 난을 일으켰다가 진압되었습니다.

원성왕은 왕위에 오른 뒤 독서삼품과를 실시한 것으로 유명합니다. 유교 지식을 시험해 상중하품으로 등급을 나누어 관료로 등용하는 제도입니다. 지금 보기에는 느슨하고 허점이 많은 인재등용 방식이지만 혈연으로 출세가 보장되었던 신라 때 상황을 고려하면 파격적인 제도임이 분명합니다. 이러한 업적으로 알려진 원성왕이 묻혀있는 무덤, 곧 원성왕릉에는 특이한 점이 있습니다.

신라의 고분과 사료에서 발견된 서역 사람들

원성왕릉은 한때 괘릉이라고 부르기도 했는데, 괘릉掛陵이란 '능을 걸다'라는 뜻입니다. 조선시대 경주부에서 간행한 《동경잡기》에는 괘릉에 대해, "이곳에 왕릉을 조성하기 이전에 작은 연못이 있어서 그곳을 메우고 능을 마련했는데, 능의 내부 현실에 물이 고이기 때문에 바닥에 관을 놓지 못하고 허공에 걸어놓았다"라는 데서 붙여진 이름이라고 합니다. 《삼국사기》에는 원성왕의 무덤을 숭복사 근처에 만들었다는 기록이 있습니다. 숭복사 터가 지금 원성왕릉 인근에 있으니 괘릉을 원성왕릉으로 보는 것이지요. 이 무덤은 신라 왕릉 가운데 가장 화려한 것으로 손꼽히는데, 왕릉 앞에 있는 문신과 무신 조각상 덕분입니다. 문신 조각상도 중국풍이 뚜렷하지만 무신 조각상은 우리나라 사람 얼굴과 다릅니다. 짙은 눈

썹, 움푹 들어간 눈, 곱슬머리와 얼굴 대부분을 덮은 수염, 차림새까지 영락없는 서역 사람입니다.

신라 때 서역 사람 이야기는 기록에서도 볼 수 있습니다. 《삼국유사》에는 헌강왕재위 875-886 시기의 경주가 살기 좋았던 것으로 나옵니다. 경주 중심에서 동해까지 집이 주욱 이어서 있었는데 초가는 하나도 없고, 생황 음악과 노래가 길에서 끊이지 않았다고 합니다. 또 경주에서는 밥할 때 연기가 올라오지 않았는데 불을 땔 때 나무 대신 숯을 이용했기 때문이었다고 합니다. 번영을 구가했던 신라 전성기, 서라벌 경주의 모습을 헌강왕 때 기사로 짐작해볼 수 있습니다. 헌강왕은 특이하게도 신과 자주 만났다고 전해집니다. 포석정에 행차했을 때 남산의 신이 헌강왕 앞에 나타나 춤을 추었는데, 다른 사람들은 신이 보이지 않았습니다. 그런데 헌강왕에게는 신이 보였으니 그 춤을 따라 추어 보여주었다는 것입니다. 또 금강령에 행차했을 때는 '북악신'이 나타났고, 동례전에 갔을 때는 땅의 신이 나타나 춤을 추었습니다.

그런 헌강왕이 용왕도 만났습니다. 지금의 울산 앞바다인 개운포에 헌강왕이 행차했을 때입니다. 안개가 껴서 앞을 볼 수 없을 정도가 되자 헌강왕은 용왕을 위한 사당을 만들도록 했는데, 이에 대한 사례를 위해 용왕이 일곱 아들을 데리고 온 것입니다. 헌강왕은 용왕의 아들 가운데 한 명을 데리고 경주로 돌아와서 관직을 주었는데, 이 용왕의 아들이 바로 '처용'입니다. 향가 〈처용가〉의 주인공이기도 합니다. 기록 속에 나오는 동해 용왕, 지금 남아있는 처용 탈의 모습, 당시 울산이 무역항이었다는 상황을 고려해보면 처용이 서역에서 왔음을 추정할 수 있습니다.

사료가 부족한 탓에 신라가 서역과 교류하면서 어떤 성과를 이루었는지는 구체적으로 알 수 없는 것이 아쉬운 부분입니다. 하지만 원성왕릉의 무인석과 헌강왕이 만났다는 동해의 용왕 아들 처용을 통해 신라가 서역과 교류했던 모습을 짐작할 수 있습니다. 그리고 이러한 사실은 국내 사료뿐 아니라 외국 자료에서도 뒷받침해주는 것이 있습니다.

서역에서 발견되는 신라의 흔적들

고대 페르시아에서 구전되던 서사시 〈쿠쉬나메〉는 11세기경 기록되었는데, 그 줄거리를 보면 다음과 같습니다.

페르시아 유민을 이끌던 왕자 아비틴이 신라에 와서 공주 프라랑과 혼인을 했습니다. 얼마 동안 신라에서 지내던 아비틴은 나라를 되찾으려고 혼자 고국에 돌아갔으나 뜻을 이루지 못합니다. 이에 아비틴의 부인이며 신라의 공주인 프라랑은 아비틴과 사이에서 낳은 아들 파리둔과 함께 다시 페르시아로 가서 아비틴의 뜻을 이어 나라를 되찾는 데 성공한다는 내용입니다. 이 서사시에서 신라는 '바실라' 곧 아름다운 신라로 표현이 됩니다. 〈쿠쉬나메〉에 나오는 모든 내용을 믿을 수는 없지만 적어도 페르시아에서 신라에 대한 정보가 상당했음을 알 수 있습니다.

신라가 서역과 교류했던 흔적은 다른 곳에서도 볼 수 있습니다. 국립경주박물관에 있는 경주 계림로에서 발견된 서역의 보검은 석류석으로 장식한 칼로, 4~6세기 동유럽에서 유행하던 문양으로 장식되어 있으며 카자흐스탄에서 출토된 칼의 모양과 비슷합니다. 또 천마총과 황남대총에서 출토된 유리잔과 유리병은 모두 지중해 지역에서 유래한 디자인으로 중앙아시아 지역에서 생산된 것입니다.

과연 어떤 경로를 통해 교류하며 문화적 영향을 끼쳤던 걸까요. 교통이 원활하지 않았던 시기에 서역과의 교류는 호기심과 궁금증을 불러일으킵니다. 우리 고대 역사의 한 페이지를 담당한 원성왕릉과 처용을 통해 역사 속 교류에 관심을 가져보면 또 다른 것들이 보이기 시작할 것입니다.

3. 조선과 네덜란드의 만남,
왜 교류하지 못했을까?

제주도에 온 하멜

#하멜과 박연, 조선의 훈련도감에서 일하다 #하멜 일행이 청 사신 앞에 갑자기 뛰어든 이유 #청의 위협으로 다른 세계를 신경 쓸 수 없었던 조선

하멜의 이동 경로(조선 17세기)

삼국시대에는 중국계 귀화인을 통해 선진 문물을 적극적으로 수용하면서 국가의 성장을 모색했다는 것을 여러 사료를 통해 확인할 수 있습니다. 반면에 서역 사람들과 무엇을 교류했고, 그들을 대하는 태도가 어떠했는지를 엿보기에는 한계가 있었습니다. 사료가 부족했기 때문입니다.

조선시대에는 서역 사람들이 다녀갔음을 확인할 수 있는 구체적인 기록들이 있습니다.《하멜 표류기》를 쓴 헨드릭 하멜과 그 일행의 이야기가 그중 하나입니다. 하멜의 이야기는 다른 문화권에서 온 사람에 대한 조선의 태도에 대해 긍정적인 점과 부정적인 부분까지도 생각해볼 수 있습니다. 네덜란드 사람 하멜이 우리나라에 온 것은 조선시대 효종 때입니다. 훗날 연구자들 사이에서는 하멜이 쓴 책《하멜 표류기》란 제목이 적절한가에 대한 논쟁도 있었는데, 전후 맥락을 보면 표류기라기보다는 보고서에 더 가깝기 때문입니다.

하멜이 제주도에 온 사연은?

1653년효종 4년, 서양의 배 한 척이 제주도에 폭풍으로 표착했다는 보고가 조선 정부에 올라왔습니다. 이 배는 스페르베르호로, 네덜란드의 동인도회사 소속의 배였습니다. 원래 스페르베르호의 항로는 지금의 인도네시아 자카르타에서 출발해 대만을 거쳐 나가사키의 데지마로 가는 것이었습니다. 그런데 대만을 거쳐 일본으로 가다가 갑자기 폭풍우를 만나 배가 난파하며 제주도에 들어온 것입니다. 원래 배에는 64명의 선원이 타고 있었으나, 제주에 도착했을 때 살아남은 사람은 하멜을 포함하여

36명이었습니다.

　당시 이 사건을 맡은 제주 목사 이원진은 동래부사를 역임한 적이 있는데 이때 일본에 대한 정보와 일본어를 어느 정도 알고 있었습니다. 그래서 하멜 일행이 일본 나가사키로 가려고 했다는 사실을 파악할 수 있었지요. 하멜 일행과 언어가 통하지는 않았으나 나중에 올린 보고서를 보면 한자로 '낭가삭기'라고 하여 그들의 목적지를 적었는데, 바로 나가사키였습니다. 나가사키에 만든 4,000평 정도의 인공섬 데지마가 그들이 가려던 무역 항구였던 것입니다. 참고로 일본에서는 처음 포르투갈 상인과 교류했습니다. 도쿠가와 막부의 쇄국정책으로 히라도, 나가사키 두 개의 항구만 개항했으나 이마저도 축소하여 1636년 인공섬인 데지마를 만든 뒤 모든 포르투갈 인을 이곳에서만 머물게 했습니다. 그런데 같은 해 가톨릭 신자와 농민이 지방 관리의 횡포와 과중한 징세에 대한 불만으로 시마바라의 난을 일으켰습니다. 이에 정부는 가톨릭에 대한 저항감이 커지면서 포르투갈 인들을 모두 추방한 것입니다. 대신 당시 시마바라의 난이 일어났을 때 무기를 공급하며 진압에 도움을 준 신교의 나라 네덜란드 상인들이 그 자리를 대신하도록 했습니다. 네덜란드 상인들이 일본에 자리를 잡은 지 10여 년 만에 일어난 사건이 바로 하멜 일행의 표착이었습니다. 당시 조선의 국법상 이러한 표착 사건이 일어나면 먼저 조정에 알리고, 사람이나 배가 표착할 경우 본국으로 보내는 것이 원칙이지만 네덜란드 배를 일본으로 보내는 것이 애매한 상황이었습니다. 하멜 일행은 일본으로 가지는 못했으나 이원진 목사의 배려로 10개월 동안 제주도에서 안정적인 생활을 했습니다.

하멜보다 먼저 한반도에 표류해 온 서양인

이런 가운데 하멜 일행은 뜻밖의 인물을 만납니다. 복장은 영락없는 조선 사람이었지만 외모는 자신들과 같은 서양 사람이었는데, 바로 벨테브레이^{얀스 벨테브레이}였습니다. 놀랍게도 벨테브레이는 하멜과 같은 네덜란드 사람인 데다 같은 동인도회사 직원이기도 했습니다. 벨테브레이 역시 26년 전, 조선에 배가 표착하면서 제주도로 온 것입니다. 이때 일행이 3명뿐이어서 조선 정부는 동래의 왜관을 통해 보내려고 했으나 일본이 이들을 받아들이지 않는 바람에 조선에 남게 된 겁니다. 이후 벨테브레이 일행은 훈련도감에서 총포 만드는 일을 하고 있었습니다. 병자호란 때 종군하는 과정에서 벨테브레이만 살아남고 함께 표착한 다른 두 사람은 죽었습니다. 벨테브레이는 이후 박연이란 이름을 갖게 되었고 조선 여성과 결혼해서 살고 있었습니다. 하멜 일행에게 벨테브레이는 천사와 같은 존재였을 것입니다. 하지만 벨테브레이가 전한 소식은 좋은 것도 나쁜 것도 아니었습니다. "조선이 당신들을 본국이나 일본으로 보내줄 것 같지는 않다, 다만 조선은 외국인에 대한 대접이 좋은 편이다"라는 얘기를 전한 것으로 보입니다.

이러한 얘기를 들은 하멜 일행은 탈출을 시도하는데, 결국 실패하면서 한양으로 압송되었습니다. 한양에 도착한 하멜 일행은 효종을 만난 뒤 벨테브레이와 같이 훈련도감에 배속되었습니다. 이들을 훈련도감에서 일하게 한 데에는 나름 배경이 있었습니다. 당시 동아시아에서 가장 중요한 무기 가운데 하나가 홍이포였습니다. 원래 이 대포를 제작한 나라는 명나라이지만 이 대포가 청나라의 손에 넘어가면서 명나라와 청나라의 전세가 바뀔 정도로 위력적인 무기였습니다. 병자호란 때도 청나라 군대가 홍이포로 남한산성 행궁을 공격하며 공포감을 조성했습니다. 이 홍이포의 '홍이'는 붉은 머리카락을 가진 오랑캐란 뜻으로 네덜란드 사람들을 가리키는 말이었습니다. 실제로 조선에서 박연과 그의 동료들이 홍이포를 제작하고 운용하는 데 큰 역할을 한 것으로 알려져 있습니다. 그래서 하멜 일행도 훈련도감에 배속된 것입니다.

그런데 하멜 일행으로서는 어떻게 해서든 일본을 통해 고국으로 돌아가려고 했던 상황이라 이러한 조선의 조치를 받아들일 수 없었습니다. 이런 가운데 한양에 온 청의 사신 앞에 네덜란드 옷을 입고 뛰어드는 일이 발생했습니다. 당시 청나라와 조선의 관계로 볼 때 서양 외국인, 그것도 네덜란드 인이 한양에 머무르고 있다는 것은 외교 문제와 군사 문제로 비화될 수 있었습니다. 이러한 급박한 상황에서 조선은 뇌물을 통해 청나라 사신을 가까스로 회유했지만 동시에 하멜 일행을 한양에 둘 수 없다고 판단합니다. 결국 이들을 전라도 강진의 병영성으로 보내 그곳에서 잡역에 종사하도록 한 것입니다.

이들이 병영성에 도착한 지 7년이 되던 해, 전라도 일대에 기근이 들었습니다. 하멜 일행을 한곳에서 수용할 수 없게 되자 남원, 순천, 여수로 나누어 보냈습니다. 이즈음 하멜 일행은 처음 36명에서 줄어 16명이 남아있었습니다. 그러던 중 여수에 있던 하멜 일행 5명이 어렵게 배를 구했고, 순천에 있던 3명과 함께 모두 8명이 나가사키로 탈출하는 데 성공했습니다. 1666년 조선에 도착한 지 13년 만의 일입니다. 나가사키에 도착한 하멜은 1년 정도 별도의 조사를 받은 뒤 1668년 네덜란드로 돌아가게 되었습니다. 이 과정에서 하멜은 지난 13년 동안의 급여를 받기 위해 동인도회 사에 보고서를 제출하는데, 이것을 정리한 것이 이른바 《하멜 표류기》로 알려진 기록의 바탕이 됩니다. 하멜 일행이 나가사키로 탈출한 것을 안 조 선 정부는 다음 해에 남은 8명도 일본으로 송환하게 됩니다. 참고로 당시 일본 에도 막부바쿠후는 하멜 일행이 잃어버린 물건에 대한 보상을 조선 정 부에 요구하기도 했는데, 당시 꼼꼼하고 합리적이었던 이원진 목사가 배 의 물건을 모두 하멜에게 건네고 확인서까지 받아놓아서 쉽게 해결할 수 있었습니다.

다른 세계와의 만남을 거부한 조선

우연한 계기로 하멜과 만난 조선으로서는 흥미로운 경험을 할 수 있었 습니다. 다만 이러한 우연을 일정한 변화의 동력으로 만드는 데에는 의 지가 필요합니다. 당시 일본은 나가사키의 인공 섬 데지마를 통해 네덜 란드와 교역을 하면서도 매년 유럽의 동정을 보고서 형태로 받아보면서 서양의 정세를 파악하고 있었습니다. 이를 생각하면 우리도 하멜 일행을 통해 서역 문물을 배우는 데 조금 더 적극적으로 행동했으면 좋았겠다는 아쉬움이 있습니다. 일본에서는 네덜란드와 교류를 통해 이를 '난학'으 로 발전시키며 근대 서양의 과학과 기술, 철학을 접하는 기회로 만들어 갔습니다. 비록 데지마는 철저하게 폐쇄된 공간이었지만 관리와 승려 그 리고 상관이 설치된 218년 동안 116회, 막부가 있는 에도에 방문했다는 점에서 그 영향력이 작다고 볼 수 없을 겁니다. 나가사키를 통해 사쓰마

번가고시마 ^현과 조슈 번^{야마구치 현} 지역이 서양의 동정을 파악하고 또 무기를 구입할 수 있게 되면서 메이지 유신은 새로운 국면으로 접어들었다는 점도 생각해볼 일입니다.

그러나 조선은 청나라의 위협과 감시에 신경 쓰느라 새로운 창구를 통해 변화를 시도할 수 있는 기회를 살리지 못했습니다. 실제로 하멜은 네덜란드로 돌아가서 쓴 보고서를 통해 유럽에 조선에 대한 정보를 알렸습니다. 하지만 조선의 시선은 바깥보다는 나라 안을 더 중요하게 생각했으며, 청나라를 적대적으로, 혹은 폄하하는 쪽으로 기울면서 폐쇄적인 분위기가 강해지는 경향이 나타났습니다.

역사 속에서 서로 다른 세계가 만난다는 것은 때로는 기회로, 때로는 위험으로 다가옵니다. 이를 결정짓는 것은 그 나라의 태도와 능력이 될 것입니다. 조선이 하멜 일행과 만났을 때 놓친 이 기회는 1800년대 이양선, 구체적으로는 조금 더 침략적인 성격을 가진 미국의 제너럴셔먼호나 일본의 운요호를 만나면서 위기의 모습으로 나타나게 됩니다.

4. 장보고가 당나라에 만든 비밀 네트워크의 실체

산동성의 신라인

#중국 산동성에 삼국의 후예들이 살았다고? #장보고가 만들어낸 의외의 네트워크
#신라, 당과 일본의 교역을 잇는 해상 강국이 되다

장보고의 산동성 이동 경로(신라 9세기)

한반도의 역사를 폭넓게 이해하고자 할 때, 한반도에 머물렀던 외국인 못지않게 챙겨봐야 할 사람들이 있습니다. 바로 외국에서 한반도에 영향을 준 우리나라 사람들의 이야기입니다. 그들은 생존 혹은 꿈을 위해 이주와 이민을 선택했고, 동북아시아는 물론 북미와 중남미, 유럽까지 세계 곳곳으로 퍼져 나갔습니다. 타지에서 개인의 삶을 위해 살았다면 그다지 주목하지 않았겠지만, 이들은 정신적 물질적으로 한반도에 영향을 주었습니다. 특히나 일제강점기 때는 이들의 지원과 활동이 한반도 독립에 큰 힘이 되기도 했습니다.

이와 관련해서 우리 고대사에서 조금은 독특한 캐릭터가 있습니다. 바로 장보고입니다. 그에 대한 이야기는 비교적 잘 알려져 있습니다. 신라 말에 장보고가 당나라에서 귀국해 흥덕왕을 설득한 뒤 지금의 전남 완도 부근에 청해진을 설치한 일이며, 청해진을 기반으로 동아시아 무역을 장악하며 큰 세력으로 성장한 것, 그리고 신라 왕족인 김우징을 도와 신무왕으로 즉위하게 한 것, 그후 신라 정부와 갈등이 생겨 옛 부하인 염장에게 암살당하면서 청해진도 사라졌다는 이야기 말입니다.

그런데 이러한 역사와 관련하여 몇 가지 의문점이 있습니다. 요즘처럼 정보도 많고 편리한 교통편이 있어도 외국으로 이민을 떠나고 직장을 구하는 일이 쉽지 않은데 신라 때 어떻게 장보고가 당나라로 갈 생각을 했는지, 그리고 어떻게 다시 신라로 돌아와서 청해진을 세울 생각을 했는지 궁금해집니다. 또 신라 정부가 독립 세력과 다름없는 청해진 설치를 허락한 것도 쉽게 이해할 수 없는 부분입니다.

장보고와 산동성에 살고 있는 삼국의 후손들

장보고의 어릴 적 이름은 '궁복'입니다. 《삼국사기》나 《삼국유사》를 보면 서남해의 섬사람으로 나오는데, 나중에 완도에 청해진을 세운 것으로 보아 그 지역 출신으로 추정하고 있습니다. 장보고는 동료였던 정년과 더불어 무예도 출중한 것으로 알려져 있습니다. 궁복이 성공을 위해 신라를 떠나 당나라로 갔을 때 이름을 장보고張保皐로 바꾸는데 한자의 궁르과 비슷한 장, 복의 발음과 비슷한 보고로 이름을 짓지 않았을까 추정하고 있습니다. 흥미로운 부분은 일본 기록에는 장보고張寶高, 그러니까 보물을 가진 높은 사람이란 뜻의 이름으로 적고 있습니다.

그렇다면 장보고는 왜 당나라로 갔을까요. 골품제 사회였던 신라에서는 성공할 수 없어서 당나라로 갔다는 설이 있습니다. 그러나 6두품도 아닌 평민으로 추정되는 장보고가 이런 이유로 당나라행을 선택한 것은 설득력이 없습니다. 다만 당시 당나라가 신라인에게 아주 낯선 곳이 아니고 일정한 신라인 네트워크가 있다면 얘기는 조금 달라집니다. 조금 더 나은 삶을 기대할 배경이 있기 때문입니다. 여러 자료를 통해 당시 상황을 살펴보면, 장보고가 당나라로 갈 때 이미 중국 산동山東 지역 일대에는 신라인의 활동 공간이 있었습니다. 또 한반도에서 온 사람의 후손들이 이 지역에서 활동하고 있었습니다. 그 역사적 배경은 바로 삼국 간, 또는 고구려-당나라 전쟁입니다.

645년 안시성 전투 후 당나라는 7만여 명의 고구려 포로를 잡아갔습니다. 그리고 660년 백제 멸망 후 당나라는 1만 2천여 명의 백제 인을 잡아갔습니다. 668년 고구려가 멸망할 때는 20만 명의 고구려 인을 역시 당나라에서 포로로 잡아갔다는 기록이 있습니다. 이렇게 잡혀간 고구려와 백제 인들 가운데 일부가 중국의 장강과 회수 일대로 다시 옮겨졌습니다. 그리고 100여 년이 지난 뒤 장보고가 활동하던 시절에는 신라인 가운데 일부가 해적에게 잡혀갔고 흉년을 피해 이 지역으로 이주해간 사람들도 있었습니다. 삼국의 후손, 신라인이 중국 땅 한가운데에서 살아가고 있었던 것입니다. 그들 가운데 두각을 나타낸 인물이 바로 이정기입니다.

안녹산의 난이 일어났을 때 고구려 후예가 많이 살던 영주에서 이정기는 이들 세력을 바탕으로 '평로군 절도사 토벌대'에 참여했습니다. 이후 이정기는 평로군 절도사를 죽이고 사촌인 후희일을 절도사로 추대했습니다. 이정기는 후희일이 죽은 뒤 절도사가 되었는데, 처음 2개 주에서 시작한 평로군은 15개 주를 장악했고 군사는 10만에 이르렀습니다. 지배 면적과 백성의 수가 신라와 비슷한 정도였습니다. 당나라에서 절도사는 군사, 행정, 사법, 재정 등 모든 것을 장악했으니 그 지역에서 왕과 같은 지위였습니다. 실제로 이정기의 아들은 제나라를 선포하고 왕이 되었습니다. 당나라 정부는 이정기 세력을 통제하기 위해 군사를 보냈으나 패하면서 이정기-이납-이사고-이사도 4대 55년 동안 소왕국을 이어갔습니다. 하지만 당은 계속해서 군사를 보내 결국 819년 이정기 세력을 진압했습니다. 그런데 이 전쟁에서 평로군에 속하던 서주자사가 당나라에 귀순해 큰 공을 세웁니다. 이 서주의 부대가 바로 무령군이었고, 무령군의 소장이 장보고였습니다. 아마도 장보고는 군인으로 활동하면서 이정기 가문의 세력과 영향력을 주의 깊게 지켜본 것은 아닐까요.

동아시아의 해상왕이 되다

장보고는 이후 이 지역에서 네트워크 확보에 많은 관심을 가졌던 것으로 보입니다. 산동성 적산촌에 법화원을 설치해 활동 공간을 확보한 뒤 중국의 연안 지역을 두루 살폈습니다. 청해진 설치 전인 820년, 이소정을 일본에 파견하고 824년에는 직접 일본에 갔다는 기록도 있습니다. 당나라에 머물던 시기였던 만큼 무역을 염두에 두고 사전 작업 혹은 시범 사업을 했던 것은 아닐까요. 그러므로 갑자기 신라에 귀국해서 청해진이 필요하다고 한 것이 아니라 자신이 구상한 사업의 성공 가능성을 보고 신라로 귀국했다고 보는 것이 타당해 보입니다.

장보고는 828년 신라로 귀국했습니다. 이때 신라는 822년에 일어난 김헌창의 반란과 825년 그 아들인 김범문의 반란으로 경제, 사회, 군사적으로 곤경에 빠져있었습니다. 신라의 상황이 혼란스럽다보니 청해진 설치와 같은 파격적인 제안도 받아들여질 가능성이 높아졌던 게 아닐까요. 당시 신라는 서남해의 신라인이 당나라 해적에게 잡혀 노비로 팔려나가고 있던 상황이라, 이를 해결하겠다고 한 장보고의 제안에 솔깃했다고 볼 수 있습니다. 그리고 장보고의 제안대로 청해진이 설치되었습니다. 이때 장보고는 신라 정부와 협상에서 청해진 설치의 명분으로 서남해의 해적을 소탕하고 대신 청해진의 군사 활동과 경제적 이익에 대해 일정 부분 양해를 받았을 것으로 보입니다. 신라 조정에서 1만 명의 군사를 주었다는 역사 기록은 당시 상황을 고려해볼 때 장보고가 그 지역에서 이 정도 군사를 모아도 된다는 것으로 이해해야 할 것입니다. 그런 점에서 '청해진 대사'라는 신라 역사상 한 번도 등장한 적이 없는 특별한 이름의 관직을 제수 받은 것으로 보입니다.

청해진 설치 이후 장보고의 영향력이 얼마나 컸는지는 838년 일본의 승려 엔닌이 남긴 기록에서도 짐작할 수 있습니다. 장보고가 청해진에서 활동하던 시기에 중국에 머물던 일본의 승려 엔닌이 적산촌은 물론 유산 포, 장회포, 숙성촌, 초주, 양주 등에서 신라인, 장보고의 부하를 만났다는 기록을 남겨놓았습니다. 그런데 엔닌이 838년 당 유학길에 오르던 시기에 지쿠젠 태수로부터 장보고에게 전해줄 소개장을 받았는데, 이때 장보고는 신라의 청해진에 머물 때였으니 이 소개장은 쓰이지 못했습니다. 하지만 엔닌은 이 소개장, 정확하게는 장보고의 이름만으로 현지에서 유용한 도움을 받아 어려움을 이겨냈다고 기록하고 있습니다. 엔닌이 유학 길에서 만난 장영, 왕훈, 임대사, 통사通역사 등은 모두 장보고의 명을 받거나 연락 속에서 움직이는 인물이었습니다. 장보고의 영향력을 짐작할 수 있는 대목입니다. 단순하게 신라에서 무역선을 보내 현지에 있는 상인과 거래하는 정도였다면 이러한 상황은 생각하기 어려울 것입니다.

산동성의 후예들, 한반도에 영향을 주다

청해진에서 당나라에 파견하는 무역 선단의 우두머리는 대당매물사, 일본에 파견한 무역 선단의 우두머리는 회역사로 불렸으니 그 규모나 독자성이 일정 수준 이상이었을 것으로 보입니다. 이후 상황은 널리 알려진 것처럼 장보고가 신라 왕위 다툼에 휘말리고, 더 나아가 청해진을 두려워하던 문성왕이 염장을 보내 장보고를 암살한 뒤 청해진은 역사에서 사라지게 됩니다. 참고로 염장은 장보고의 부하로, 신무왕을 옹립할 때 신변 보호를 위해 장보고가 같이 보냈는데, 경주에서 머무는 사이 신라의 이익을 대변하는 인물이 된 것입니다. 《삼국사기》를 보면 장보고가 죽자 청해진의 모든 세력이 진압되고 남아있던 사람들은 전라도 김제 지역으로 보내진 것으로 나옵니다. 그런데 부장이었던 이창진이 반란을 일으켰고 몇몇세력은 중국이나 일본으로 피신했습니다. 최운(최훈)은 중국으로, 이충과 양원은 일본으로 떠났다는 기록이 있습니다.

폐쇄적일 것 같은 고대 사회는 생각보다 열려있었습니다. 그렇다고 하더라도 이국 땅에서 네트워크를 만들어내는 것이 어려웠던 시절, 장보고가 자신의 탁월한 역량을 더 펼쳐지지 못한 것은 아쉽기만 합니다.

5. 조선인 121명이 '겨울 없는' 하와이로 떠난 까닭은?

안창호와 한인합성협회

#한반도 최초의 공식이민, 하와이 #10시간 이상의 혹독한 사탕수수 노동 #그럼에도 조국의 독립운동에 적극 참여한 하와이 한인 노동자들

조선인의 하와이 이민 경로(조선 20세기)

근대 역사는 개방의 역사이기도 합니다. 그래서 많은 외국인이 들어왔고 또 많은 조선인, 대한제국인이 해외로 나갔습니다. 이처럼 숱한 이주, 이민은 있었어도 한인들이 나라 밖으로 '공식이민'을 떠난 것은 이때가 처음이었습니다. 1902년 12월의 일입니다. 인천을 떠나 일본을 거쳐, 하와이로 121명이 첫 공식이민을 떠났습니다.

살기 위해 배를 타다

1900년경 대한제국은 여러 곳에서 문제가 터져 나오고 있었습니다. 특히 민생은 말이 아니었습니다. 몇 년째 이어진 가뭄에 굶어죽고, 콜레라의 창궐로 많은 사람이 목숨을 잃었습니다. 그러자 이민이 하나의 선택지로 등장한 것입니다. 우리나라의 지리적 특성상 중국, 일본 외에는 다른 나라와 교류가 없었고 농업이 주업이었으니 우리 땅에 대한 애착이 강했습니다. 그런데도 이민을 선택할 만큼 살기 힘들었던 것이지요.

물론 이보다 앞서 만주나 연해주 이민이 있긴 했지만 상황이 조금 달랐습니다. 이들 지역은 조선, 대한제국의 국경과 닿아있어서 익숙하기도 하고 원한다면 언제든지 고향으로 돌아올 수 있다고 생각할 만한 곳입니다. 그러므로 미국 하와이로 떠나는 것은 각오나 마음가짐이 더 각별할 수밖에 없었습니다. 그런데 하와이로 그보다 먼저 들어간 한국인이 있긴 했습니다. 1898년 이후 중국인 노동자의 틈에 끼어 하와이로 들어간 소수의 한국인이 인삼 장사를 하고 있었습니다.

그런데 1902년 하와이 이민의 성사 배경에는 대한제국의 상황 때문만

이 아니라 하와이의 요구도 있었습니다. 1850년대부터 하와이는 사탕수수 농장으로 큰돈을 벌었습니다. 이 시기 유럽인에게 설탕은 귀한 상품이라 인기가 높았습니다. 그런데 설탕을 만드는 사탕수수 농장은 대체로 노예의 노동력에 의존했는데, 1840년대부터 각 나라가 노예 해방을 선언하면서 새로운 노동력이 필요해진 것입니다. 이때 사탕수수 농장주들이 눈을 돌린 것이 바로 중국인 노동자였습니다. 1852년부터 중국인 노동자가 들어왔으나 너무 한 나라의 노동력에 의존하는 것은 위험하다고 보고, 1885년부터는 일본인 노동자들을 불러들였습니다. 하지만 그 수가 또 하와이 전체 노동자의 70퍼센트에 이르는 6만 명 이상이 되자, 일본인 노동자들이 자주 파업을 일으키며 농장주와 대립하는 일들이 벌어졌습니다. 그러자 하와이 사탕수수 농장주들은 일본인 노동자를 대체할 새로운 노동자로 한국인에 눈을 돌리게 된 것입니다.

하와이 농장주들은 노동자들을 새로 모으기 위해 당시 미국 공사인 알렌에게 주선을 요청했습니다. 이 과정에서 알렌의 요청에 따라 대한제국은 이민을 담당할 관청을 세웠습니다. 바로 민영환이 총재로 있던 유민원(한자는 '수민원綏民院'으로 읽어야 하나 당시 유민원으로 읽었다고 함)인데, 유민원은 '백성을 편안하게 하는 관청'이란 뜻입니다. 그런데 당시 하와이 이민은 미국의 법에 따르면 계약이민, 단체이민으로 불법이었습니다. 그래서 이민자를 개별로 모으느라 모집 광고를 냈던 것입니다. "하와이에는 추운 겨울이 없어 1년 내내 일할 수 있으니 돈을 쉽게 벌 수 있다"면서, 의식주와 의료비를 농장주가 지원한다고도 했습니다. 그러나 이러한 광고를 내도 이역만리 하와이로 떠나려는 사람이 없자 미국에서 온 선교사들이 나섰습니다. 인천의 감리교단 교회였던 내리교회의 존스 선교사를 중심으로 이민자들을 모집했습니다. 이렇게 해서 1902년 12월 22일, 새로운 인생을 찾고자 하는 121명을 실은 일본 배 현해탄호가 나가사키로 떠났고 여기서 신체검사를 통과한 102명이 다시 갤릭호를 타고 하와이 호놀룰루 항에 도착했습니다. 다만 여기서도 건강 문제로 86명만이 상륙할 수 있었습니다.

노동 착취에서 사진 신부에 이르기까지

이민자들이 도착한 하와이는 광고와 달랐습니다. 농장에서는 이름 대신 번호로 불리며 하루 10시간 이상 노동해야 했습니다. 임금은 50~80센트였는데 이 돈으로는 돈을 모으기가 쉽지 않았습니다. 더 나은 조건을 요구하면 일본인 노동자가 투입되었고 말 탄 기마 감독의 감시를 받으며 잠시도 쉴 수 없었습니다. 그럼에도 하와이 이민은 이어졌으니 1905년 대한제국에서 이민을 금지할 때까지 7,400여 명이 하와이에 노동자로 떠났습니다. 1905년 대한제국의 이민 금지령은 당시 있었던 멕시코의 사기 이민을 막는 것을 명분으로 내세웠으나 일본 정부와 그 영향을 받은 통감부가 하와이의 일본인을 위해 한국인의 하와이 이민을 막으려고 한 것입니다.

그런데 이 시기에 하와이로 간 이민자의 혼인 문제가 심각했습니다. 초기 하와이 이민자의 성비가 남자가 여자보다 10배가 많았기 때문입니다. 이때 미국은 일본인의 이민을 금지했는데 이미 정착한 남자들의 부인은 데려올 수 있도록 했습니다. 이에 따라 일본 노동자들은 편법을 써서 사진으로 부인을 고르고 법적으로 혼인을 한 뒤 하와이로 들어오게 했습니다. 한인들도 이 사진 신부의 방식을 활용했는데, 이렇게 사진만으로 선을 본 여성 900여 명이 1910년부터 1924년까지 하와이와 미국 본토로 떠났습니다. 물론 사진만 보고 결혼했기 때문에 여러 문제가 생겼습니다. 신부들은 잘살아보겠다는 마음으로 갔지만 신랑 될 사람은 궁핍하게 살고 있었고, 나이 차이가 많이 나는 경우도 흔했습니다. 그렇지만 당시 여성들은 혼인만이 목적이 아닌 외국 생활, 교육을 통한 자기 발전 등을 염두에 두고 미국으로 떠나기도 했습니다.

하와이에 노동을 위해, 혹은 혼인을 위해 이민을 떠난 한인들 가운데 2천여 명은 1903년 이후 귀국했고, 1천여 명의 한인은 하와이를 떠나 샌프란시스코로 갔습니다. 이렇게 해서 남은 4~5천 명의 한인은 하와이에 터전을 만들고 새로운 한인 사회를 만들어갔습니다.

조국은 지켜주지 못했으나, 한국인으로 살아간 사람들

이때 하와이, 샌프란시스코 한인의 중심에 등장한 인물이 도산 안창호 선생입니다. 안창호 선생은 미국으로 가는 길 망망대해에 지쳐있다 하와이 섬을 보고 '힘들어도 우뚝 서리라'는 마음으로 자신의 호 '도산島山'을 만들었습니다. 안창호 선생은 사람들과 힘을 합쳐 1909년 하와이의 한인 합성협회와 샌프란시스코의 공립협회를 통합해 '국민회'로, 1910년 대동보국회와도 합치며 '대한인국민회'를 만들었습니다. 대한인국민회는 미국 정부의 인정 속에서 준 정부기관의 역할을 했습니다. 처음 미국의 한인 사회는 하와이로 한정되었지만 이후 샌프란시스코, 다시 동부의 뉴욕까지 이어지며 그 활동 공간이 넓어지게 되었습니다. 이들은 비록 미국에 살고 있었지만 여전히 한국인의 정체성을 갖고 있었습니다. 이는 당시 이 지역 한인 단체가 발행하는 여러 신문을 비롯해 '대한인국민회'를 바탕으로 미국의 여러 지역, 국내의 독립운동 세력과 연결되었기 때문입니다.

미주의 한인들과 관련하여 1908년 특별한 사건이 샌프란시스코에서 일어났습니다. 바로 장인환, 전명운 의사의 스티븐스 사살 의거입니다. 미국인 스티븐스는 일본의 외교 고문이란 이름으로 일본의 대한제국 지배의 정당성을 주장하고 다녔습니다. 1908년 3월 샌프란시스코에 온 스티븐스는 이전처럼 신문과 인터뷰, 강의를 통해 일본의 한국 침략을 정당화했습니다. 스티븐스는 일본이 한국을 보호국으로 만든 뒤 한국에게 유리한 점이 많아졌다, 일본이 한국을 통치하는 것이 미국이 필리핀을 통치하는 것과 같고, 한국인 농부가 일본인을 환영한다고 얘기하며 다닌 것입니다. 무엇보다 스티븐스는 이완용 같은 충신이 있음을 한국인은 다행으로 여겨야 하며, 이토 히로부미 같은 통감이 있어서 한국에 큰 행복이 된다며 얘기하고 다녔습니다. 이를 참을 수 없었던 샌프란시스코 한인들이 스티븐스에게 항의했지만 스티븐스는 이를 거절했습니다. 그러자 한인 가운데 일부가 스티븐스를 향해 주먹을 휘두르거나 의자를 던지는 일이 벌어졌습니다. 겁을 먹은 스티븐스는 다음날, 샌프란시스코를 빠져나가려고 부두에 나타났는데, 이때 장인환, 전명운 두 의사도 현장에 나왔습니다. 먼저 전명운 의사가 스티븐스를 향해 총을 쏘았으나 불발하자 전명운 의사와 스티븐스는 서로 뒤엉켜 싸웠습니다. 조금 뒤에 나타난 장인환 의사가 세 발을 쏘았습니다. 첫발은 전명운 의사의 어깨에 맞았고 다른 두 발이 스티븐스의 복부를 관통해 병원에 실려간 스티븐스는 이틀 뒤 죽었습니다. 이 사건으로 두 의사는 현지에서 재판을 받았는데, 먼저 스티븐스와 싸우다가 총상을 입은 전명운 의사는 석방되었고, 장인환 의사는 2급 살인죄로 25년을 선고받고 10년 뒤 모범수로 석방되었습니다. 참고로 두 의사의 의거는 연해주까지 전해지며 1909년 10월 안중근 의사가 하얼빈에서 이토 히로부미를 사살하는 사건에도 영향을 끼쳤습니다.

두 의사의 의거는 당시 이민자들이 생각한 정체성이 무엇인지를 보여줍니다. 처음에는 삶을 개척하기 위해 노동자로 하와이에 왔던 사람들이 1905년 을사늑약, 1910년의 국권피탈을 겪으며 이민자에서 망명자로 처지가 바뀐 것입니다. 이때 이들은 미국에서 이방인으로 살아갈지언정 조국이 없어진 현실을 받아들이기 힘들었을 것입니다. 고향을 잃은 상실감에 크게 분노하고 이를 바로잡기 위해, 2세들의 미래를 위해 독립운동에 적극적으로 참여했습니다. 처음에는 자치단체인 동회를 만들었던 하와이 한인들이 정치조직인 신민회, 독립운동의 바탕이 될 합성협회, 더 나아가 대한인국민회를 만드는 데 총력을 기울였습니다. 하와이 한인의 수는 많지 않았지만 대한민국임시정부를 비롯해 여러 독립운동 단체에 지원을 아끼지 않았습니다. 이렇게 독립운동을 하며 한인으로서 정체성은 더욱 강해졌고 세계의 한인들과 동질감을 가지게 되었습니다. 나라에서 온전하게 지원할 수도, 지켜줄 수도 없어 그들은 고국을 떠났으나 나라 밖에서 여전히 '한인'으로 살아갔던 것입니다.

6. 쿠바 한인들, 임시정부에 독립자금을 보내다

임천택과 대한인국민회

#멕시코의 에네켄 농장에서 쿠바의 사탕수수 농장으로 #임시정부에 독립운동 자금을 보내다 #체 게바라, 피델 카스트로와 함께 쿠바 혁명을 이끈 임은조

조선인의 멕시코·쿠바 이동 경로(조선 20세기)

근대 독립운동의 역사에서 한국인들의 활동 공간은 대체로 중국과 일본은 물론 만주나 연해주, 중앙아시아까지 넓힐 수 있습니다. 그런데 김구 선생이 쓴 《백범일지》를 보면 의외의 지명과 인명이 나옵니다. 대한민국 임시정부에 독립자금을 보낸 분들의 이름 중에 '쿠바' 임천택이라는 이름이 있습니다. 2024년 2월에야 정식으로 외교 관계를 맺은 쿠바가 근대 역사에 등장했다는 점에서 흥미롭습니다. 한편으로 우리 동포가 어떻게 쿠바에 살게 되었는지도 궁금해집니다.

거짓 광고에 속아 멕시코로 향하다

이민이 낯선 우리나라에서 대규모 이민이 등장한 것은 1860년대였습니다. 흉년에 기근으로 간도, 만주, 연해주로 확대되었습니다. 공식적인 이민은 1902년 미국 하와이의 사탕수수 농장으로 떠난 것이었습니다. 당시 하와이 당국은 계약 이민을 불법으로 간주하고 있었으나 대한제국 정부는 유민원을 설치하여 이민 업무를 맡아보도록 했으니, 불법과 합법 사이의 이민이라고 할 것입니다. 하지만 하와이 이민과 차원이 다른 불법 이민, 곧 사기 이민이 있었으니 바로 1905년에 있었던 '묵서가^{멕시코}' 이민입니다. 신문 등을 통해 황당한 거짓 광고를 냈는데, 당시 〈황성신문〉을 보면 이런 내용이 나옵니다. "묵서가는 미합중국과 이웃한 문명 부강국이니 부자가 많고 가난한 사람이 적어 노동자를 구하기 극히 어려우므로 그곳에 가면 반드시 큰 이득을 볼 것이다"라고 했습니다. 이것은 멕시코 국적의 영국인 이민 브로커 존 마이어스가 1904년 한국에 와서 벌인 일입니다. 이러한 광고에 속은 한인들은 당시 대한제국과 외교 관계도 없던 멕시코로 이민을 떠나게 되는데, 단 1회에 1,033명이 출발했습니다. 하와이 이민이 한 번에 100명 안팎이었던 것을 고려하면 굉장한 규모였습니다. 이때 멕시코로 출발한 이민자는 남자 702명, 여자 135명, 어린이 196명 이었다고 합니다. 여기에는 대한제국 퇴역 군인도 200여 명이 포함되어 있었습니다. 이렇게 멕시코의 유카탄반도에 도착한 한인들은 다시 22개 농장으로 나뉘어 배치되었습니다.

멕시코로 간 한인들은 에네켄^{애니깽}이라고 하는 용설란 농장에서 일했는데 사탕수수 농장과는 비교하기 어려울 정도로 위험하고 힘든 작업이었습니다. 이 이민은 대한제국에서도 문제가 되어 조사에 들어갈 정도였으나 현지 브로커의 농간으로 제대로 된 조사가 이뤄지지 못했습니다.

쌀 한 숟갈씩 모아 독립자금을 보내다

멕시코로 이민 간 한인들은 4년의 계약기간이 끝난 뒤 고국으로 돌아가는 것을 포기했습니다. 계약이 끝난 지 얼마 지나지 않아 나라가 국권을 빼앗기자 고국으로 돌아가는 대신 멕시코에서 어려운 삶이나마 이어가자고 한 것입니다. 그리고 1921년 일부는 멕시코를 떠나 쿠바로 다시 이민을 떠났습니다. 쿠바 마나티 항구에 도착한 한인들은 모두 288명 이었으니 한인의 활동 공간에 카리브해의 나라, 쿠바가 등장한 것입니다. 멕시코의 한인들이 쿠바로 가고자 했던 이유 가운데 하나가 에네켄 농장 일이 너무 힘들어 쿠바의 사탕수수 농장에서 일하고자 했던 것입니다. 하지만 1920년대 설탕의 국제 시세가 하락해 22센트 정도였던 설탕 1파운드 가격이 3센트까지 폭락했습니다. 결국 쿠바에 간 한인들은 다시 에네켄 농장에서 한동안 일해야 했습니다.

한인을 괴롭힌 것은 노동의 어려움만이 아니었습니다. 멕시코에서도, 쿠바에서도 일본 영사관이 한인을 일본인이라고 주장하며 일본인으로 등록하려고 했습니다. 그러나 현지에 있던 한인들이 강력하게 반발했고 마침 대한인국민회의 쿠바 지회가 생기며 한인으로 정체성을 유지해 갈 수 있었습니다. 나라는 사라졌으나 국민은 남아있었던 것입니다. 쿠바의 한인들은 대한인국민회를 통해 대한민국임시정부를 알게 되었고 한국의 독립운동에 지지와 자금을 보냈습니다. 쿠바 한인들의 중심인물이 바로 임천택입니다.

임천택은 멕시코에 도착했을 때 3살이었고, 쿠바에 도착했을 때는 19세의 청년이었습니다. 임천택의 주도로 쿠바의 대한인국민회 지회인 마탄사스 지회에서 지방회 경비로 2만 원을 출연했습니다. 이 경비 가운데 1,500원 정도를 8년 동안 대한민국임시정부에 독립운동 자금으로 보낸 것입니다. 이 내용이 바로 《백범일지》에 기록으로 남아있습니다. 또 동학, 천도교에 깊은 감명을 받아 천도교 교구 격인 천도교종리원을 쿠바에 세우기도 했습니다. 천도교에는 밥을 지을 때 쌀 한 숟가락씩 덜어낸 것을 교회에 성금으로 냈는데, 이러한 방식으로 당시 국내에 보낼 독립운동자금을 모았다고 합니다.

이역만리에 있었던 쿠바 한인들은 국내 정세, 국내 독립운동 소식에 귀를 기울였습니다. 1929년 광주학생운동 소식을 들은 쿠바의 한인들은 특별후원금 100달러를 모아서 보냈습니다. 그리고 쿠바에 민성국어학교 등 우리말과 한글, 한국사를 가르치는 학교를 세워 한국인으로서 정체성을 이어가고자 노력했습니다. 그러나 쿠바 국민으로 살아가야 하는 현실은 녹록치 않았습니다.

쿠바 혁명가가 된 조선의 후예

임천택 선생의 아들 임은조가 이러한 예를 보여줍니다. 임은조는 쿠바 이름 헤로니모 임으로 널리 알려져 있는데, 체 게바라, 피델 카스트로와 함께 쿠바 혁명을 주도한 인물입니다.

대학생 때 관리들이 주민 구호품을 빼돌리는 걸 보고 항의 집회를 열어 구속될 만큼 정의감이 넘쳤던 그는, 출감 후 아바나대 법학과로 옮겼고 여기서 동갑인 피델 카스트로와 운명적으로 만났습니다. 쿠바 혁명이 성공한 이후 체 게바라가 산업부 장관을 지낼 때 헤로니모 임은 차관급에 해당하는 직을 맡아 4년 동안 일하며 쿠바의 중요한 정치인으로 부상했습니다. 공직도 소도시 시장을 맡는 등 요직에서 일하며 쿠바 정부가 주는 10여 개의 훈장을 받았습니다. 하지만 1980년대 쿠바에 경제 위기가 닥치자 택시 운전을 하며 생활전선에 나서게 되었고 아버지가 하던 일을 이어받아, 쿠바 한인의 정체성을 찾기 위해 쿠바한인회 구성에 나서기도 했습니다. 이후 임천택이 독립유공자로서 건국훈장 애국장을 추서받자 2004년 헤로니모 임은 아버지의 유해를 대전 국립현충원 애국지사 묘역에 안장했습니다. 멕시코를 거쳐 쿠바로 떠난 임천택은 독립유공자가 되어 한국에 묻힌 것입니다.

한편 1905년 4월 멕시코행 배에 올랐던 1033명의 이민 1세대 가운데 살아서 조국 땅으로 돌아온 사람은 단 한 명도 없었습니다.

7. 가출 소년, 러시아 독립운동의 대부가 되다

최재형과 연해주 도회소

#가출 소년에서 성공한 사업가로 #안중근과 함께 의병을 조직한 최재형 #연해주를 기반으로 중국과 미주에서 독립운동을 하다

최재형의 연해주 이동 경로(1869년)

2023년 러시아 연해주의 독립운동가였던 최재형 선생의 부인, 최 엘레나 페트로브나 선생의 유해를 키르기스스탄에서 모셔와 국립서울현충원에 부부를 합장했습니다. 최재형 선생이 1920년 일본군에게 희생되었으니 100여 년 만의 해후입니다. 연해주는 함경도와 평안도 북쪽에 살던 사람들이 압록강과 두만강을 건너 새로운 삶을 살기 위해 찾아간 곳입니다. 이후 독립운동의 터전이 되었고 임시정부까지 세운 곳입니다. 그 연해주의 삶은 어떠했을까요.

황무지를 개척한 연해주의 한인들

연해주는 1860년 베이징조약으로 청으로부터 할양을 받아 러시아 영토가 된 곳입니다. 연해주의 면적은 16만 6천 제곱킬로미터로 한반도의 3분의 2 정도입니다. 주도는 블라디보스토크이며 연해주의 대표 도시로는 우수리스크, 하바롭스크 등이 있습니다. 연해주 서쪽으로는 중국, 남쪽으로는 두만강 하류 지역으로 한반도와 연결됩니다. 러시아의 연해주 획득으로 한국은 처음 러시아와 영토를 마주하게 되었습니다. 러시아의 영토가 된 연해주는 19세기 말까지 인구밀도도 낮고 개발도 더뎌서 만주와 마찬가지로 한인의 개척으로 개발되었습니다.

1863년에 크라스키노의 지신허에 마을을 이룬 것이 최초의 연해주 이민이라고 볼 수 있습니다. 1900년경에는 지신허 일대 인구가 1,600명을 넘었다고 하니 다른 연해주 지역까지 본다면 한인의 이민 규모가 상당했을 것으로 보고 있습니다. 1919년 세 개의 임시정부(러시아 노령정부, 중국 상하이정부, 서울 한성정부) 가운데 하나로 알려진 노령정부(러시아^{노서아} 영토에 있다고 해서 노령이라는 이름을 붙임. 대한국민의회라고도 부름)가 다른 임시정부에 비해 활약이 뚜렷했던 것은 당시 10만 명에 이르는 이 지역 한인의 지원 덕분이었습니다. 1893년 연해주의 한인들은 러시아 국적을 취득하게 되었는데, 이 과정에서 한인들의 자치도 이뤄졌습니다. 한인 자치행정조직인 도회소가 설치된 것입니다. 도회소 책임관리자는 도헌^{都軒}이라고 했는데, 도헌으로 있던 인물이 바로 최재형 선생입니다.

가출 소년, 성공한 사업가가 되다

최재형 선생은 1860년 함경북도 경원에서 태어났지만 1869년 가족 전체가 연해주 지신허로 이주했습니다. 하지만 최재형 선생은 형수의 심한 구박으로 굶기를 밥먹듯 하다가 11살에 가출했는데, 한참을 걷다가 해변에 쓰러진 것을 러시아 상선의 선원들이 구조했다고 합니다. 러시아 상선의 선장과 부인은 어린 최재형을 구한 것은 물론 대부와 대모가 되었습니다. 이들 부부의 도움으로 최재형 선생은 러시아어를 비롯해 러시아 상층 가문에서 이뤄지는 교육을 받을 수 있었습니다. 17살 되던 해에 선장의 추천으로 무역회사에서 일하게 되었고, 성인이 되어서 연해주 연추로 돌아온 최재형 선생은 당시 연해주 개발에 참여한 한인 노동자를 위해 러시아어 통역을 맡았습니다. 이 과정에서 말이 통하지 않아 생겼던 문제들을 해결하고, 부당한 대우를 받던 한인 노동자들의 처우를 개선하며 러시아 당국은 물론 한인들 사이에서도 인기가 높아졌습니다. 그리고 자치

조직인 도회소의 책임자인 도헌이 되어 한인의 주요한 지도자가 되었습니다. 당시 연해주에 주둔한 러시아군에게 꼭 필요한 것이 바로 소였는데, 최재형 선생은 소를 납품하는 사업을 하고, 벽돌공장을 경영하기도 했습니다. 이를 통해 큰 부를 축적한 것으로 알려져 있습니다.

안중근 의사를 지원하다 재판 없이 총살당한 최재형

러시아에 이주한 성공한 사업가로서 활동하던 최재형 선생은 1905년 을사늑약 소식을 들은 뒤 삶의 방향이 달라지기 시작했습니다. 또 1907년 이상설 선생이 헤이그 특사의 일원으로 참석했지만 실패한 것과 이상설 선생이 연해주에서 활동하던 독립운동가였다는 것이 최재형 선생에게 영향을 끼친 것으로 보입니다. 1908년 최재형 선생이 주축이 되어 연해주 일대에서 의병을 조직한 것입니다. 이때 의병부대의 대장 가운데 한 명이 안중근 의사였습니다. 최재형 선생은 의병 전쟁을 지원하기 위해 별도로 동의회를 조직하고 1만 3천 루블의 거금을 냅니다, 여기에 이위종 선생이 1만 루블을 기부했고 연해주 일대 한인들이 6천 루블을 모금했습니다.

그러나 연해주 지역에도 일본의 압박이 강해졌고 러시아도 한인들의 독립운동에 제약을 가하기 시작했습니다. 의병장으로 큰 성과를 거두지 못한 안중근 의사는 다른 방식으로 독립전쟁에 나서게 됩니다. 이때 안중근 의사에 대한 지원 역시 최재형 선생의 몫이었습니다. 그리고 안중근 의사가 하얼빈 의거에 성공하자, 일본은 이 지역 한인의 지도자였던 최재형 선생을 제거하기 위해 러시아 당국을 압박하고 각종 공작을 벌였습니다.

일본은 최재형이 러시아에도 위험한 인물이니 외국으로 추방해야 한다고 했던 것입니다. 일본의 압박은 제1차 세계대전에서 러시아와 일본이 동맹국이 되며 더욱 강해졌고 1916년에는 최재형 선생이 일시적으로 감옥에 갇히기도 했습니다.

1917년 러시아 혁명이 일어나면서 분위기는 달라졌습니다. 볼셰비키 정부가 러시아 내 각 민족의 자치를 인정하면서 한인사회도 안정을 되찾는 것처럼 보였습니다. 그러나 러시아 내 반혁명 세력과 연합한 일본은 1920년 4월 초, 연해주 일대를 습격해 러시아 혁명 세력, 한인 지도자들을 학살했습니다. 이때 우수리스크의 최재형 선생 집에도 일본군이 들이닥쳤습니다. 최재형 선생은 동지들과 함께 재판도 없이 일본 헌병대에 총살을 당했습니다.

흔적없이 사라져가는 연해주의 한인들

최재형 선생의 유해는 일본군이 기록을 남기지 않은 탓에 찾을 수가 없었습니다. 1962년 최재형 선생이 건국훈장을 받으며 1970년 국립서울현충원에 허묘를 만들어놓았습니다. 그런데 이 과정에서 소련과 수교 전이라는 것을 악용해 어떤 인물이 가짜 후손 행세를 했습니다. 1990년 소련과 외교 관계 수립 이후에야 비로소 가짜 후손이라는 것이 밝혀졌습니다. 그런데 그 사건이 일어난 뒤 최재형 선생의 허묘가 없어진 것입니다. 행정 착오가 있었던 것으로 보이는데, 국립묘지법에 따르면 묘를 복원하기 위해서는 유해가 있어야 한다는 조항 때문에 복원할 수가 없었습니다. 이 문제를 해결하기 위해 국가보훈부는 국립묘지법을 개정했는데, 유해가 없는 순국선열의 경우 위패와 함께 배우자의 유골을 합장할 수 있도록 했습니다. 이에 따라 중앙아시아로 강제로 이주된 뒤 1952년 키르기스스탄에서 생을 마감한 부인 최 엘레나 선생의 유해를 모셔와 두 분의 합장묘를 만들 수 있게 되었습니다. 그런데 비용이 문제였습니다. 최 엘레나 선생은 20년 넘게 남편의 독립운동을 도왔지만 독립유공자로 서훈을 받지 않은 상태라 비용을 국가에서 부담할 수 없었습니다. 결국 최재형기념사업회가 모금에 나서고 국가보훈부가 지원하여 이 일을 성사할 수 있었습니다. 그리고 최재형 선생이 순국한 곳으로 추정되는 우수리스크 최재형 기념관 근처의 흙도 함께 담아 조국에 모셔온 의미를 더했습니다.

최재형 선생의 삶을 통해 당시 연해주로 이주했던 한인의 삶을 짐작할 수 있습니다. 연해주 블라디보스토크에는 신한촌이란 곳이 있었는데, 이름에서 짐작할 수 있듯이 새로운 한국을 꿈꾸며 만든 한인 집단 거주지였습니다. 그러나 연해주에 러시아(그리고 소련)의 압박이 심해지며 한인으로 살기가 어려워졌습니다. 일부는 러시아 국적을 취득했지만 한인이라는 정체성은 잊지 않았습니다. 만주의 독립운동 단체는 연해주를 근거지로 무기를 사 모을 수 있었고 많은 독립운동가가 연해주를 발판으로 중국과 미주에서 활동했습니다. 그러나 지금 연해주에 한인의 흔적은 많이 남아 있지 않습니다. 여기에는 비극적인 사건 하나가 관련되어 있습니다.

8. 스탈린의 잔인한 강제 이주, 6,000킬로미터의 한인 대장정

중앙아시아의 고려인

#블라디보스토크에서 중앙아시아로 #하루 200킬로미티씩, 한 달 동안 총 6,000킬로미터를 이동해야 했다 #기억해야 할 이름 '고려인'

연해주 한인들의 카자흐스탄 강제 이주 경로(1937년)

국경선을 넘어 이주한 한인들의 삶에서 선사 시대 사람들의 모습이 떠오릅니다. 혹독한 자연환경을 이겨내고 마침내 인간다운 삶을 후손들에게 전해준 선사 시대 사람들처럼 초창기 이주 한인들은 황무지 땅을 개간하고, 현지인의 냉대와 차별 속에서도 꿋꿋하게 삶을 이어갔기 때문입니다. 중앙아시아라는 낯선 땅에 도착한 이주 한인들도 예외는 아닙니다. 이 지역의 한인들을 '고려인'이라고 부르는데, 우리에게는 빅토르 초이라는 소련 음악계의 독보적인 슈퍼스타가 고려인이었다는 것 정도로 알려졌습니다. 그러다가 2021년 봉오동, 청산리 전투에서 대한독립군을 이끌었던 홍범도 장군의 유해를 카자흐스탄에서 모셔오게 되면서 본격적으로 그 존재가 알려졌습니다. 그런데 '고려인'이라 불리는 중앙아시아 지역의 한인들은 어떻게 그 먼 곳까지 가게 된 것일까요?

하루 200킬로미터를 한 달 동안 이동한 고려인

중앙아시아 한인들은 원래 동북아시아인 연해주 일대에 살고 있었습니다. 1930년대에 이르러 일부는 러시아로 귀화했고, 일부는 그대로 한인으로 살아갔습니다. 그런데 1937년 한인들에게 청천벽력 같은 일이 일어났습니다. 동북아시아의 정세가 심상치 않게 돌아가는 상황에서 당시 소련의 지도자였던 스탈린이 생뚱맞은 결정을 내린 것입니다. 1937년 일본이 중일전쟁을 일으키자, 스탈린은 일본의 식민지인 한반도와 인접한 연해주의 한인들이 첩자로 이용될 가능성이 있다고 보았습니다. 또 단단한 공동체를 유지하고 있던 한인들을 부담스럽게 생각했던 것으로 보입니다. 당시 연해주의 한인들은 초등학교 300여 개를 세워 2만 2천 명의 학생에게 모국어인 한국어로 교육했습니다. 그리고 한인 교육전문학교 두 곳, 고등농업학교, 한인사범학교까지 갖추고 있었던 것입니다. 이들 한인을 위협으로 받아들인 스탈린은 일본의 간첩행위가 극동지방에 침투하는 것을 막는다는 명분으로 연해주의 모든 한인을 중앙아시아로 강제 이주시켰습니다.

당시 소련 인민위원회 자료를 보면, 연해주 극동지방에 있는 한인들을 카자흐스탄, 우즈베키스탄으로 즉시 이주시켜 1938년 1월 1일까지 작업을 종결하도록 했다는 내용이 있습니다. 문서상으로는 한인들이 재산을 가지고 갈 수 있도록 하고 현지에서도 지원과 보상계획이 있었으나 '즉각적인 강제 이주' 부분만 계획대로 되었을 뿐 그 외에는 지켜진 것이 하나도 없었습니다. 이렇게 시작된 한인의 이주 과정은 참혹했습니다. 한인의 이주는 1937년 9월부터 11월 사이에 블라디보스토크에서 하바롭스크 사이의 기차역에서 비밀리에, 한 지역씩 전격적으로 이뤄졌습니다. 그리고 한인 지도자였던 지식인 2,500여 명은 사전에 전격적으로 처형되었으니 소련 당국은 한인들을 마치 포로처럼 다룬 것입니다. 이주 명령을 받은 한인들에게 허락된 시간은 단 24시간이었고 이주 목적, 목적지도 알 수 없었습니다. 그러나 이 짧은 시간에 추수는 못하더라도 씨앗은 챙기는 등 농사에 대한 집념을 보여준 한인이 많았습니다. 이렇게 전시 작전하듯이 실시한 이주 과정이니 당연히 많은 희생자가 나왔습니다. 당시 평균 이주 거리는 6,000킬로미터, 하루 200킬로미터씩 이동했으니 대략 한 달이 걸렸습니다. 가축 운반차를 개조한 객차에 20~30명을 태웠으며 추위와 굶주

림에 시달리다 어린이와 노인들이 집단으로 사망하는 일이 비일비재했습니다. 당시 총 이주 한인의 수는 17만 명이 넘었는데, 이주 과정에서만 1만여 명이 목숨을 잃었습니다.

이렇게 생과 사의 경계를 넘나들며 도착한 곳은 한겨울의 사막 카자흐스탄의 우슈토베였고, 소련 당국은 천막 하나 외에는 아무것도 지급하지 않았습니다. 결국 처음 얼마 동안은 토굴을 파서 버텨야 했고 시간이 지난 뒤에 마구간을 개조해 겨울을 나야 했다고 하니 그때 희생자는 정확하게 파악하기도 어려울 정도입니다. 이후 한인들은 우슈토베에서 다시 카자흐스탄의 쿠스타나이, 카라간다, 크질오르다, 우즈베키스탄의 타슈켄트, 사마르칸드 등 두 나라 5개 지역으로 분리, 배치되었습니다.

소련의 해체 속에서 또 한 번의 고통을 겪다

강제 이주, 분리 배치 이후 한인들의 거주 이전은 불허되었는데, 거주 이전의 제한은 스탈린이 사망한 1953년까지 16년 동안 유지되었습니다. 한인들은 겨우 일궈놓은 연해주를 떠나 중앙아시아로 강제 이주된 이후 다시 생존에 급급한 처지가 되었습니다. 새로운 세대는 한국어를 배울 기회를 잃어버렸고 살아남기 위해 러시아어를 배워야 했습니다. 중앙아시아의 한인들은 거주 이전의 제한이 풀리자 인근 도시로 이동하거나 혹은 조금 더 살기 편한 나라인 키르기스스탄 등으로 옮겨갔습니다.

중앙아시아의 한인들은 갖은 고생 끝에 경제적으로 어느 정도 안정적인 생활을 유지하게 되었고, 1990년 한국과 소련이 외교 관계를 맺자 자신들의 정체성에 대해 고민하기 시작했습니다. 보통 러시아와 중앙아시아의 한인을 고려인으로 표기하는데, '소비에트 한인'이란 뜻으로 '카레이스키'로 표기하기도 했습니다. 1988년 서울올림픽을 전후해서 이 지역 한인 협회에서는 '고려인'이라고 쓰기 시작하고, 1993년 '고려인'이란 호칭을 스스로 선택하며 공식화합니다. 곧 남한의 한국, 북한의 조선이라는 표기와 다른 고려인이란 호칭을 선택한 것입니다. 그러나 중앙아시아 한인들에게 또 변화를 요구하는 일이 일어났습니다.

1991년에 소련, 곧 소비에트 연방의 해체입니다. 고르바초프의 개혁 개방 정책이 처음 생각했던 성과를 거두지 못하자 군부를 중심으로 쿠데타가 일어났고, 다시 옐친을 중심으로 하는 급진파가 이들을 진압하는 과정에서 소련이 해체된 것입니다. 이 과정에서 독립국가연합이 결성되며 중앙아시아의 여러 나라가 독립을 했습니다. 그런데 이들 나라들이 독립과 함께 자신들의 정체성을 찾으려고 했으니 그 가운데 하나가 종교인 이슬람교이며, 다른 하나는 모국어였습니다. 곧 스스로 소련 사람이 되고자 했으며 러시아어를 썼던 한인들에게 다시 시련의 시기가 닥친 것입니다. 이들 중앙아시아 나라에서는 러시아어를 쓰는 한인들을 배척하는 일이 일어났고 또다시 삶의 터전을 지키는 것조차 어렵게 된 것입니다. 이 때문에 다시 현지어를 배우며 적응하고 살아가는 사람도 있었으나 한편으로는 다시 러시아로 이주하거나 아예 미국과 캐나다와 같은 서방 국가로 이민하는 사람들도 생겨났습니다.

이와 같은 중앙아시아 한인들의 어려움은 우리에게 뒤늦게 알려졌습니다. 냉전체제 속에서 소련의 영토 안에 살고 있었기 때문이고, 우리가 알고자 하는 노력도 부족했던 것이 사실입니다. 우리가 봉오동 전투, 청산리 대첩을 배우고 자랑스러워했으나 그 중심에 있었던 홍범도 장군에 대해서는 관심을 두지 않았으니 역사를 편식했다고 할 수 있습니다. 조금 뒤늦었으나 홍범도 장군의 유해 봉환 그리고 최근 불거진 홍범도 장군 흉상 이전 문제를 계기로 홍범도 장군과 같은 공간에서 한인으로서의 정체성을 잊지 않기 위해 노력했던 중앙아시아 한인들의 삶과 역사에 관심이 필요해 보입니다.

9. 한인 노동자 35명이 파리에 정착한 사연은?
황기환과 재법한국민회

#서른일곱의 젊은 나이에 죽은 '대한인 황기환' #러시아 한인 노동자들의 프랑스 이주를 돕다 #파리에서 대한의 독립을 해마다 알린 재법한국민회

러시아 한인 노동자의 프랑스 이동 경로(1919년)

조선의 독립을 위해 임시정부에 독립자금을 기부한 한인들 중에는 재법한국민회가 있습니다. 프랑스 파리 동부에 위치한 쉬이프라는 작은 마을에 살았던 이들은 유럽 최초의 한인단체를 꾸렸고, 매해 3월 1일이 되면 3.1절 행사를 했다고 합니다. 재법한국민회는 흥미로운 부분이 있는데, 이들이 한반도에서 유럽으로 이주한 것이 아니라 러시아에서 이주를 해왔다는 것입니다. 어떻게 이들은 러시아에서 유럽으로 향한 것일까요? 먼저 이들의 이주를 도운 인물이 있는데 바로 황기환 선생입니다.

황기환, 미국과 유럽을 오가며 활약하다

황기환 선생은 유럽의 대한민국임시정부 한국대표부에서 일했습니다. 널리 알려진 것처럼 한국의 독립 의지를 세계에 알리기 위해 여운형 선생은 신한청년당을 구성한 뒤 파리강화회의에 김규식 선생을 파견했습니다. 이후 3.1운동이 일어나고 대한민국임시정부가 수립되자 김규식 선생의 직함은 대한민국임시정부 외무총장, 파리강화회의 대한민국위원 겸 대한민국 파리주재 파리위원부 대표위원이 됩니다.

유럽에서 한국의 독립을 위한 외교를 담당할 파리위원부는 처음에 김규식 선생, 헐버트 박사만 있었으나 김규흥, 이관용, 황기환이 도착하며 제대로 진용을 갖출 수 있었습니다. 그런데 김규식 선생이 1919년 8월 파리를 떠나 미국으로 간 뒤 돌아오지 않았고, 이관용 선생도 파리위원부를 사임하면서 1919년 후반부에는 파리에 황기환 선생이 중심이 되었습니다. 원래 황기환 선생의 주 활동 무대는 미국이었습니다. 1886년경 평안남도 순천에서 태어나 1904년 미국으로 건너가 공립협회에서 활동했습니다. 1917년 제1차 세계대전 당시 미군에 지원병으로 들어가 유럽의 전장에서 중상자 구호를 담당했습니다. 1918년 11월 제1차 세계대전이 끝났을 때 미군 지휘관의 허락을 받고 임시정부 파리위원부에 합류한 것입니다.

황기환 선생은 전문 외교관은 아니었지만 김규식, 이관용 선생이 부재하면서 파리위원부의 서기장이란 직함으로 책임자를 맡게 된 것입니다. 이때 유럽 언론과 한국 교민을 대상으로 한 신문에 '한국과 일본이 화해하는 유일한 방법은 한국이 독립하는 것'이라는 취지의 글을 기고하기도 했습니다. 1921년 4월 황기환 선생은 런던 경찰국에 소환되는 일이 있었습니다. 영국에 온 일본 왕자 히로히토를 암살하려 한다는 혐의였습니다. 별다른 혐의가 없어서 풀려나긴 했으나 활동의 제약이 생기자 1921년 8월 미국으로 건너갔습니다. 이후 뉴욕과 런던을 오가며 외교활동을 하던 중 1923년 4월 서른일곱 살 젊은 나이에 뉴욕에서 심장병으로 죽음을 맞이했습니다.

러시아 한인 노동자가 파리에 정착한 사연

황기환 선생의 활동 가운데 인상적인 것이 있습니다. 제1차 세계대전 당시 러시아 무르만스크에는 한인 노동자 500명이 철도 노동자로 일하고 있었습니다. 이들 가운데 상당수는 독립운동 자금을 만들기 위해 만주나 블라디보스토크 등에서 노동자로 온 사람들입니다. 그런데 제1차 세계대전이 끝나고 연합군의 일원이었던 영국이 이 지역을 철수하면서 이들 가운데 1차로 200명을 에든버러로 데리고 간 것입니다. 당시 영국과 동맹을 맺었던 일본은 이들을 식민지 조선으로 보낼 것을 요구했고, 일부 한인은 이를 거부하고 유럽에 남을 수 있도록 요청했습니다. 그러자 황기환 선생이 영국 외무부, 프랑스 노동부와 교섭한 지 한 달 만에 영국에 도착한 노동자 가운데 35명을 프랑스 파리로 데려오는 데 성공했습니다. 그리고 파리 동북부의 작은 마을 쉬이프에 도착한 한인들은 '재법한국민회'를 구성했습니다. 나중에 발견된 이들의 신분을 적은 문서에는 국적이 한국, 곧 COREE로 적혀있었습니다. 재법한국민회는 독립자금을 모아 대한민국임시정부에 보냈고, 매년 대한의 독립을 만방에 알리며 3.1절 기념행사를 열었습니다. 최근에 재법한국민회 2대 회장을 역임했던 홍재하 선생이 독립유공자로 인정받으며, 재법한국민회의 역사를 조금 더 입체적으로 이해할 수 있게 되었습니다.

민국 오년에 영면한 대한인 황긔환

한동안 황기환 선생의 활동 내용은 물론이고 황기환 선생의 존재도 한국에서는 잘 알려지지 않았습니다. 그런데 뉴욕 한인교회의 장철우 목사가 우연히 교회 신도 명부를 정리하는 과정에서 황기환 선생의 묘지가 뉴욕에 있음을 확인한 것입니다. 곧 장철우 목사는 교회 청년들과 함께 황기환 선생의 묘지를 찾아 여러 곳을 헤맨 끝에 뉴욕 퀸즈의 마운트 올리벳 공동묘지에서 황기환 선생의 무덤을 찾아냈습니다. 그 묘비에는 이렇게 적혀있었습니다.

'대한인 황긔환지묘 민국오년사월십팔일영면'

황기환 선생은 마지막까지 대한인으로 살았던 것입니다. 이에 따라 연호도 1919년을 1년으로 하는 민국 5년, 곧 1923년을 이렇게 표현했으니 당시 대한민국임시정부가 연 새로운 시대를 독립운동가들이 어떻게 생각했는지 짐작해볼 수 있습니다. 장철우 목사의 노력으로 찾아낸 황기환 선생을 국내로 안장하고자 했으나 국적 등의 문제로 쉽지 않았습니다. 우리나라의 국가보훈처(현 국가보훈부)가 법원에서 허락을 구하기 위해서 국내에서는 국적 회복을 위한 호적을 새로 만들었습니다. 이를 바탕으로 뉴욕의 담당 기관과 협의 끝에 대전현충원에 안장할 수 있게 되었는데, 이때 황기환 선생의 호적에 들어간 주소가 서대문구 통일로 279-24입니다. 바로 국립대한민국임시정부기념관 주소입니다. 임시정부 외교관으로 활동했던 황기환 선생, 곧 '대한인 황긔환'에게 어울리는 주소라는 생각이 듭니다.

10. 윤동주와 송몽규가 태어나고 자라고 묻힌 곳
연변조선족자치주와 명동학교

#남한 면적의 43%나 되는 연변 #명동학교, 독립운동가를 다수 배출하다 #잊지
말자, 일본의 야만적인 생체실험

연변 한인들의 이동 경로(1880년대)

일제강점기에 중국 길림지린성에 위치한 용정룽징에는 대한민국의 독립을 위해 헌신한 분들이 많았습니다. 그중에 대표적인 인물이 바로 시인 윤동주입니다. 한국인이 가장 사랑하는 시 〈서시〉를 지은 윤동주 시인은 독립을 상징하는 인물로서, 또 감성이 풍부하고 맑은 생을 살았던 시인으로서 많은 사람이 좋아하고 존경합니다. 그래서 시인의 발자취가 남아 있는 곳을 찾아 기념하는 모습도 많이 볼 수 있습니다. 윤동주 시인의 발자취는 국내뿐 아니라 국외에도 여러 곳 있습니다. 국내에는 연세대학교 안에 윤동주 기념관이 있고 종로에는 윤동주 문학관과 시인의 언덕이 있습니다. 일본에는 윤동주 시인이 공부했던 도쿄와 교토의 대학 그리고 1945년 2월 생을 마감했던 후쿠오카 감옥 유적도 있습니다. 그리고 윤동주 시인이 태어났고 잠들어 있으며 어린 시절의 추억이 서린 곳이 바로 중국 길림성의 용정입니다.

이러한 사실이 알려지며 최근에는 꽤 많은 사람이 윤동주 시인을 찾아 중국의 용정을 찾아갑니다. 그런데 여기에 갔던 사람들이 조금 의외의 표기를 보고 당황하게 됩니다. 윤동주 시인의 생가터 앞에 커다란 표석 때문인데, 거기에는 이렇게 적혀있습니다.

'중국 조선족 애국 시인 윤동주 생가'

한국인이라면 '조선족 윤동주'라는 낱말에 약간의 충격을 받게 됩니다. 하지만 이 일은 윤동주 시인의 문제뿐 아니라 이 시기 활동했던 독립운동가를 어떻게 보아야 하는가 하는 문제도 연결되어 있습니다. 먼저 용정을 포함하는 연변조선족자치주의 역사를 간단하게 알아보면 좋을 것 같습니다.

독립운동사에서 빠져서는 안 될 명동학교 사람들

1952년에 수립한 연변조선족자치주는 지금 6개의 시와 2개 현으로 구성되어 있습니다. 6개의 시는 연길, 돈화, 화룡, 용정, 도문, 훈춘이며 2개의 현은 왕청, 안도입니다. 전체 면적은 4만 3,000제곱킬로미터로 남한 면적의 43퍼센트 정도라고 할 수 있습니다. 자치주 수립 당시만 해도 조선족의 수가 많았으나 최근에는 한족의 비율이 훨씬 높아졌습니다. 이러한 내력을 가진 연변에 도착하면 반가운 것이 있는데, 한글이 곳곳에 눈에 띈다는 점입니다. 연길 공항을 비롯해 각 도시에 한글과 중국어가 병기된 간판을 볼 수 있습니다. 그래서 간판만 보고 우리말이 통할 거라는 생각으로 상점에 들어갔다가는 말이 통하지 않아 고생하기도 합니다. 최근 조선족의 숫자도 줄어들고 한글 표기 우선에서 중국어 표기 우선으로 바뀌어서 앞으로는 분위기가 달라질 것이라는 반갑지 않은 전망도 있습니다.

이 연변 일대에서 처음 우리 민족이 터를 잡은 곳 가운데 하나가 용정입니다. 그리고 용정에 이웃한 마을이 명동촌입니다. 1880년대부터 용정 일대로 한인들이 새로운 삶을 찾아 모여들었고, 1899년 김약연을 중심으로 네 가문의 140여 명이 함경도 일대에서 지금의 명동촌으로 이주했습니다. 그리고 용정에 이상설 선생이 세운 신식 학교 서전서숙이 문을 닫자, 명동촌에서는 이를 이을 새로운 학교를 지었습니다. 바로 명동서숙인데, 명동학교로 이름을 바꾸었습니다.

명동학교는 용정뿐 아니라 멀리 함경도에서도 유학을 올 정도로 명문으로 소문이 났습니다. 명동학교가 자리를 잡는 데는 김약연 선생의 역할이 컸습니다. 유능한 교사를 초빙하는 것이 학교의 수준을 높이는 것이라고 보아서 신민회의 교육 책임자 정재면 선생을 초빙하는 등 교사 확보에 노력을 기울였습니다. 그래서 명동학교 교사 중에는 유명한 인물이 많았습니다. 역사학자 황의돈, 한글학자 장지연 등이 명동학교 교사로 활동했습니다. 교과 과목 중에서 한글과 역사를 중요하게 생각해서, 명동학교 출신 가운데 독립운동에 투신하는 사람들이 여럿 나왔습니다. 만주 일대에서 교사가 되거나 독립군이 된 사람은 물론 영화감독이자 배우로 유명한 나운규, 문익환 목사, 최초의 한인 비행사 중 한 명인 서왈보도 명동학교 출신입니다.

일제의 희생양이 된 윤동주와 송몽규

윤동주도 이러한 분위기 속에서 명동학교를 다녔습니다. 명동학교는 학생이 늘어나자 미주 지역 동포의 도움으로 학교 건물을 크게 짓기도 했습니다. 그러나 일본에게는 눈엣가시 같은 곳이었으니 간도 참변 당시 일본군에 의해 방화를 당했고 이후 명동학교는 쇠락을 거듭하다가 1925년 문을 닫았습니다. 지금 용정에서 볼 수 있는 명동학교는 1918년 당시 모습으로 재현해놓은 것입니다. 일종의 전시관이라고 할 수 있는데, 학교 건물

내부에는 당시 모습을 재현한 여러 전시물이 있습니다.

명동학교 인근에는 윤동주 생가터와 송몽규의 집이 있습니다. 이곳 역시 1980년대 새로 지어서 옛 모습 그대로는 아닙니다. 그래도 윤동주와 송몽규를 기억할 수 있는 곳이어서 많은 사람이 방문하는 곳입니다. 널리 알려졌듯이 윤동주와 송몽규는 사촌입니다. 송몽규의 어머니 윤신영이 바로 윤동주의 고모입니다. 두 사람은 같은 집에서 태어나 일생동안 거의 같은 공간에 있었습니다. 성격은 서로 달랐는데, 송몽규는 조금 활달했던 반면 윤동주는 조용한 성격이었습니다. 명동학교를 졸업하고 용정을 떠난 두 사람은 평양의 숭실학교, 서울의 연희전문도 같이 다녔습니다. 일본 유학에서도 같은 학교를 지망했습니다. 그런데 송몽규가 교토 제국대학에 합격하고 윤동주가 제국대학 입학시험에 떨어지면서 도쿄의 릿쿄 대학에 들어갔습니다. 그러나 윤동주가 다시 교토의 도시샤 대학으로 옮기면서 두 사람은 다시 '교토'라는 공간에 같이 머물게 되었습니다. 윤동주는 영문학을, 송몽규는 서양사를 전공했습니다.

그런데 1943년 두 사람이 일본 경찰에게 체포됩니다. '재교토 조선인 학생 민족주의 그룹 사건'에 연루되었다는 이유에서였습니다. 이름만 보면 거창한 사건처럼 보이지만 송몽규를 주시하던 일본 경찰이 한국 유학생 몇 명을 스터디 모임을 이유로 체포한 것입니다. 실제로 이 사건으로 체포된 학생은 모두 3명에 불과했습니다. 그리고 재판을 통해 실형을 받은 사람은 두 사람뿐이었으니 바로 윤동주와 송몽규였습니다. 이에 따라 2년의 징역형을 선고받고 후쿠오카 감옥에서 복역하게 된 것입니다. 2년형이라면, 비록 억울한 일이긴 하지만 길지 않은 수감 생활이라 출옥 이후 삶을 생각할 수 있었을 것입니다. 하지만 두 사람은 살아서 감옥을 나오지 못했습니다. 두 사람이 생체실험의 대상이 되어 1945년 2월에 윤동주가, 그리고 3월에 송몽규가 생을 마감했으니까요.

사인이 생체실험 때문이란 것은 먼저 죽은 윤동주의 시신을 인도하기 위해 가족이 감옥을 찾았을 때 송몽규가 이야기하면서 알려지게 되었습니다. 결국 두 사람의 유해는 가족들에 의해 수습되었고 고향인 연변의 명동촌 뒷산, 곧 용정 일대 한인들의 공동묘지에 묻혔습니다. 두 사람은 같이 태어나고 같이 자라고, 같이 공부하고 또 같이 묻힌 것입니다.

지금 윤동주의 묘비에는 '시인윤동주지묘'가, 송몽규의 묘비에는 '청년문사송몽규지묘'란 글귀가 적혀있습니다. 다만 이전에는 몇 개의 이정표를 통해 쉽게 찾아갈 수 있었으나 요즘에는 별도의 안내자가 없으면 무덤을 찾기 어려워졌습니다.

안창호 선생이 두 개의 국적을 가진 이유

윤동주와 송몽규의 무덤 옆에도 중국 당국이 세운 표지에 '중국 조선족 애국시인'이라는 표현이 있습니다. '조선족'이란 표현과 관련해서 일제강점기 전후, 국외에서 활동하는 독립운동가의 국적 문제를 알아보면 좋을 것 같습니다. 일제강점기 전후 국외에서 활동하던 상당수의 독립운동가가 활동 지역 나라의 국적을 취득했습니다. 이는 현실적으로 그 나라에서 살아가야 한다는 문제와 함께 일본의 국민이 될 수 없다는 저항의 의미도 포함되어 있습니다. 외국 국적을 가지긴 했으나 조국을 가슴 속에

품고 있었다는 것을 우리가 잊으면 안 되는 부분입니다. 도산 안창호 선생도 1932년 상하이에서 체포당할 당시 중국 국적이었습니다. 이를 근거로 일본 경찰의 체포를 거부하고자 했으나 일본은 이를 무시하고 국내로 송환했고 결국 서대문형무소에 갇히고 말았습니다. 당시 일본은 한국인(당시 표현으로는 조선인)에게 일본의 국적을 명확하게 부여하지 않았습니다. 곧 1909년에 만든 민적법에 따라 조선인의 호적을 관리했습니다. 그러므로 안창호 선생을 일본인이라고 한 일본 경찰의 말은 억지에 불과합니다. 엄밀하게 말하면 안창호 선생은 조선인이며 중국 국적을 가진 이중 국적자가 되는 셈입니다. 곧 일제강점기 '조선인'이었습니다.

이러한 역사적 배경을 생각하면 국외에서 활동하다가 생을 마감한 한인과 독립운동가에 대해 국가적인 노력이 필요하다는 생각이 듭니다. 1948년 대한민국 정부수립 이후에 만들어진 국적법에는 국외 독립운동가들이 한국 국적을 회복하는 것이 쉽지 않았습니다. 당시 국적법에 따르면 대한민국 국민이 되기 위해서는 부모가 대한민국 국민이거나, 혹은 한국으로 귀화해야 합니다. 그러므로 1948년 이전에 서거한 독립운동가로 가족이 외국에 살고 있다면 대한민국 국적을 취득할 수 없게 된 것입니다. 이러한 독립유공자의 국적 문제는 국민의 정서는 둘째치고 돌아가신 독립운동가 당사자와 가족에게는 현실적으로 중요한 문제였습니다. 당사자의 국적이 없으니 호적을 만들 수 없고 호적이 없으니 가족관계 등록을 할 수 없게 된 것입니다. 예를 들어 신채호 선생의 자녀는 한동안 아버지가 없는 어머니의 자식으로 살아가야 했습니다. 이러한 문제를 뒤늦게 인식하고 2009년 〈독립유공자법〉을 개정했습니다. 이에 따라 후손들이 가족관계 등록을 할 수 있도록 한 것입니다. 2009년 신채호 선생을 포함해 62분, 그리고 2022년에 윤동주, 송몽규 등 무호적 독립유공자 156분이 국적을 회복했습니다. 그런데 앞에서 살펴본 용정의 윤동주 시인 생가터에 '조선족 애국시인' 표석을 세운 것은 2012년입니다. 이 역시 잘못된 표현입니다. '조선족'이란 말은 중국^{중화인민공화국}이 1958년, 호적조례를 만들 때 생겨난 말입니다. 윤동주가 살아있던 1945년에는 '조선족'이란 말이 아예 없었던 것입니다.

독립유공자들의 국적과 명예를 회복하는 일은 세월이 흘렀어도 반드시 해야 할 일입니다. 그분들의 잃어버린 정체성을 찾아드리는 일이고, 조국을 위해 헌신한 그분들에게 예의를 갖추는 일입니다.

4부

'제국'의 선을 넘어
'민국'을 탄생시킨 생각들

– 자유와 독립, 인간다운 삶을 향한 거침없는 도전

세계 역사와 마찬가지로 우리 역사에서도 보이지 않는 선이 존재했습니다. 이 선은 당시 시대가 만든 장벽으로, 그 한계를 뛰어넘기 어렵거나 때로는 불가능한 것이었습니다. 고대 사회에서는 신라의 골품제 등 여러 신분제도가 그러했습니다. 또 여성과 아이에 대한 차별도 그중 하나입니다. 기술이 발달하지 않는 상황에서 동아시아 밖으로 나가는 일은 드문 일이었고, 조선 사회에 이르러서도 중국과 북방 유목민족 그리고 일본이라는 좁은 세계 속에서 좀더 나은 삶을 고민해야 했습니다.

하지만 역사의 흐름은 이러한 선을 하나씩 없애는 방향으로 나아갔습니다. 신분의 등급이 만든 한계, 남녀의 성별이 만든 차별, 동아시아라는 좁은 공간 속 생각 등은 시간이 흐르면서 부조리하고 낡은 틀로 인식이 되었고 새로운 생각들이 우리 사회를 지배하게 되었습니다.

물론 근대 사회에서도 우리는 넘어야 할 선이 한두 겹이 아니었습니다. 봉건 사회의 불합리한 선이 존재했고, 제국주의 침략이 만들어놓은 폭력적인 선이 존재했기 때문입니다. 우리는 이 금기의 선들에 맞서기 위해 자유와 평등의 가치로 무장했습니다. 때로는 종교나 교육의 힘을 빌리기도 했고, 때로는 새롭게 들어온 사상과 문학도 큰 힘이 되었습니다.

관습적으로, 혹은 강압적으로 그어놓은 선을 처음 넘었을 때 우리가 치러야 할 대가는 가혹했습니다. 그러나 새로운 세상을 만들겠다는 신념을 가진 사람들이 처벌과 죽음을 각오하고 금기의 선을 넘었습니다. 혹독한 어려움 속에서도 자발적으로 나아갔고, 앞장 선 사람들을 보며 뒤에 선 사람들도 용기낼 수 있었습니다. 이제 우리는 이러한 역사 속 선을 넘은 사건을 찾아보려고 합니다.

물론, 과거의 금기가 하나둘씩 없어지더라도 완전히 자유롭고 평등한 세상이 온 것은 아닙니다. 새로운 금기가 생기고 부당한 차별이 종종 나오고 있습니다. 오늘날의 부조리한 선들을 없애기 위해서라도 우리는 과거를 돌아볼 필요가 있습니다.

1. 곤장 100대를 각오한 원주 소녀의 선 넘는 여행
조선의 여성 이동 금지법

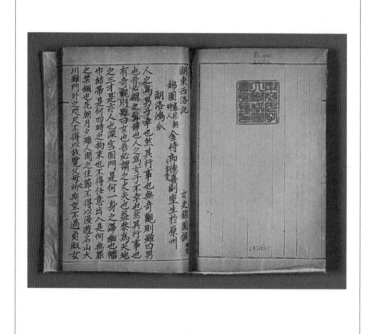

#여성이 여행하는 것만으로 처벌을 받아야 했던 시대 #단양과 금강산과 관동 8경을 거쳐, 평양과 의주와 서울까지 #후대여, 자신을 위한 삶을 살아라

김금원의 《호동서락기》(1830년)

가끔 조선시대를 배경으로 한 드라마에 남장한 여성이 등장하곤 합니다. 남장한 주인공은 여러 고비를 넘기며 목표한 일을 해내지요. 이를 통해 조선시대 여성의 사회활동에 금기란 이름으로 갖가지 제약이 있었음을 찾아내게 됩니다. 우리 시대를 몇 십 년 뒤 사람들이 본다면 어떻게 평가할지를 생각하며 다시 돌아보게 되는 것도 이런 드라마가 주는 메시지 가운데 하나일 듯합니다. 그런데 드라마 속 남장 여성이 조선시대에 실제로 있었을까요? 다행히 몇 개의 기록을 찾을 수 있는데, 그중 흥미로운 인물이 바로《호동서락기》를 지은 김금원입니다. 원주 소녀 김금원은 스스로 남장을 했다는 사실을 기록으로 남겼는데, 그 이유가 바로 '여행'이었습니다. 요즘 생각하면 사소해 보이는 목표였지만, 당시 현실을 알게 되면 이는 아주 위험한 도전이었습니다.

여성의 여행은 사치, 곤장 100대에 처한다

김금원은 14살 되던 해 여행을 떠나기로 결심하고 남장을 합니다. 이는 단순히 여행의 편리함을 위한 것만은 아니었습니다. 조선시대 여성은 '여행을 하는 것'만으로 처벌을 받았기 때문입니다.《경국대전》에 "부녀로서 절에 올라가는 자, 사족 부녀로서 산천에서 놀이를 즐기는 자는 곤장 100대에 처한다"라고 명시되어 있습니다. 이러한 법 조항의 배경에는 풍속을 해치거나 사치를 금한다는 이유가 붙었겠으나 여성들의 사회적 활동을 제약하고자 하는 유교적 경향이 심해진 데서 비롯한 것입니다. 조선 초기만 해도 부녀가 나라에 큰 행사가 있으면 구경을 다니기도 하고 또 봄에 좋은 경치를 찾아다니는 것이 보통이었습니다. 그런데 이것을 세종 때 금지했고 이 내용이 《경국대전》에 실린 것입니다. 그러므로 조선 후기는 여성이 여행을 하겠다는 생각조차 하기 어려운 시대였지요. 그런데 김금원은 자신이 쓴 책에서 여행에 대한 소견을 이렇게 표현하고 있습니다.

"가만히 내 인생을 생각해보았다. 금수로 태어나지 않고 사람으로 태어난 것이 실로 다행이요, 사람으로 태어났으되 야만인이 사는 곳에 태어나지 않고 우리나라와 같은 문명국에 태어난 것은 더욱 다행스러운 일이다. 그러나 남자로 태어나지 않고 여자로 태어난 것은 불행이요, 부귀한 집안에 태어나지 못하고 가난한 집안에 태어난 것도 불행이다. 그러나 하늘은 나에게 산수山水를 즐기는 어진 성품과 눈과 귀로 듣고 볼 수 있는 능력을 주어 다만 산수를 즐기는 데 그치지 않고 고절하게 보고 듣게 해주었으니 얼마나 다행인가?"

여느 조선의 여성과 달리 김금원은 자신의 바람을 실행에 옮기고자 한 것입니다. 그런데 김금원이 이때 서둘러 여행을 떠나기로 마음을 먹은 데에는 또 하나의 이유가 있었습니다. 김금원은 기생 집안이었는데(최근 연구에 따르면 김금원은 금앵이란 관기가 되었다가 김덕희의 첩이 된 것으로 보인다) 15세가 되면 기생으로서 살아야 하는 운명이었습니다. 마지막 남은 일년 동안 자신의 뜻대로 살아보고자 부모에게 허락을 구했던 것입니다. 조선 사람이라면 꼭 가봐야 하는 곳, 금강산을 다녀오겠다고. 마지못해 딸의 청을 들어준 부모는 안전을 이유로 얼음이 녹은 뒤 떠나라고 했습니다. 그러나 여행이란 그렇게 기다려서는 떠나지 못하게 될 수도 있다고 생각한 김금원은 부모를 설득해 원주에서 남쪽인 제천을 먼저 살피는 것으로 타협하고 집을 나섰습니다. 김금원은 제천의 의림지를 시작으로 단양의 상선암, 중선암, 하선암, 사인암을 둘러보았습니다. 영춘^{단양}에서는 동굴을 보았으며 청풍의 옥순봉을 보았으니 대략 지금의 단양 8경을 두루 본 셈입니다. 그리고 금강산을 둘러본 뒤 남쪽으로 관동 8경을 구경했습니다. 이 가운데 총석정을 감명 깊게 보았다고 기록으로 남겨놓았는데, 이후에야 고향인 원주로 향했습니다. 이 과정에서 김금원은 여행의 묘미를 제대로 즐긴 것 같습니다. 제천에서는 물고기를 사서 회를 해 먹기도 하고, 아름다운 풍경을 보며 먹을 갈아 시를 짓기도 했습니다. 또 금강산 장안사에서는 산채가 풍성한 점심상을 대접받아 먹기도 했습니다.

금기를 넘어선 김금원, '후대여 나를 기억하라'

여행이 끝나자 김금원은 일상으로 돌아왔습니다. 원주 감영의 관기로서 금원이 아닌 '금앵'으로 살아간 것입니다. 시재가 뛰어났던 김금원, 아니 금앵은 사대부 사이에서 인기가 높았던 것 같습니다. 김금원은 김덕희란 양반의 첩이 된 뒤 다시 여행을 시작할 수 있었습니다. 김덕희의 부임지를 따라 가는 길이 여행 목록에 추가된 것입니다. 김덕희가 의주부윤으로 부임하게 되자 김금원은 남편이 생활할 곳을 먼저 본다는 이유로 평양을 거쳐 의주까지 둘러보는 여정을 떠났습니다. 그리고 2년의 의주 생활이 끝난 뒤 한양으로 돌아왔는데, 이후 김금원은 김덕희가 한강에 지은 삼호정,

지금의 마포 도화동 인근에 있던 정자를 중심으로 시모임을 만들어 활동 했습니다. 동생인 김경춘을 비롯해 김운초, 박죽서, 김경산 등이 참여한 이 모임은 '삼호정시사'로 불렀는데, 모임에 참여한 이들은 대체로 김금원과 처지가 비슷한 여성들이었습니다. 이렇게 시사를 배경으로 다른 양반 남성 문인들과 교류하기도 했는데, 이런 작품 활동 속에서 지은 책이 바로 《호동서락기》입니다.

《호동서락기》는 그 이름에서 짐작할 수 있듯이 김금원이 여행한 지역을 포함하고 있습니다. '호'는 제천과 단양 일대를 가리키는 호서지역, '동' 은 금강산과 관동 8경의 관동지역, '서'는 평양과 의주를 포함하는 관서지역, 마지막으로 '낙'은 낙양서울입니다. 이 책에 김금원은 스스로 14살 나이에 여행을 떠난 것, 남편과 함께 부임지로 가는 길에 본 여정 등을 담았습니다. 이 책은 여행기를 기본으로 하되 각 여행지에서 지은 시문도 담았습니다. 그 내용 가운데 김금원이 책을 지은 이유를 이렇게 적었습니다.

"문장으로 써서 전하지 않는다면 누가 오늘날 금원이 있었음을 알 겠는가."

곧 글을 써서 자신이 직접 기록을 남기지 않는다면 세상이 자신의 존재를 알 수 없다고 본 것입니다. 이러한 자의식은 책 곳곳에 발현되어 있습니다. 자신의 호를 '금원'으로 지었으니 김금원은 여기에서 비롯된 이름입니다. 또 시문에 자부심이 있어서 '삼호정시사' 시절 교류하던 남성, 곧 양반들의 시문은 책에 싣지 않았습니다. 오직 자신과 벗의 시문만 담았습니다. 이와 같은 그의 삶과 태도를 보면 금기를 깨고 남장한 채 여행을 떠난 것이 우연한 일이 아니었음을 알 수 있습니다. 남편과 자식에게 헌신하는 삶을 한 개인의 목표로 삼았던 조선시대 부녀의 모습과는 크게 달랐습니다.

시대의 한계를 넘으려는 도전, 지금 우리는?

김금원은 자신을 위한 삶을 살고자 노력했습니다. 이를 위해 시대의 금기를 넘어야 했습니다. 그런데 그의 삶이 적어도 지금은 부럽지 않은 일이 되었습니다. 김금원 이후 많은 여성이 시대의 제약을 깨며 그 길을 열어왔고, 이제 여성들은 자유롭게 여행을 떠나 많은 것을 보고 느낄 수 있게 되었습니다. 그러나 김금원이 걸었던 길이 우리에게는 한계로 다가온 것도 있습니다. 김금원이 둘러본 금강산이며, 관동팔경 중 김금원이 감탄한 총석정을 비롯해 삼일포는 마음먹는다고 갈 수 있는 곳이 아닙니다. 또 관서지역인 평양과 의주^{신의주} 역시 마찬가지입니다. 그러므로 우리는 김금원이 겪었던 제약에서 벗어난 시대에서 살고 있으나 한편으로는 그가 살았던 시대에는 없던 새로운 금기가 생긴 시대에 살고 있습니다. 우리는 자유롭다고 생각했지만 생각지 못한 장벽이 있는 것입니다. 김금원을 보며 우리는 우리 시대의 금기를 김금원처럼 넘어서려는, 혹은 해결할 준비가 되어있는지 고민하게 됩니다.

2. 1896년 뉴욕,
민영환은 어떤 세계를 보았는가?

조선 근대화의 염원

#나라를 들어먹는 자에서 근대화의 선구자로 #세계의 큰 힘은 왕권이 아닌 국민에게서 나온다 #해결책은 있었으나 실현할 수 없었던 현실

민영환 사절단의 이동 경로(1896년)

2023년 러시아 모스크바 크렘린박물관이 한국에서 온 문화유산을 특별 전시한 적이 있습니다. 이들 유산은 조선의 고종이 러시아 니콜라이 2세 대관식에 사절단인 민영환 일행을 통해 보낸 선물입니다. 박물관에 전시된 문화유산에는 흑칠 나전 이층농, 사각형의 백동 향로 등 최고 수준의 공예품이 포함되어 있습니다. 또 이제까지 알려진 적이 없는 장승업의 작품 4점도 있었습니다. 〈노자출관도〉〈취태백도〉〈왕희지관아도〉〈고사세동도〉란 제목의 작품입니다. 흥미로운 것은 그림의 낙관 위에 '조선'이란 두 글자가 있는데, 이는 장승업이 외국으로 보낼 선물임을 알고 그림을 그렸다는 것을 보여줍니다.

고종이 이 귀한 선물들을 러시아에 보낸 이유는 무엇일까요. 당시 고종은 일본의 압박, 일본군의 침탈 속에서 위기를 실감하고 있었습니다. 1894년 경복궁 침탈, 1895년 을미사변을 겪으며 일본의 간섭이 극에 달한 것입니다. 1896년 고종은 경복궁을 탈출해서 러시아 공사관에 머물렀습니다. 이른바 아관파천입니다. 조선은 일본의 폭압에 맞서기 위해서라도 러시아의 힘이 필요했는데, 마침 니콜라이 2세 황제의 대관식을 맞이해서 고종은 러시아와의 각별한 관계를 만들고자 했던 것입니다.

총 11개국 방문, 204일간의 충격적인 여행

아관파천이 일어난 지 2달 뒤인 1896년 4월, 민영환은 사절단을 이끌고 러시아로 출발했습니다. 먼저 민영환 일행의 여행 여정은 다음과 같았습니다.

인천 제물포 - (러시아 군함 크레마지호) - 청나라 상하이 도착 - (영국 상선 황후호) - 나가사키, 요코하마, 도쿄 - 태평양 횡단(황후호) - 캐나다 밴쿠버 - (기차) - 뉴욕 - 대서양 횡단 (영국 상선 루카니호) - 영국 리버풀, 런던 - 네덜란드 플나싱 - (기차) - 독일 베를린 - 폴란드 바르샤바 - 러시아 모스크바, 상트페테르부르크 - (기차) - 시베리아 - (배와 마차) 아무르강 - 블라디보스토크 - (배) - 원산, 부산, 제물포

- 총 여행일 204일, 11개국 방문

이 일정에서 알 수 있듯이 민영환 사절단은 세계 일주를 했습니다. 처음 계획은 중국 상하이에서 인도양을 통해 유럽으로 가려고 했으나 부득이한 일정 변경으로 세계 일주가 된 것입니다. 덕분에 민영환 일행은 당시 산업혁명으로 큰 변화를 겪고 있는 미국과 유럽 등을 직접 목격할 수 있었고, 우리와 인접한 나라인 중국과 일본 그리고 한인들이 이주했던 러시아 연해주 일대를 모두 살필 수 있었습니다. 민영환은 204일 동안 세계를 둘러보고 큰 충격에 빠졌던 것 같습니다. 이 사절단 여정을 다녀온 이후 민영환이 크게 바뀌었다는 평가가 있을 정도입니다. 왕실의 외척인 그는 동학혁명 때만 해도 나라를 들어먹고 백성을 학대하는 자라는 비판을 받았습니다. 그러나 11개국을 다녀온 이후에는 평가가 확연히 달라진 것입니다. 이후 고종은 그를 군부대신으로 임명했고, 민영환은 러시아의 도움을 통해 구식 군대를 개혁하고자 했습니다. 또한 외세로부터의 독립과 자강 운동을 적극 지지하면서 민권의 신장과 의회 설치 등 대한제국의 근대화에 앞장섰습니다.

삶을 바꾼 여행, 민영환은 무엇을 보았는가?

그렇다면 민영환이 이 여행에서 보고 느낀 것은 무엇이었을까요. 이 부분은 자신이 쓴 기행문인 《해천추범》에 잘 나와 있습니다. 민영환은 상하이에 도착하고 청나라에서 본 서양 문물에 큰 관심을 보였습니다. 일본 도쿄에서도 근대화가 이뤄지고 있음을 확인하고, 다음과 같이 적었습니다.

"그저께 요코하마에 와서 잘 때 부두의 견고함, 누각의 집이 높고 큰 것, 잘 정돈된 가로, 전등과 가스등의 연결이 사람들로 하여금 눈의 경계가 갑자기 밝아지게 하였다. 그런데 도쿄에 들어오니 모든 설치와 배치가 정밀하여 날로 새롭다. 이는 모두 이 나라 사람들이 부지런히 서양의 방법을 공부하여 개명한 길로 나아갔기 때문인데, 남의 손을 빌리지 않았다."

민영환은 조선이 일본과 중국 등에 비해 변화가 늦었다는 것을 절감했습니다. 그러나 캐나다와 미국을 직접 본 그는 더 큰 충격을 받았습니다. 캐나다 밴쿠버에서 처음 탄 엘리베이터에 놀랐다면 뉴욕에서는 브로드웨이의 뮤지컬, 빌딩, 기차, 호텔, 큰 상점들, 센트럴 파크 등과 함께 한 도시에 300만 명이 산다는 사실에 놀랐습니다. 그리고 민영환이 진짜 충격을 받은 곳은 유럽이었습니다. 런던에 대해 다음과 같이 적었습니다.

"이 도시에 사는 사람은 500만이다. 거리와 시가의 상점, 집들, 차와 말 등이 뉴욕과 비슷하나 그 웅장함이 더하다. 땅은 좁고 사람이 많아 곳곳의 거리 위에는 땅을 파고 지하도를 몇 층으로 만들었다. 그 속에 또한 사람 사는 집이 있다."

이러한 문화충격은 독일 베를린에 도착해서도 비슷하게 나타납니다. 다만 폴란드에 대해서는 동질감을 느끼며 이렇게 표현하기도 했습니다.

"들으니 이곳은 옛날에 가장 개화한 자주국이었는데 백여 년 전 정치가 점차 쇠약해지고 벼슬아치들이 백성을 능멸하고 학대하여 내란이 수차례 일어나도 능히 다스려 안정을 취할 수 없었다. 결국 러시아, 오스트리아, 프랑스 세 나라가 그 땅을 나누었으니 이것은 가히 나라를 도모하는 자가 거울삼아 경계해야 할 것이다."

민영환 사절단은 여행에서 많은 것을 보고 느꼈지만, 정작 러시아 방문 과정에서 외교적인 성과는 크게 얻지 못했습니다. 모스크바 크렘린궁에서 열린 니콜라이 2세 대관식 식장에 들어가지 않기로 결정한 것에서 짐작할 수 있습니다. 대관식에 참여하는 외국 사절은 모두 모자를 벗어야 했는데 민영환 일행은 갓을 쓰고 갔기 때문에 난감한 상황이 된 겁니다. 결국 식장 밖에서 참여하는 형식이 되었습니다. 또 당시 아관파천이라는 비상 상황을 비롯해 조선을 둘러싼 아시아의 복잡한 외교상 문제를 풀어내기 위해서 각국은 정보수집전이 한창이었으나 민영환은 이에 대응하지 못한 것입니다. 민영환은 청의 이홍장李鴻章, 일본의 야마가타 아리토모 그리고 러시아 정부 인사들을 만났으나 대한제국의 중립화 등에 필요한 성과를 거두지 못했습니다. 더 나아가 이들은 아직 조선을 외교적 파트너로 생각하지 않았던 것입니다. 그나마 러시아 측의 배려로 사절단 일행은 한 달 반 정도 상트페테르부르크에 머물며 러시아의 근대화 성과, 특히 러시아 군제에 대해 많은 정보를 얻을 수 있었습니다.

그래도 귀국길에서 민영환 일행은 특별한 만남을 경험했습니다. 아무르 강까지 기차를 탄 뒤 배와 마차를 이용해 블라디보스토크를 경유해 조선으로 돌아가는 여정이었는데, 이 과정에서 연추크라스키노, 수청파르티잔스크, 추풍수이푼 등에서 한인들을 만난 겁니다. 이때 민영환은 1860년대 이후 연해주로 이주한 국외 한인들을 인식하는 계기가 되었습니다.

고종의 군부대신, 근대화의 선구자로 나서다

민영환 사절단은 결국 외교적으로 성과를 거두지 못했고, 서양에서 본 선진 기술과 문물을 보고 오긴 했지만 그것을 대한제국에 구현하기에는 기반 시설이 전무했습니다. 더구나 서양의 화려한 문화와 산업화의 바탕에는 근대화된 국민의 힘이 있었는데, 전제왕권을 공고히 하고자 했던 고종의 의도와는 거리가 한참 멀기도 했습니다. 세계는 대한제국이 생각했던 것보다 훨씬 큰 기술과 사상, 문화적 힘을 가지고 있었고, 대한제국이 세계와 어깨를 나란히 하기에는 현실적 제약이 명확했던 것입니다.

이후 민영환은 서양과 중국, 일본에서 본 경험을 소개하면서 근대화의 선구자로 나서게 됩니다. 새로운 사상을 가진 젊은 지식인들과 교류하며 대한제국의 미래를 치열하게 논쟁하기도 합니다. 당시 대표적인 젊은 인재인 이상재를 중용할 것을 고종에게 추천하기도 했습니다. 민영환은 전제 정부의 고관이면서도 근대적인 정치단체이자 의회 정치의 시행을 주장하는 독립협회를 지지하기도 했습니다. 하지만 고종은 독립협회를 해산시켰고, 민영환 역시 일시적으로 파면되는 등 정부의 핵심에서 멀어졌습니다.

이후 민영환은 몇 가지 업무를 맡게 되는데, 그 가운데 하나가 유민원 총재입니다. 유민원은 1902년 하와이 이민사업을 위해 만든 관청입니다. 민영환이 유민원 총재가 된 배경에는 이민 업무와 관련하여 연해주의 한인들을 만난 것과 관련성이 있지 않을까요. 고국, 고향을 떠나 러시아로 이주한 한인들을 보고 정부의 고관으로서 충격을 받았을 것으로 보입니다. 민영환은 이들과 면담하고 고충을 듣기도 했으며 더 나아가 이들의 상황을 정부에 알리기도 했으니까요. 그런 점에서 당시 고종이 볼 때 새롭게 진행하는 하와이 이민 업무를 맡기에 적절한 인물로 민영환을 선택한 듯 싶습니다. 이후 민영환은 을사늑약에서 외교권 박탈이라는 의미가 갖는 무거움을 절실하게 느낀 가운데 을사5적의 처단과 그 부당함을 세상에 알리고 자결을 선택했습니다.

3. 전봉준이 죽음을 각오한 재판을 강행한 이유

자유와 인권을 누릴 권리

#농민군이 아닌 청에 손을 내민 고종 #조선을 차지하려는 일본의 야욕에 빌미를 제공한 너무도 큰 오판 #농민군, 조선을 지키기 위해 일본과 결전하다

무라카미 텐신이 찍은 전봉준 장군(1895년)

동학혁명은 우리 근대 역사에서 중요한 사건이었습니다. 1894년 1년 내내 나라 전체를 휩쓸었던 혁명의 분위기는 이후 근대 역사에서 자주와 독립, 백성을 위한 나라로 나아가는 데 이정표가 되었습니다. 그래서 1894년 이전의 상황과 1894년 농민전쟁의 진행 과정은 연구 성과도 많고 잘 알려진 편입니다. 그런데 혁명의 중심인 전봉준 장군의 재판은 상대적으로 덜 알려져 있습니다. 전봉준 장군의 재판은 동학혁명이 왜 일어났으며 그 시기 나라가 어떤 위기에 처했는지를 잘 보여줍니다.

동학 농민군의 시작은 탐관오리의 부패와 폭정을 없애는 것이었습니다. 그러나 조선 정부는 우리 근대사에서 있어서는 안 될 결정적인 오판을 하게 됩니다. 백성들을 해산시키기 위해 외국군의 도움을 요청한 것입니다. 이로 인해 청일전쟁이 터지고 조선을 점령하고자 하는 일본의 야욕이 극에 달하게 됩니다. 이때부터 농민군은 목표를 바꾸었습니다. 조선 정부가 자신들을 버렸지만, 농민군은 조선을 위해 일본과 결전을 택한 것입니다. 그러나 가공할 만한 무기를 가진 일본군에 대항해서 농민군은 승리하지 못했고 결국 전봉준은 체포되고 맙니다. 그는 사형이 선고될 것임을 알고 있었지만, 끝까지 재판에 임했습니다. 재판 과정에서 전봉준은 일본의 요구를 수용하면서 형량을 줄일 수도 있었고, 굴욕적인 상황에서 벗어나기 위해 자결을 할 수도 있었습니다. 하지만 끝까지 재판에 당당하게 임했습니다. 그리고 거기에는 어떤 의도가 있었습니다.

농민의 요구를 짓밟은 고종의 잘못된 결정

1894년 동학혁명은 고부군수 조병갑의 탐학과 횡포에 반발해 시작하여 들불처럼 퍼져 나갔습니다. 제폭구민(폭정을 없애고 백성을 구함), 보국안민(나라를 지키고 백성을 편안케 하는 것)을 목표로 삼아 일으킨 봉기였습니다. 신분제를 포함하여 봉건제의 모순을 지적하는 등 반봉건의 의미를 담은 새로운 세상을 만들고자 하는 혁명이었습니다. 이렇게 시작한 동학혁명군은 전라도 정읍의 황토현에서 전라 감영의 군사를 물리친 뒤, 5월에 호남의 중심인 전주성을 수중에 넣었습니다.

당시의 전주성 함락은 무혈입성에 가까웠습니다. 그래서 농민군과 조선 정부는 협상을 통해 해결할 수 있는 상황이었습니다. 그런데 고종은 우리 근대 역사에서 큰 불행을 일으킬 판단을 하고 맙니다. 농민군을 무력화시키기 위해 청나라에 군대 파병을 요청한 것입니다.

조선에 영향력을 확대할 기회를 노리고 있던 청나라가 이에 응했습니다. 이러한 내용이 일본에 전해지자, 일본은 톈진조약에 따라 조선 내 일본인의 안전을 도모한다는 이유로 군대를 파병했습니다. 결국 한반도 영토에 청과 일본의 군대가 주둔하게 되었고, 마침 동아시아 패권을 노리고 있던 일본은 중화체제를 유지하고자 했던 청을 기습하면서 '청일전쟁'이 시작된 것입니다. 그리고 청일전쟁이 진행되던 중 일본군은 1894년 7월에 대포까지 동원하여 경복궁을 점령했습니다. '경복궁 쿠데타' 등으로 알려진 이 사건으로 일본군은 고종과 조선 정부를 장악했고, 이후 일본의 압박 속에 들어선 친일내각이 발표한 개혁안이 '갑오개혁'입니다.

우리 영토에서 일본군을 몰아내자

　일본군이 경복궁을 침탈하자 집강소를 중심으로 활동하던 동학농민군은 새로운 목표를 설정했습니다. 서울로 가서 일본군을 몰아내는 것이었습니다. 이에 따라 전라도 일대에 흩어져 있던 농민군이 다시 모였습니다. 이전에 소극적이었던 충청도의 동학농민군까지 합류하면서 10만 명에 이르는 대규모 농민군이 북상을 계획했습니다. 이러한 첩보를 접한 일본은 일본군 지휘 아래 조선 정부 군사를 동원해 농민군을 진압할 계획을 세웠습니다. 일본군 장교의 지휘 아래 조선 정부군이 움직이는 형식이었습니다. 일본군 제19대대 미나미 고시로 소좌가 지휘하고 그 아래 동원된 일본군은 200명, 조선 정부군은 3,000명 정도였습니다.

　농민군과 정부군 그리고 일본군이 대치하는 국면 속에서 전라도 삼례에 머물고 있던 전봉준 장군은 10월 20일 공주로 진격을 명했습니다. 그리고 10월 23일 이인전투를 시작으로 일진일퇴를 거듭하다가 당시 충청감영이 있던 공주를 중심으로 전선이 형성되었습니다. 그리고 운명의 혈전인 우금치전투는 11월 8일과 9일에 진행되었습니다. 농민군은 수만 명에 이르렀지만 별다른 무장을 하지 못한 상황에서 일본군, 관군의 무기를 당할 수 없었습니다. 당시 정부군은 게이틀링 기관총과 야포를 가지고 있었으니 좁은 골짜기로 들어오는 농민군 앞에는 죽음이 기다리고 있었던 것입니다. 전쟁보다는 학살이라는 표현이 어울리는 전투였습니다. 우금치전투의 패배 그리고 동학혁명의 실패는 우리 역사상 가장 중요한 시기에 일어난 아래로부터의 개혁, 혁명이 좌절되는 순간이었습니다. 그리고 우금치의 비극을 넘어선 더 큰 비극이 기다리고 있었습니다.

당시 일본군이나 정부군은 전국을 수색하며 농민군이라는 이유로 사람들을 즉결처분했습니다. 특히 일본군의 작전은 말 그대로 무차별 학살이었습니다. 이들 일본군과 정부군의 학살 규모는 기록에 따라 조금 다르나 최소 4~5만 명에서 최대 20만 명 이상의 백성, 혹은 양반이 농민군이거나 그와 연계되었다는 이유로 죽임을 당한 것으로 알려져 있습니다. 농민군 지도자 가운데 한 명이었던 김개남 역시 재판도 없이 현장에서 처형당한 것도 그 사례 가운데 하나입니다.

당시 상황을 고려할 때 전봉준 장군이 체포되는 과정에서 죽임을 당하지 않고 재판을 받게 된 것은 역사적으로 다행스러운 일이라는 평가도 있습니다. 만약 전쟁 과정에서 혹은 체포 과정에서 죽임을 당했다면 전봉준 장군의 뜻은 여러 방식으로 왜곡되었을 것이고 결국 동학혁명에 대한 평가도 진실에 다가가는 데 난관이 많았을 것이기 때문입니다. 이러한 상황을 상정할 수 있는 실제 사건이 하나 있습니다. 전봉준 장군에 대한 기록 가운데 하나인데, 그 내용이 조금 이상합니다. 이른바 '동학당 정토군 제19대대 사령관 미나미 소좌'의 전봉준 장군 최초 취조 기록입니다. 여기에서 미나미가 "일본 정부가 보낸 의병, 곧 일본군을 알지 못했나?"라고 묻자 전봉준 장군이 대답하길, "금일에 비로소 들었다. 일본이 의병을 내어 우리나라를 도와준 것을 알지 못했고 일본군에 대항한 것이 유감"이라는 취지의 대답을 했다는 겁니다. 그러나 이 내용은 공초 과정에서 사실이 아님이 밝혀졌습니다.

전봉준 장군은 우금치전투 이후 후일을 도모하며 전주, 금구를 거쳐 김제의 원평까지 후퇴한 뒤 정읍으로 피신했습니다. 그리고 다시 태인에 있던 김개남을 만나기 위해 순창 피노리에 도착했다가 옛 부하였던 김경천과 그 일당에게 잡혔습니다. 이 과정에서 전봉준 장군은 부상을 당했고 곧 순창교도대에 인도되었습니다. 이후 다시 담양에 있던 일본군에게 인도되었다가 나주 감옥을 거쳐 12월 중순 서울에 있는 일본영사관의 감옥에 갇혔습니다.

외세에 굴복하지 않고, 누구나 평등한 세상을 꿈꾸다

이때 전봉준 장군이 일본영사관에 갇힌 배경에는 동학혁명 당시 일본이 우리의 사법에 관여하겠다는 의도가 있었습니다. 당시 일본은 영사재판권을 근거로 동학혁명의 재판에 간섭하고 참여했던 것입니다. 영사재판은 일본인과 관계된 범죄의 경우 일본 영사가 예심판사(일종의 검사와 같은 역할)의 권한을 가지며, 부영사가 검찰관의 역할을 하며 그 범죄가 중범죄일 경우에는 일본 재판소로 이송할 수 있도록 한 것입니다. 이때 일본은 동학혁명이 2차 봉기 이후 일본인이 죽거나 다쳤으니 원고 측을 자임한 것이고 이를 빌미로 전봉준 장군 재판을 주도했던 것입니다.

모두 6차에 걸친 신문에서 전봉준 장군은 동학혁명에 대해 밝히고 있어서 그 역사적 성격을 이해하는 데 도움을 줍니다. 예를 들어 미나미 소좌의 공초 기록에 등장하는 일본군 운운하는 내용과 관련해서는 일본이 침략국임을 명확하게 정리했습니다. 예를 들어 일본군이 갑오개혁 직전 경복궁을 침탈하고 친일내각을 수립한 것에 대해 질타하고, 다른 나라는 통상을 목적으로 일시적으로 조선에 머문 것과 달리 일본만 군대를 이끌고 와서 진을 치고 우리나라를 침략하려고 했다는 것입니다. 그래서 혁명군을 이끌고 이들을 몰아내려 했다고 밝힌 것입니다. 또 탐관오리를 비판하기도 했으니 이러한 공초 기록을 통해 일제나 친일 관료, 탐관오리가 왜곡했을지도 모르는 당시 상황을 상당 부분 복원할 수 있게 된 것입니다. 그리고 전봉준 장군은 일본 영사관과 임시재판소를 오가던 중에 만난 일본 사진사 앞에서도 당당한 포즈를 취하면서 조선인의 떳떳한 모습을 세상에 알리고자 했습니다.

역사적으로는 다행이라고 하더라도 재판은 전봉준 장군의 생명을 빼앗기 위한 요식행위일 뿐이었습니다. 재판이 시작되자마자 일부 사람들은 전봉준에게 일본 공사에게 목숨을 구하도록 사정하는 것이 어떻겠냐며 제안하기도 했습니다. 그러나 전봉준 장군은 오히려 "어떻게 비열한 마음을 갖겠느냐. 죽음을 기다린 지 오래다"라고 말했습니다. 결국 1895년 3월 29일 전봉준 장군과 같이 재판을 받은 21명의 농민군 지도자에게 판결이 내려졌습니다. 이미 폐지된 법전인 《대전회통》을 근거로 "군복을 입고 말을 타고 관아에 변란을 일으킨 자는 때를 기다리지 않고 참형에 처한다"라는 죄목으로 사형을 선고했습니다. 다만 참형이 폐지되었다는 점에서 교형에 의한 집행이 이뤄졌습니다.

일본은 동학농민군을 일개 반란군으로 치부하면서 동학 농민들이 원하는 근대화 요구와 외세에 대한 저항을 무너뜨렸습니다. 전봉준은 죽음을 눈앞에 둔 순간에도 타협하지 않았고, 우리가 원하는 세상과 일본의 부당함에 대해 재판 과정에서 기록으로 남겼습니다. 외세의 무력과 관리의 폭압에서 벗어나는 세상, 나아가 조선 사람들이 신분의 귀천 없이 평등하게 살 수 있는 세상을 꿈꾸었던 동학혁명의 의미를 전한 것입니다. 오늘날 우리가 공기처럼 당연하게 누리는 인권과 자유가 그 시절 전봉준 장군과 동학 농민군이 간절하게 바라던 것이었음을 생각해보면, 그들이 목숨 다할 때까지 물러서지 않았던 혁명의 정신이 오늘에 구현되고 있음을 깨닫게 됩니다.

4. 노예로 살 것인가, 자유민으로 죽을 것인가

정미의병이 꿈꾼 국가

#일제에 의한 고종의 강제 퇴위와 군대 해산 #조국을 지키려고 한 정미의병 #"우리의 현실을 외국에 알려달라"

매켄지가 양평에서 찍은 정미의병(1907년)

임진왜란 때 경상도 의령에서 곽재우 장군이 의병을 일으킨 후 외세의 침략이나 대규모 반란이 있을 때마다 의병은 전국 각지에서 일어나 나라를 지켰습니다. 근대에도 동학 2차 혁명군이 척양척왜를 외치자 이에 호응하여 1895년의 을미의병, 1905년의 을사의병, 1907년의 정미의병이 일본군에 맞서 대항했습니다. 특히 정미의병의 경우 군대해산으로 대한제국의 군인들이 의병에 참여하면서 그 규모나 무장 면에서 이전과 달랐습니다.

서울에서 연해주까지, 조선인의 분노가 타오른 정미의병

1907년 일본은 헤이그 특사를 파견시켰다는 이유로 고종 황제를 강제로 퇴위시켰습니다. 그리고 대한제국의 재정이 어렵다는 이유로 군대를 해산시켰습니다. 이에 분개한 대한제국군 시위대 제1대대장인 박승환이 "나라를 지키지 못하고 충성을 다하지 못하니 죽어도 아쉬울 것이 없다"라는 유서를 남기며 자결을 했습니다. 이 사건이 알려지자 시위대 대대원들은 강제 해산을 거부하고 일본군과 시가전을 벌였습니다. 일본에 대한 분노는 전국적으로 확대되어 의병들이 전국에서 일어나게 됩니다. 이것이 바로 정미의병입니다. 정미의병은 군인 출신들이 많이 포함되어 있어서 조직과 화력이 강했을 뿐만 아니라 두만강 건너 간도와 연해주까지 확산되었습니다.

대한제국 사람들은 일제에 순응하는 것이 아니라 그들의 압박과 침탈에 대한 야욕이 강해질수록 더 강하게 맞서 싸웠습니다. 이를 뒷받침하는 귀한 사진이 하나 있는데, 바로 대한제국 시절 정미의병들을 찍은 것입니다. 사진 속 의병들은 복장은 남루하지만 비장하고 매서운 눈빛에서 조선을 지키겠다는 강렬한 의지를 엿볼 수 있습니다. 이 사진은 의병들의 모습을 담은 거의 유일한 것이어서 교과서나 한국의 근대 역사를 다루는 책에 빠지지 않고 들어가 있습니다. 그렇다면 이 의병들의 모습을 담은 사진을 누가, 왜, 어떻게 찍었을까요?

영국 기자 매켄지의 의병 인터뷰

의병 사진은 카메라가 귀하던 시절, 영국 〈데일리 메일Daily Mail〉의 종군기자 매켄지F.A. Mckenzie가 1907년 양평에서 찍은 것입니다. 원래 러일전쟁을 취재하러 온 매켄지는 러일전쟁의 현장 가운데 한 곳인 한국, 곧 대한제국의 상황에 관심을 가지게 되었습니다. 일본의 침탈 속에서 저항하는 한국인의 모습에 깊은 인상을 받고, 이와 관련해 일본과 싸우는 의병을 취재하기 시작했습니다.

그러던 중 매켄지는 제천 일대에서 의병부대가 활동하고 있다는 얘기를 듣고 취재하러 갔습니다. 이미 의병들이 일본군에게 공격을 받고 흩어진 뒤라 만날 수가 없었는데, 돌아오던 길에 지금의 양평 일대에서 의병들을 만난 것입니다. 매켄지는 이때 의병과 나누었던 이야기를 자세하게 남겨놓았습니다. 한 젊은 아낙네는 "당신이 우리의 현실을 외국에 알려달라"고 했습니다. 대한제국의 현실을 일본이 왜곡하고 있으니 영국 언론을 통해 우리의 현실을 알려달라고 호소한 것입니다. 또 한 의병은 "돈은 얼마든지 줄 테니 무기를 구해달라"고 하기도 했습니다. 당시 국내에서 무기를 구하는 일이 일본군과 싸우는 것보다 어려웠던 것입니다. 매켄지는 "기자라는 신분으로 이 사실을 취재할 수 있을 뿐, 무기를 구해줄 수는 없다"고 양해를 구하기도 했습니다.

취재를 마친 매켄지는 의병들의 사진을 찍었고, 그 사진은 유일한 의병 사진으로 역사에 남았습니다. 그리고 매켄지가 의병들과 나눈 대화는 그가 쓴《대한제국의 비극》이란 책에 생생한 증언으로 남았습니다. 매켄지가 의병 취재를 하지 않았다면, 그리고 사진과 기록을 남겨놓지 않았다면, 우리는 대한제국 시절 의병들에 대해서 중요한 부분을 놓쳤을 것 같습니다. 아마도 비분강개한 유생들의 기록과 살육에 대한 변명으로 가득한 일제의 기록만 접할 수 있었겠지요. 그런 점에서 매켄지의 사진과 기사는 의병을 이해하는 중요한 자료라고 할 수 있습니다.

매켄지가 남긴, 의병들과 나눈 대화에서 가장 인상적인 대목이 있습니다. 매켄지는 의병들에게 궁금한 것이 있었습니다. 러일전쟁에서 세계 최강의 러시아를 물리친 일본군에 비해 보잘것없어 보이는 의병들이 싸워서 이길 수 있다고 생각하는지 궁금했던 것입니다. 이 질문에 대해 의병들은 독립전쟁 전선에 뛰어든 비장한 심정을 이렇게 밝혔습니다.

"우리는 어차피 죽게 되겠지요. 그러나 좋습니다. 일본의 노예가 되어 사느니보다는 자유민으로 죽는 것이 훨씬 낫습니다."

5. 에비슨이 조선의 방역 책임자가 된 사연은?

근대 의학과 에비슨의 인류애

#일제와 친일 내각의 압박 #그럼에도 기금을 모아 병원을 확장하다 #조선인이 자유민이 되어 인류 발전에 기여할 수 있도록 열강이 도와달라

조선 최초의 서양식 병원 제중원의 책임자 에비슨(1893년)

1800년대 서양 열강의 제국주의에 자극받은 일본은 동아시아의 침략 전쟁에 노골적으로 나섰습니다. 1894년 청일전쟁에서 승리하여 대만을 점령했고 요동 지역을 반환하면서 엄청난 배상금을 받았습니다. 러일전쟁에서도 유리한 상황으로 종전하면서 사할린 지역을 러시아로부터 할양받았습니다. 그리고 1910년에 대한제국을 강제 병합하기에 이릅니다.

대한제국의 멸망은 세상이 무너지는 것 같은 비극이었습니다. 그럼에도 각계각층의 사람들이 두 가지 방향에서 비극적인 상황을 타개하고자 했습니다. 첫 번째가 독립을 위한 투쟁이고, 다른 하나는 스스로 강해지기 위해 실력을 쌓고 제도와 문물을 근대화하는 것에 힘쓰는 것이었습니다. 이 시기 우리가 눈여겨봐야 할 부분은 대한제국과 일제강점기에 근대화를 바랐던 사람들은 비단 조선인만은 아니었다는 것입니다. 우리나라에 근대 병원과 의학교육을 전수한 에비슨 선교사도 그들 중 한 분입니다.

에비슨, 조선의 방역 책임자가 되다

에비슨 선교사는 캐나다 출신 의료선교사입니다. 의사로서 캐나다에서 편안한 삶이 보장되었지만 한국에서 의료 선교 활동을 자원한 것입니다. 에비슨이 이 일에 얼마나 열정적이었는지 짐작할 수 있는 부분이 있습니다. 캐나다 선교본부 가운데 조선으로 선교사를 파견한 교단은 장로교였습니다. 그런데 에비슨은 감리교 집안이었음에도 여기에 동참한 것입니다. 당시 경쟁이 심했던 두 교단의 분위기를 생각하면 쉽지 않은 선택임을 알 수 있습니다.

조선에 온 에비슨이 맡은 일은 제중원이 제 역할을 하도록 돕는 것이었습니다. 1885년 알렌이 갑신정변에서 부상당한 민영익을 치료한 것을 계기로 광혜원이 생겼으니(곧 제중원으로 이름을 바꿈) 서양의학에 바탕을 둔 최초의 근대식 병원이 생겨난 것입니다. 제중원이 생기자 처음 1년 동안에만 1만 명이 넘는 환자가 방문하고 치료를 받을 정도로 환자가 모여들었습니다. 그러나 제중원에 대한 조선 정부의 지원은 부족했고 정부에서 파견한 중간 서리의 농간도 있어서 운영에 어려움을 겪고 있었습니다.

에비슨은 1893년부터 제중원 원장을 맡았습니다. 한국어를 익혀서 환자를 직접 문진했고, 조선 정부와 협상해서 불필요한 인원을 줄였습니다. 그러나 1894년 경복궁을 일본군이 장악하고 친일 내각이 만들어지며 외무아문이 담당하던 제중원의 예산이 대폭 줄어서 운영이 불가능해졌습니다. 그러자 에비슨은 정부와 협상하여 자비로 병원을 운영하겠다고 해서 허락을 받아냈습니다. 이후 제중원은 운영 주체가 조선 정부에서 장로교 선교부로 넘어왔습니다. 에비슨은 제중원 정상화를 위해 먼저 의사를 확충하여 여의사 4명을 포함하여 6명의 의사가 치료를 할 수 있게 했습니다.

얼마 뒤 청일전쟁[1894년]에서 비롯된 콜레라가 한반도에 창궐하자 에비슨은 방역 책임자가 되었습니다. 이때 제중원은 2,000명 이상의 환자를 치료하면서 그 명성도 높아졌습니다. 더 시설을 확충해야 했지만 캐나다 장로교 선교부에서는 더 이상의 병원 확장을 바라지 않았습니다. 1890년대 이전에는 조선에서 선교가 어려웠기 때문에 의료사업을 진행했지만, 1894년 이후에는 선교에 대한 제약이 사라진 상황에서 의료 선교의 비중을 높일 필요가 없다고 본 것입니다. 하지만 에비슨은 조선의 상황에서 가장 필요한 것이 현대식 병원이라고 주장했습니다.

폐하의 백성을 지키겠습니다

1899년 안식년을 이용해 캐나다로 돌아간 에비슨은 캐나다와 미국에서 병원 설립기금 모금 활동을 했습니다. 1900년 미국의 사업가인 세브란스가 병원 설립기금 1만 달러를 지원했고, 장로교 선교부가 1만 달러를 추가로 지원했습니다. 다시 세브란스는 병원 부지 매입에 필요한 5천 달러를 지원했습니다. 마침내 1904년 남대문 밖, 지금의 서울역 근처에 병실 40개의 새 병원이 들어섰습니다. 이때 의학전문학교 강의를 위해 스코필드 박사를 초청한 것 역시 에비슨 교장이었습니다. 미국 사업가 세브란스는 이후 시설 확장을 위해 다시 3만 달러를 기부하는 등 계속해서 병원 운영을 지원했습니다. 이에 따라 그의 뜻을 기려 병원 이름을 제중원에서 세브란스로 변경했습니다.

세브란스 병원은 환자 치료뿐 아니라 조선인 의사를 양성하는 데도 노력했습니다. 이를 위해 1900년부터 8년 연한의 세브란스 의학전문학교를 운영한 것입니다. 의학교 모델은 에비슨이 공부한 토론토 대학이었습니다. 이후 교육과정이 조금씩 달라지긴 했지만 의사와 약사를 배출하는 의학교로서 세브란스 의학전문학교의 틀을 갖추었습니다. 이 학교에서 모두 7명의 의사가 처음으로 배출되어 한국 정부가 주는 의사 면허 번호 1번~7번을 받았습니다.

이 의사들 가운데 한 명인 박서양은 아버지가 박성춘이란 백정이었습니다. 당시 서울의 승동교회에서 활동하던 에비슨은 백정이었던 박성춘을 치료해준 인연으로 만났습니다. 갑오개혁으로 신분이 사라졌다고 하지만 백정에 대한 차별은 여전했습니다. 백정이 승동교회에 나오자 이미 다니던 일반 신도들이 모두 떠나며 교회가 어렵게 되었습니다. 그러자 박성춘은 다른 지역의 백정들을 모이도록 해서 승동교회를 백정교회로 부른 적도 있습니다. 에비슨을 통해 서양의학에 감명받은 박성춘은 아들이 의학교육을 받을 수 있도록 부탁해서, 백정의 아들 박서양이 의사가 될 수 있었습니다. 훗날 박서양은 세브란스 간호원양성소에서 학생들을 가르쳤는데, 그의 출신이 문제가 되자 "내 속의 500년 된 묵은 백정의 피를 보지 말고 과학의 피를 보고 배워라"라고 말했습니다. 그는 만주로 건너가 대한국민회의의 군의관으로 일하며, 독립운동에 가담하기도 했습니다.

한편 에비슨은 고종의 주치의도 맡고 있었습니다. 1895년 서울에 콜레라가 창궐했을 때 고종은 에비슨에게 다른 곳으로 가지 말고 자기 옆에서 지켜달라고 요청했습니다. 그러자 에비슨은 "서울 장안의 모든 사람이 폐하의 백성이 아닙니까?"라고 반문한 뒤 "잘 훈련받은 청년이 폐하 곁에서 지킬 것이며, 만일 병의 기미가 보인다면 저에게 즉시 통지하도록 할 것이니 그때 와서 보도록 하겠습니다"라고 얘기했습니다. 그리고 궁궐을 나와 시내의 방역사업에 나섰습니다. 에비슨이 지향하는 의술이 무엇인지 알 수 있는 일화입니다. 이처럼 에비슨은 신분과 상관없이 모든 사람이 치료받을 수 있도록 애썼고, 우리나라에 근대 의학이 자리를 잡는 데 큰 역할을 했습니다. 그리고 그의 조선 사랑은 여기서 그치지 않았습니다.

한국인이 인류 발전에 기여토록 자유를 허하라

에비슨은 당시 식민지 지배 속에서 탄압받는 한국인의 처지에 안타까워하며 일본의 폭압에 대해서 비판적이었습니다. 에비슨은 3.1운동 당시 일제의 탄압에 대한 실상을 외국에 알리기 위해 글을 쓰기도 했습니다. 캐나다 장로회 선교부에 제출한 〈한국독립봉기에 대한 비망록〉이란 제목의 글에서 다음과 같이 말하고 있습니다.

"3.1운동 당시 병원에 실려 온 부상자 대부분이 평화 시위자였음에도 경찰의 공격이나 소름끼치는 방식으로 취조를 받았다.

일본은 민주주의의 가치에 반하는 통치를 하고 있으며, 한국인에게 자유가 부정되며 모든 행정을 일본이 장악하고 있다.

한국인은 그의 상대가 일본인이라면 공정한 재판을 받을 수 없다.

4,200년의 역사를 가진 한국인의 민족성과 언어를 말살하고 한국인을 열등한 인종으로 취급하기 위해 착취하고 있으니 서구를 대상으로 일본인들이 인종차별을 주장하는 것은 순전히 위선이다.

이러한 이유로 외국인들, 영사들, 사업가들, 선교사들은 1910년 이래 한국을 지배하는 체제에 대해 만장일치로 비판한다."

이러한 에비슨의 비판을 무마하기 위해 일본은 총독부의 고위 인사를 통해 설득 작업에 나섰지만, 이 자리에서 에비슨과 함께 나온 다른 선교사 역시 일본과 일본의 정책을 비판했습니다. 그들은 한국인들이 시위 과정에서 전혀 무기를 쓰지 않았으며, 치명적인 무기로 공격당하기 전에는 어떤 폭력도 쓰지 않았고, 한국인들이 먼저 공격한 예가 있다면 알려달라는 말을 할 정도였습니다. 이러한 비판적인 인식에 큰 영향을 끼친 것은 3.1운동 당시 참혹한 상황을 목격해서였습니다. 그래서 시위에 참여했다가 목숨을 잃은 한국인에 대해, 세브란스 의사들은 그 사망확인서에 사망 원인을 '일본 정부'라고 적고 싶다고 할 정도였습니다.

세브란스 병원장, 세브란스 의학전문학교 교장, 연희전문학교 교장에서 물러난 에비슨은 1935년 은퇴를 했습니다. 에비슨은 미국으로 돌아간 뒤에도 대한민국임시정부 승인과 독립운동 지원을 호소하는 활동을 했습니다. 에비슨은 자서전에서 이와 관련해 다음과 같은 기록을 남겼습니다.

"어느 민족보다 천부적인 재능을 많이 가진 한국 백성들이 일본의 지배에서 벗어나 자유민으로 그 능력을 마음껏 발휘하여 다시 한번 인류 발전에 크게 기여할 수 있도록 하기 위해서는 무엇보다도 열강의 도움이 절실하다는 것을 알리고 싶다."

그리고 1956년 8월 에비슨은 미국 플로리다에서 96세의 나이로 세상을 떠났습니다.

6. 34번째 민족대표라 불리는 사나이, 석호필
스코필드의 독립운동

#3.1운동 전에 조선인에게 받은 특별한 부탁 #제암리 학살 사건을 세계에 알리다
#"나는 조선인이라고 생각합니다"

일제의 만행을 세계에 알린 스코필드

서울 동작동 국립서울현충원에는 애국지사들이 잠들어 있는 애국지사 묘역이 있습니다. 그런데 이곳에서 외국인의 이름을 드물게 볼 수 있습니다. 그 가운데 한 명이 바로 프랭크 스코필드 박사입니다. 한국 이름이 석호필이어서 '한국의 호랑이'로 알려져 있기도 합니다. 스코필드 박사의 한국 사랑은 유명한데, 일제강점기 대표적인 독립운동인 3.1운동에서도 큰 역할을 했습니다. 영국에서 태어난 스코필드는 소아마비 장애인이었습니다. 한쪽 다리와 팔이 불편해 지팡이를 짚고 다녔던 그가 이역만리 떨어진 이 땅에 건너와 조선의 독립을 위해 싸운 이유는 무엇일까요?

3.1 만세의 순간, 셔터를 누르다

불굴의 의지를 가졌던 그는 농장 노동자로 일하다 캐나다로 건너가 토론토대학교에서 수의학을 전공했습니다. 한국과 인연을 맺게 된 것은 선교사로 내한하여, 세브란스 의학전문학교에서 세균학을 가르치면서부터였습니다. 그런데 학생들을 가르치면서 그는 조선이 처한 상황에 대해 알게 되었고, 한국인의 독립에 대한 열망을 지지하게 된 것으로 보입니다. 놀라운 것은 그가 3.1운동을 사전에 알고 있었던 거의 유일한 외국인이었다는 것입니다. 3.1운동이 일어나기 전날, 세브란스 의전^{의학전문학교}의 직원이면서 민족대표 33인 가운데 한 명인 이갑성이 독립선언서를 스코필드 박사에게 전하며 미국 백악관에 전해달라고 했습니다. 당시 한국에 온 외국 선교사들은 대체로 엄격한 정교분리의 원칙을 따라 한국의 독립운동에 참여하지 않았으며, 선교의 편의를 위해 일본 당국과 친한 경우도 종종 있었습니다. 스코필드 박사는 외국인으로는 드물게 한국 독립운동가의 신뢰를 받았던 것입니다.

스코필드 박사는 또 하나의 요청을 받았습니다. 이갑성은 3월 1일 오전 스코필드 박사를 찾아와서 오후에 있을 만세 시위 현장을 카메라에 담아 외국에 전달해주기를 요청한 것입니다. 스코필드 박사는 자전거에 카메라를 싣고 탑골공원으로 향했습니다. 사진을 잘 찍기 위해 건물의 옥상으로 올라간 스코필드 박사는 한참 동안 기다리다가 마침내 3.1운동을 목격하고 카메라에 담는 데 성공했습니다. 3.1운동과 관련이 있다고 알려진 사진은 여러 점 전하고 있는데, 연구자에 따라 해당 사진이 3.1운동 모습인지를 두고 의견이 나뉘기도 합니다. 그런데 스코필드 박사가 찍은 사진들 덕분에 당시 분위기를 명확히 알게 되었고 다른 기록 사진의 진위를 판단하는 근거가 되었습니다. 스코필드 박사는 여기에 그치지 않고 나흘이 지난 후인 3월 5일에 남대문 역, 지금의 서울역 앞 시위 사진을 찍기도 했습니다.

스코필드 박사가 찍은 사진을 보면, 시위 참가자들이 흰옷을 입고 있는 것이 눈에 띕니다. 이는 당시 고종의 국상에 참여했던 사람들이 시위에 나선 것과 관련이 있습니다. 무엇보다 사진 속 만세 시위를 하는 사람들 손에 태극기가 없는 것이 눈에 띕니다. 비밀리에 전격적으로 진행된 3.1운동이어서 미처 태극기를 준비할 여유가 없었기 때문입니다. 이후 일정한 시기를 두고 여러 곳에서 다시 일어난 만세 시위에서는 사전 준비를 통해 태극기를 준비하는 경우가 종종 있었습니다.

제암리 학살 사건을 알리다

스코필드 박사에게도 위기의 순간이 있었습니다. 3월 중순 세브란스 병원이 독립운동과 깊은 관련이 있다고 판단한 총독부는 병원에 대한 대대적인 압수 수색을 했습니다. 이때 박사는 마루 아래 공간에 사진과 독립운동 관련 자료를 숨겨놓아 일본 경찰의 수색을 피해 온전하게 그 자료를 전할 수 있었습니다. 스코필드 박사는 만세운동 시기에 조선인이 받은 피해 상황을 조사하고 기록하기도 했습니다. 시위에 참여했다가 다치거나, 경찰에 잡혀가서 태형을 받은 사람들에게 입원 치료를 권했고. 이 과정에서 일본 헌병경찰의 잔혹한 진압 증거를 찾아냈습니다. 또 세브란스 병원 간호사였던 노순경이 잡혀가자 서대문 형무소를 직접 찾아가 사람들을 면담하기도 했습니다. 이곳에는 유관순 열사, 개성의 여성 독립운동가 어윤희 선생도 있었습니다.

이후에도 스코필드 박사는 화성의 제암리와 고주리 학살 현장을 찾아가 취재하고 사진을 찍어 기록으로 남겼습니다. 스코필드 박사가 취재까지 나선 '제암리와 고주리 학살 사건'은 일본군 아리타 중위가 주도한 참변이었습니다. 조선의 독립을 알리는 만세운동이 퍼져 나가자, 이에 분노한 일본군은 제암리에서 교회 안에 천도교인, 기독교인 등 마을 사람들을 모아놓고 방화와 학살을 저질렀습니다. 그리고 옆 마을 고주리에서도 마을을 수색하여 6명을 학살한 것입니다. 두 마을에서 민간인 29명이 별다른 이유 없이 죽임을 당했고 마을은 모두 불태워졌습니다. 스코필드 박사, 언더우드 박사 등은 이 내용을 조사하여 보고서와 함께 미국 총영사관에 보고하기도 했습니다. 그리고 스코필드 박사가 찍은 3.1운동, 제암리

학살 관련 사진은 비밀리에 대한민국임시정부에 보내졌습니다. 대한민국 임시정부는 이 사진을 영문 사진첩에 담고, 임시정부의 기관지인 〈독립신 문〉에 게재하여 일제의 만행을 알렸습니다.

조선인이길 자청한 한국의 호랑이

세균학 교수로 한국에 온 스코필드 박사가 한국인을 위해 이렇게 열심 히 활약한 이유는 무엇이었을까요. 스코필드 박사는 이 부분과 관련하여 기고를 통해 "식민지 지배 속에 조선인의 비판이 허용되지 않는 상황에서 외국인의 비판이 중요하다"고 밝혔습니다. 이러한 의지를 가지고 활동한 스코필드 박사가 조선총독부에 큰 부담이 되었으리라는 것은 쉽게 짐작 할 수 있습니다.

결국 일본은 세브란스 의전과 캐나다 선교부에 압박을 가했고, 1920년 스코필드 박사는 한국을 떠나게 되었습니다. 그러나 스코필드 박사는 캐나다에 돌아가서도 강연과 언론 기고를 통해 일본이 한국에서 벌인 만 행을 비판하고 참혹한 한국의 상황을 세계에 알렸습니다. 그리고 1931년 에 그는 이런 글을 남겼습니다.

"나는 캐나다 인이라기보다 조선인이라고 생각합니다."

스코필드 박사는 1958년 8월에 대한민국 정부의 초청으로 한국에 왔습 니다. 이후 스코필드 박사는 서울대 수의과대학에서 교수로, 고아원 등에서 아이들을 돌보며 한국과 인연을 이어갔습니다. 그리고 1970년 4월, 국립의료원에서 생을 마감했습니다. 서거하기 1달 전, 〈조선일보〉 3월 1일자에는 그가 보낸 '한국민에게 보내는 메시지'라는 글이 실렸습니다. 그중 일부입니다. "'1919년 당시의 젊은이와 늙은이들에게 진 커다란 빚을 잊지 마시오.' 이 몇 마디는 내가 오늘의 조선 청년들에게 주고 싶은 말이다. 국민은 불의에 항거해야만 하고 목숨을 버려야만 할 때가 있다. 그럼으로써 일종의 노예 상태에서 해방되고 조금은 광명을 되찾을 수 있는 것이다."

한국의 독립운동가였던 스코필드 박사의 장례는 광복회에서 주관했고, 묘지는 동작동 국립서울현충원의 애국지사 묘역으로 정해졌습니다. 지금 스코필드 박사를 기억할 수 있는 곳은 두 곳입니다. 앞에서 살펴본 동작동 국립서울현충원과 돈의문 박물관마을에 있는 작은 기념관입니다. 이 기념관은 서대문이 있던 곳 근처로, 김구 선생이 머물렀던 경교장 인근에 있습니다. 서대문의 이름이 돈의문이라서 이 일대에 1960~80년대 마을을 그대로 살려서 보존하고 또 전시 공간으로 활용하고 있습니다. 그래서 이름을 돈의문 박물관마을이라고 하는데, 여기에 있는 조그마한 이층집 하나를 스코필드 기념관으로 쓰고 있습니다.

보통 3.1운동의 민족대표를 33인이라고 하는데, 프랭크 스코필드 박사를 34번째 민족대표로 부르기도 합니다. 3.1운동과 이후 한국 독립운동에 참여한 그의 업적 그리고 일제의 만행을 세계에 알린 것을 높이 샀기 때문일 것입니다. 그와 더불어 스코필드 박사가 세균학자로서 한국 의료의 근대화에 끼친 영향 역시 그에 못지않은 중요한 업적이라는 점도 함께 기억하면 좋을 듯합니다.

7. '조선의 병합은 잘못'임을 고발한 일본 변호사

후세 다쓰지의 양심 변론

#조선 독립운동가를 적극 변론한 일본 변호사 #일본이 도운 경제 발전은 조선인을 위한 것이 아니다 #"조선의 주권은 조선 국민에게 있다"

일본인 최초로 대한민국 건국훈장을 받은 후세 다쓰지

한국 근대사에서 매켄지와 에비슨 그리고 스코필드는 일제의 폭력과 무단통치를 서양 열강에 고발하고, 한편으로는 조선의 근대화를 돕고자 한 외국인들이었습니다. 그런데 우리의 독립운동에 참여한, 생각지도 못한 국적을 가진 인물이 있습니다. 2004년 독립운동에 공헌한 것을 인정받아 대한민국 건국훈장을 받은 일본인 후세 다쓰지입니다.

조선 독립운동가들을 변호하다

후세 다쓰지는 1902년 메이지 법률학교를 졸업한 뒤 판검사 시험에 합격하고 우쓰노미야 지방법원에 검사 대리로 부임했습니다. 그런데 후세는 넉 달 만에 검사직을 사임했습니다. 검사라는 직책이 범과 이리와 같아서 사람들을 몰아붙이고 물어뜯는 일이라는 이유에서였습니다. 이후 도쿄에서 변호사로 등록하고 활동을 시작했습니다. 변호사가 된 후세는 일본에서 노동자, 농민을 변호했으며, 재판과 별도로 보통선거를 이루기 위한 활동을 하면서 인권변호사로 인정을 받았습니다. 후세는 메이지 법률학교에 다닐 때 교류하던 조선 유학생에게 조선에 대한 실상을 전해들었는데, 이때부터 조선에 관심을 가진 것으로 보입니다. 그후 본격적으로 조선과 인연을 맺게 된 사건은 바로 3.1운동입니다.

3.1운동이 일어나기 전, 도쿄에서는 조선 유학생들이 모여 2.8 독립선언서를 발표했습니다. 이 사건이 일어나자 일제는 조선 유학생 9명을 검거했고, 후세는 그들의 변호인으로 참여한 것입니다. 후세는 "학생들의 신분으로 자기 나라의 독립을 부르짖는 일이 어찌하여 일본 법률에 내란

죄가 될 수 있느냐. (중략) 민족자결의 사조가 팽창함에 비추어 학생들의 주장은 정당한 것이니 죄를 줄 수는 없다"라고 변호했습니다. 재판은 뜻대로 진행되지 않아서 독립선언에 참여한 학생들은 비록 9개월 이하의 실형을 받았지만, 무료로 변호에 나선 일본인 변호사 후세는 한국인들의 뇌리에 남았습니다.

후세가 조선의 대중에게도 널리 알려지게 된 것은 1923년 유학생 단체가 주관하고 〈동아일보〉가 후원하며 조선 각지에서 진행된 강연회 덕분이었습니다. 이때 〈동아일보〉는 '서울역에 도착한 후세', '천도교대교당에서 강연회를 하는 후세'를 사진과 함께 기사로 실은 것입니다. 후세의 강연 소식이 들리자, 일본 당국은 위험하다고 판단하여 후세를 초청한 조선인단체 대표를 구금하기도 했고, 강연회장에서 이를 중지시키기도 했습니다. 그렇지만 일본인 변호사가 조선인의 처지에서 강연하는 것만으로도 조선에서 그의 명성은 날로 높아져갔습니다. 강연과 별개로 후세는 조선에서 진행되는 재판의 변호인으로 참여하기도 했습니다. 바로 영화 〈밀정〉의 실제 인물인 의열단 김시현 선생의 재판이었습니다. 그리고 조선총독부에 폭탄을 던지고 상해에서 일본 육군대장 다나카 기이치를 암살하려고 했던 의열단 김익상 의사의 변호에도 참여했습니다. 이들 재판에서 김익상 의사가 사형 선고를 받는 등 후세는 변호인으로서 별다른 성과를 거두지는 못했으나 조선의 독립운동과 깊은 인연을 맺은 인물로 기억되기에 충분했습니다.

관동대학살에 대한 사죄문을 보내다

조선에서 강연이 끝나고 일본으로 귀국한 후세는 또 한 번 중요한 사건에 관여합니다. 바로 1923년 9월 1일 관동대지진으로 촉발된 관동대학살입니다. 대지진이 정부에 부담이 되자 일본 각료와 우익단체는 국민의 불만을 조선인들에게 돌리고자 했습니다. 대지진 전후 조선인이 건물을 방화하거나 우물에 독을 탔다는 소문을 퍼뜨린 것입니다. 대한민국임시정부의 발표에 따르면 이러한 분위기 속에서 자경단 등에게 학살당한 조선인이 무려 6,661명이었습니다. 이 사건을 조사한 후세는 일본 정부를 향해 조선인 학살 문제에 대해 집요하게 사실 규명을 요구했습니다. 죽은 조선인의 수, 조선인들이 죽음에 이른 원인, 조선인을 죽인 사람들이 누구인지, 살해범 검거 현황 등에 대하여 사실 확인과 문제 제기를 했던 것입니다. 그러나 일본 정부가 제대로 된 답을 주지 않자, 후세는 이에 항의하는 연설을 하기도 했습니다. 그 내용 일부를 보면 다음과 같습니다.

"어떤 말로 추도하더라도 조선 동포 6천의 유령은 만족하지 않을 것입니다. 천만 개의 추도의 말을 늘어놓더라도 무넘에 가득 찬 그 사람들의 마지막을 추도할 수 없을 것입니다."

1926년 〈조선일보〉와 〈동아일보〉에 관동대학살에 대한 사죄문을 보내기도 했습니다. 후세는 일본 내 한국 독립운동가를 변호하는 일도 맡았습니다. 관동대학살에 항의하며 일왕에게 폭탄을 던진 의열단 김지섭 의사를 변호한 것입니다. 또 일왕 폭살 혐의로 체포된 박열과 연인 가네코

후미코의 변호를 맡은 후세는 이 사건의 원인에 대해 자신의 견해를 밝혔는데, 그 내용 중 눈여겨볼 만한 부분이 있습니다.

"변호인은 (중략) 피정복자 압박의 저주에 고민하는 일본의 조선 병합 통치 문제를 배경으로 한 이 사건을 중대시함과 동시에 조선 병합 통치의 잘못임을 절규한다."

곧 이 사건의 원인이 일본의 조선 병합국권침탈 통치에서 비롯되었다고 주장한 것입니다. 또한 일본 식민지 통치의 이중성을 비판했습니다. 일본 의회가 제정한 법률인 보통선거법은 일본에서만 적용하고, 치안유지법은 조선과 대만에서도 적용한 것을 두고 후세는 조선인과 대만인에게 참정권은 인정하지 않으면서도 형법은 적용하려는 이중적이고 기만적인 통치임을 비판한 것입니다. 더 나아가 후세는 조선의 독립 문제는 단지 조선만의 문제가 아니라 동아시아의 문제라고 이야기하면서 조선의 평화가 세계 평화와 연결된다고도 주장했습니다.

일본인 최초로 대한민국 정부의 건국훈장을 받다

노동운동과 농민운동에 관심이 많았던 후세는 전라남도 나주의 궁삼면에서 동양척식주식회사를 대상으로 조선 농민들이 토지를 되찾기 위해 싸운 재판에도 변호인으로 참여했습니다. 조선총독부와 일본 경찰은 후세의 조선행을 막기 위해 협박을 했고 농민과 만남도 방해했습니다. 결국 후세는 산책을 가장하여 농민들을 만나 토지 문제를 상의할 정도였습니다. 이 재판을 준비하면서 후세는 일본이 식민지에 경제 발전을 이뤄주었다는 주장의 허구성을 밝히기도 했습니다.

"일본 제국의회 등에서 산업에 관련한 통계 숫자를 들면서 치적을 선전하고 있다. 식민지 산업에 대한 근본적인 의혹은 아무리 산업이 발달하고 농업시설이 개선되어도 그것이 식민지 동포를 위한 것이 아니라는 점에 있다. 총독부의 정치는 경찰력을 동원한 일본 본위의 정치이기 때문에 식민지 산업의 수확은 본국으로 이송되고 있다."

곧 일제강점기에 조선에서 경제성장이 있었다고는 하지만 그 열매는 모두 조선 내 소수의 일본인 그리고 일본 본국에서 가져갔으니 조선에게는 하나도 이득이 될 수 없다는 것입니다. 이러한 후세의 생각과 활동은 일본으로서는 거북하기 그지없는 일이었습니다. 결국 1932년 법정모독죄로 후세의 변호사 자격을 박탈하고 1933년에는 신문지법 등을 이유로 3개월의 실형을 선고했습니다. 이후 후세의 활동은 급격하게 줄어들었습니다.

1945년 일본이 패전하고 한국이 광복을 맞이했을 때 후세는 다시 의외의 영역에서 활동을 이어갔습니다. 미군정을 대상으로 재일조선인의 권리 획득을 위해 노력한 것입니다. 이와 별개로 일본 내 조선인들과 함께 '조선건국 헌법초안 사고'를 썼고, 이것이 박열을 통해 한국의 정치계에 전해지기를 희망했습니다. 후세는 해방을 맞이한 조선을 위해 헌법 기초안을 제안한 것입니다.

당시 후세는 조선과 일본의 헌법 초안을 함께 작성했는데, 여기에는 차이점과 공통점을 두었습니다. 차이점을 놓고 본다면 일본의 상황에 비춰 일왕을 형식적으로 중심에 두는 입헌군주제의 헌법을 제안했다면, 조선의 헌법은 대통령제의 공화정을 제안한 것입니다. 여기에서 흥미로운 것은 제1조 내용입니다. "조선국은 조선 국민이 향유하는 통치권에 의하여 이를 통치한다"라고 하여 주권이 국민에 있음을 명확하게 한 부분입니다. 이러한 내용은 제헌 헌법 제1조와 상통하는 부분이 있습니다. 후세의 헌법 기초안이 당시 국제 정세에 비춰볼 때 특별한 것은 아니라고 하더라도 일본인으로서 조선의 독립 국가 건설에 이 정도의 관심을 보인 인물은 거의 유일할 것입니다.

2004년 후세 다쓰지는 일본인 최초로 대한민국 정부에서 주는 건국훈장 애족장을 받았습니다. 일제강점기 그 엄혹한 시절에 한국인을 변호한 후세 다쓰지의 삶과 활동은 양심적인 지식인의 모범으로 오래 기억될 것입니다.

8. 식민지 청년이 비행학교를 세우려 했던 이유는?

안창남의 못다 이룬 꿈

#'떴다 보아라 안창남의 비행기~' #하늘 위에서 바라본 식민지 조선의 쓸쓸한 풍경 #"어떻게나 지내십니까"

조선의 하늘을 가른 비행사 안창남(1923년)

제1차 세계대전을 전후해서 비행기는 새로운 문명의 표상으로 등장했습니다. 일본 역시 비행기를 통해 자신들의 위세를 드러내려고 했습니다. 1913년 일본 장교 나라하라가 서울 용산의 연병장에서 공개 비행 행사를 연 것도 이러한 배경이 작용한 것입니다. 이 행사는 비행기가 잠시 떴다가 착륙한 것에 불과했지만 이를 본 사람들에게 비행기에 대한 관심을 불러일으키고, 고도로 발달한 문명의 이기를 운용하는 일본을 두렵게 만들기에는 충분했습니다. 그리고 1914년에는 일본의 민간 비행사 다카소가 용산에서 서울역까지 날아올랐고, 1916년에는 일본인 오자키가 한국에서 곡예비행을 하기도 했습니다. 이처럼 비행기에 관심이 높아지는 가운데 1920년 이탈리아 공군 조종사 2명이 로마에서 도쿄로 가던 중 우리나라를 잠시 들렀는데, 이때 여의도 비행장에 10만 명의 인파가 몰려들 정도였습니다.

안창남, 여의도 하늘을 가르다

임시정부에서도 국력을 상징하는 비행기에 대한 관심이 컸습니다. 그래서 중국과 미국에 조선인을 파견해 조종술을 배우게 하면서 독립 의지를 불태웠습니다. 중국 풍옥상 군벌에는 우리나라 최초의 비행사인 서왈보가 있었고, 이후에 한인 비행사들이 훈련을 받았습니다. 미국 캘리포니아에서는 대한민국임시정부의 군무총장 노백린 장군이 김종림 선생의 지원으로 설립한 윌로우스 비행학교에서 비행사를 양성하기도 했습니다. 이런 분위기 속에서 등장한 인물이 바로 안창남입니다. 안창남은 최초의 비행사는 아니지만, 당시 한국인에게 비행사로서 인기가 높았습니다. 일본인이 싫어하는 노래였던 '떴다 보아라 안창남의 비행기, 내려다보니 엄복동의 자전거'가 유행할 정도였으니 안창남의 인기가 어떠했는지 알 수 있습니다.

안창남이 조종사의 꿈을 갖게 된 것은 1917년 미국인 비행사 아트 스미스의 곡예비행을 본 뒤였습니다. 안창남은 꿈을 실현하기 위해 휘문고보를 중퇴하고 바로 일본으로 건너가 자동차 학교, 비행기 제작소 등에 들어가 비행기에 대한 기본 지식을 쌓았습니다. 안창남은 1920년 오구리 비행학교에 입학해 6개월 만에 졸업한 뒤 1921년 8월 공식적으로 비행 면허를 취득했습니다. 이후 그는 비행학교 설립에 대한 의지를 밝히기도 했습니다. 또 고국에서 비행 행사를 열겠다고 하자 많은 개인과 단체가 호응했습니다. 실제로 유명 정치인, 언론사를 비롯해 종교단체 등이 안창남을 후원하겠다는 의사를 밝혔고, 이를 발판으로 안창남은 고국 방문 비행 준비를 했습니다.

안창남은 먼저 일본에서 고국 방문 비행에 쓸 비행기를 조립했습니다. 그리고 비행기 양편에 조선 지도를 그려 넣었습니다. 안창남의 고국 방문 비행에는 일본 측도 지원을 했습니다. 이는 일본의 발달한 군사기술, 비행기 제작 기술을 선전하려는 의도가 있었기 때문입니다. 일본의 조선군사령부, 평양항공대도 안창남의 비행 행사를 지원했는데, 이 시기 안창남은 일본에서 열린 우편 비행 시합에서 우수한 성적을 거둔 당시 최고 수준의 파일럿이라는 점도 이러한 후원의 배경으로 작용했습니다.

준비를 마친 안창남은 1922년 11월 17일 비행기를 분해해서 한국으로 보냈습니다. 12월 1일 인천에 도착한 기체는 다시 기차를 통해 서울로 운반되었습니다. 안창남은 서울뿐 아니라 평양, 의주, 대구, 부산 등에서도 비행할 계획을 세웠습니다. 안창남은 자신이 탈 비행기의 이름을 '금강호'로 지었는데, 부산을 거쳐 서울에 도착했을 때는 한국인뿐 아니라 사이토 조선총독을 비롯한 일본 관계자들도 나와서 환영을 했습니다. 일본은 안창남을 한국의 청년이 아닌 일제 식민지 제국의 청년으로 포장하고자 했던 것입니다.

이렇게 각각의 의도가 엇갈리는 가운데 안창남의 비행 행사가 열리던 1922년 12월 10일, 임시열차까지 운행하면서 5만 명이 넘는 사람이 여의도 비행장에 모였습니다. 이날 안창남은 여의도, 용산, 북악산 일대를 선회비행하고 비행 기술을 드러내는 곡예비행도 했습니다. 이후 한 번 더 서울, 경기 인근을 비행했으나 안창남의 비행은 처음 계획과 달리 여기에서 멈췄습니다. 이렇게 된 1차 이유는 비행기의 성능 부족에 있었던 것 같습니다. 한편 일본 측의 방해도 있었던 것으로 보입니다. 안창남의 비행이 처음 자신들이 의도한 것과 달리 한국 사람들이 안창남을 응원하며 민족의식이 높아지는 것을 보자 위험하다고 판단한 것으로 보입니다.

"어떻게나 지내십니까"

고국에서 비행하며 안창남은 한국인이라는 자각을 하게 되었습니다. 이는 그가 비행에 대한 감상을 정리한 부분에서 볼 수 있습니다.

"독립문은 몹시도 쓸쓸해 보였고 무학재^{무악재} 고개에는 흰옷 입은 사람이 꼬물꼬물 올라가는 것이 보였습니다. (중략) 서대문 감옥에서도 자기네 머리 위에 뜬 것으로 보였을 것이지만 갇혀있는 형제의 몇 사람이나 거기까지 찾아간 내 뜻과 내 몸을 보여주었을는지. (중략) 어떻게나 지내십니까 하고 공중에서라도 소리치고 싶었으나 어떻게 하는 수 없이 그냥 돌아섰습니다."

이런 가운데 안창남이 민족의식을 더하게 된 사건이 또 있었습니다. 1923년 9월 관동대지진 이후 관동대학살이 일어나며 많은 조선인^{한국인}이 살해되었습니다. 이때 일본에 있던 안창남도 조선에서는 죽었다는 소문이 날 정도였습니다. 안창남은 오직 한국인이라는 이유로 죽임을 당했고, 또 당할 수 있다는 사실에 참담함을 느꼈습니다. 이에 그치지 않고 안창남이 대한민국임시정부, 혹은 중국 정부와 연결되어 있다는 소문이 퍼지면서 괴한에게 공격을 당하기도 했습니다.

자신의 능력을 조국을 위해 쏟다

결국 일본을 떠난 안창남은 대한민국임시정부와 접촉하고 독립운동에 투신했습니다. 대한민국임시정부 역시 공군의 중요성에 대해 인식하고 있었습니다. 이동휘 선생은 공군력 건설이 필요하다고 했고, 안창호 선생 역시 비행기가 독립전쟁에 중요한 수단이 될 것이라고 이를 지원하고자 했습니다.

중국에 온 안창남은 이름을 안호로 바꾼 뒤 여운형의 도움으로 중국 국민당의 여러 군벌과 협의를 한 끝에 1926년 산서산시성 군벌 염석산 군에 합류했습니다. 여기서 세 명의 교관 중 한 명이 된 안창남은 이들 군벌의 공군을 지휘했습니다. 당시 중국 국민당에는 모두 34명의 한인 비행사가 여러 군벌에 참여했는데, 이 중에는 여성 비행사인 권기옥도 있었습니다. 안창남은 염석산 군에서 여러 번 공을 세우며 소장의 대우를 받았습니다. 이러한 활약 속에서 어느 정도 자금력이 생긴 안창남은 독립운동을 위한 비행학교 건립을 비롯하여 독립운동 지원 계획을 세웠습니다. 그리고 독립운동 단체인 대한독립공명단의 리더로 활약했습니다. 이들은 흑룡강성에 수백만 평의 땅을 사들여 비행학교 설립을 계획했습니다. 하지만 아쉽게도 이러한 계획을 실행에 옮기기 직전인 1930년, 안창남은 중국 태원에서 비행 교습 중에 추락하며 순국하고 말았습니다.

안창남은 하늘을 날고 싶은 꿈을 가진 청년이었습니다. 그러나 식민지 청년으로서 그 꿈과 기술을 어떻게 해야 올바르게 쓸 수 있는지 깨달은 뒤 하늘을 날 수 있는 자신의 능력을 기꺼이 독립운동에 쏟아부었습니다.

9. 일본은 왜 조선의 여성 비행사를 암살하려고 했을까?

권기옥과 한국비행대 작전 계획

#독립을 위해 폭탄을 운반했던 평양 소녀 #조선의 하늘에서 일본과 대항할 계획을 세우다 #최초의 여성 비행사가 아닌 독립운동가 권기옥

1,300시간을 비행한 베테랑 비행사 권기옥(1935년)

"내가 비행술을 배우려 한 것은, 비행기에 폭탄을 가득 싣고 일본까지 가서 폭격을 할 생각이었다."

- 권기옥, 1965년 10월 〈조선일보〉 인터뷰 중에서

우리나라 초기 비행사 중에 안창남 못지않게 유명한 인물이 여성 조종사 권기옥입니다. 그는 16살이 되던 해인 1917년 5월 여의도 비행장에서 펼쳐진 미국 비행사 스미스의 곡예비행을 보았습니다. 이때 권기옥은 항공에 대한 동경과 호기심을 갖게 되었다고 합니다. 이후 조종사의 꿈을 이룬 권기옥은 우리나라 최초의 여성 비행사로도 널리 알려졌습니다. 하지만 본인은 이 표현을 탐탁지 않아 했습니다. 그 이유는 그의 삶을 들여다보면 이해할 수 있습니다.

평양에서 상해로, 독립투사가 된 권기옥

권기옥은 1901년 평양에서 태어났습니다. 어려운 집안 형편 때문에 11살 어린 나이에 은단 공장에 취직을 해야 했습니다. 12살부터는 학비가 무료였던 숭현소학교에 다니게 되었는데, 머리가 좋아 집안일을 도맡아하면서 학교에 다녔음에도 성적이 좋았습니다. 특히 수학과 과학에 두각을 나타냈다고 합니다.

그후 숭의여학교에 진학했는데, 졸업반 때 3.1운동이 일어났습니다. 평양은 서울만큼 독립운동의 열기가 높았던 곳으로 유명했습니다. 특히 가족들과 다녔던 장대현교회의 담임 목사 길선주 선생이 민족대표 33인 가

운데 한 분이어서 교회 신도의 시위 참여가 많았습니다. 권기옥도 숭의여학교 비밀결사인 송죽회의 일원으로 만세운동에 적극적으로 참여했고, 이로 인해 3주간 구류 처분을 받기도 했습니다. 권기옥은 시위 참여에 그치지 않고 독립운동자금을 모금해서 임시정부에 보내는 임무도 맡았습니다. 결국 일본 경찰에게 체포되어 혹독한 고문 끝에 징역 6개월의 실형을 받았습니다.

감옥에서 나온 뒤에도 독립을 향한 그의 염원은 그치지 않았습니다. 1920년 8월 평안남도 경찰부에 폭탄이 터져 경찰관 2명이 폭사하는 사건이 일어났습니다. 이때 권기옥은 현장까지 폭탄을 운반하는 일을 도왔는데, 일본 경찰의 수배를 받자 상해의 대한민국임시정부로 향했습니다. 진남포에서 작은 배를 타고 20일 만에 상해에 도착한 권기옥은 당시 임시정부 의정원 의장인 손정도 선생, 노백린 장군, 이동휘 선생 등을 만났습니다. 이후 김규식 선생의 부인 김순애 선생의 도움으로 영어, 중국어 등을 배운 뒤 1923년부터는 임시정부의 학교였던 인성학교에서 아이들을 가르쳤습니다.

독립운동을 위해 비행사가 되다

권기옥은 10대 때부터 조종사가 되어 하늘을 날고 싶다는 꿈이 있었습니다. 임시정부 역시 조선의 해방을 위해서는 비행기와 조종사의 확보가 시급하다고 판단했습니다. 임시정부는 권기옥을 몇 곳의 중국 항공학교에 추천했고 그 가운데 운남 항공학교에 입학 허락을 받았습니다. 당시 운남원난 성장인 당계요가 한국 독립운동에 관심을 가지고 권기옥에게 추천서를 써준 덕분이었습니다. 처음 운남 항공학교 교장은 권기옥이 여성이라는 이유로 입학을 꺼렸지만, 성장의 추천을 무시할 수 없어서 겨우 입학을 허락했습니다. 운남 항공학교에는 한국인 남학생 3명이 있기도 했고 학교 측에서 여러모로 신경을 써준 덕분에 권기옥은 빠르게 조종술을 배울 수 있었습니다. 그리고 탑승 시험까지 합격했습니다.

이러한 첩보를 입수한 일본은 한국인을 매수해 권기옥을 암살하려 했지만 실패합니다. 그러자 일본 영사관은 운남 성장인 당계요를 압박했고, 권기옥은 학교를 졸업할 때까지 학교 밖으로 나갈 수 없게 됩니다. 이러한 어려움 속에서도 1925년 2월 운남 항공학교 1기생으로 졸업했습니다. 한국 최초의 여성 비행사가 된 것입니다. 권기옥은 임시정부의 소개로 북경에 있는 풍옥상 군벌의 항공대에 들어갔습니다. 하지만 여기서도 일본군에 맞서 싸울 수는 없었습니다. 이즈음 권기옥에 대한 소식이 국내에 전해졌는데 독립운동보다는 '여성 비행사'에 초점을 맞춘 기사가 대부분이었습니다. 1926년 권기옥은 이상화 시인의 형인 이상정과 혼례를 올렸습니다.

남편과 상해로 옮겨온 권기옥은 중국 국민정부의 항공기 비행사로 활동하게 되었습니다. 국민정부가 보유한 비행기가 늘어나면서 많은 비행 연습과 출전 기회를 기대할 수 있게 되었습니다. 그리고 이 시기에 김원봉 선생의 의열단과 연결되어 활동한 것으로 보입니다. 1936년에는 권기옥의 비행시간이 1,300시간에 이를 정도로 활발하게 활동했는데, 권기옥 부부가 일본 밀정이라는 모함을 받아 체포되고 말았습니다. 8개월 만에 풀려났지만, 더 이상 비행기를 탈 수 없게 되었습니다.

조선의 영공에서 일제와 맞붙을 계획을 짜다

1938년부터 권기옥은 중경^{충칭}의 중국 국민당 정부 육군 교관으로 활동했습니다. 그리고 임시정부가 1940년 중경으로 옮겨오자 좌우로 분열이 되어있던 부인들을 설득하여 대한애국부인회를 만드는데 중심이 되기도 했습니다.

나아가 권기옥은 비행기 조종사이며 전투비행 전략가로서 조선의 영공에서 일본에 대항할 계획에 착수했습니다. 1943년 임시정부 안에서 한국비행대 편성과 작전 계획을 세운 것입니다. 이 계획에 따르면 비행기는 미국으로부터 빌리고 비행사는 중국군 내 한국인 비행사들로 운용한다는 것이었습니다. 이 계획은 중국 공군에서 같이 비행사로 활동했으며 실제 전쟁에도 참여했던 최용덕과 함께 세운 것입니다. 최용덕은 의열단을 비롯해 여러 영역에서 독립운동을 한 인물로, 훗날 대한민국의 2대 공군 참모총장을 역임하기도 했습니다. 그렇지만 1945년 8월 일제가 갑작스럽게 항복하며 이 모든 계획은 수포로 돌아갔습니다.

권기옥은 친분이 있었던 신익희 선생의 주선으로 대한민국 수립 이후 정치에 참여하여 제헌국회 국방위원회 전문위원으로 활동하기도 했습니다. 그러나 1956년 신익희 선생이 대통령 후보로 자유당의 이승만에 맞서 유세 가던 열차 안에서 급사하자, 권기옥은 정치를 멀리했습니다. 그리고《한국연감》발행인, 한중문화협회 부회장 등을 맡다가 1988년 세상을 떠났습니다.

권기옥은 우리나라 최초의 여성 비행사입니다. 그러나 권기옥은 여성에 초점이 맞춰지는 것도, 비행사에 초점이 맞춰지는 것도 원하지는 않았던 것 같습니다. 권기옥을 제대로 설명하기 위해서는 '독립운동을 위해 최초의 여성 비행사가 된 사람'으로 불러야 할 것 같습니다.

10. 조선의 여성에게도 투표권을 허하라
나혜석과 유럽 여성참정권

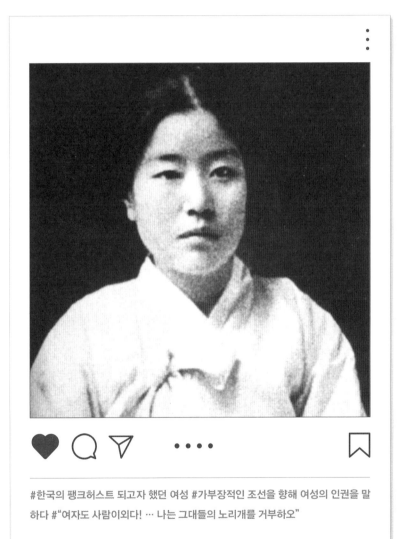

#한국의 팽크허스트 되고자 했던 여성 #가부장적인 조선을 향해 여성의 인권을 말하다 #"여자도 사람이외다! … 나는 그대들의 노리개를 거부하오"

여성의 정치 참여권을 요구한 나혜석(1934년)

개항 이후 조선에는 서양의 제도와 사상이 물밀듯이 들어왔고 이 과정에서 많은 사회적 변화가 있었습니다. 그중에서도 큰 변화라고 한다면 성인 남성 위주의 사회에서 여성과 어린이의 권리에 조금이나마 관심을 갖게 된 점이라고 할 수 있을 것입니다. 이러한 변화의 배경에는 당시 나라 안팎에서 인권에 대한 관심이 하나의 흐름으로 자리를 잡은 것과 관련이 있습니다. 어린이 운동의 경우 우리 내부의 변화와 반성에서 나온 것이라면, 여성의 권리 증진 운동은 서양의 영향을 받아서 나타났습니다. 이러한 움직임 가운데 여성의 권리, 특히 여성의 참정권과 관련해서 중요한 인물이 있습니다. 바로 나혜석입니다.

나혜석, 여성 참정권운동의 현장을 가다

나혜석은 우리나라 여성 가운데 최초의 서양화가이자 최초로 세계 일주를 했던 인물입니다. 이처럼 그에게는 '최초의 여성'이란 수식어가 늘 따라다녔는데, 이것이 명예를 쌓게 하는 긍정적인 면도 있었지만, 세간에 과도한 주목을 받게 되면서 삶을 어렵게 만드는 요인이기도 했습니다.

수원의 명문가에서 태어난 나혜석은 어릴 적부터 신교육을 받고 자랐습니다. 아버지는 여러 명의 첩을 두었는데, 이 과정에서 어머니가 힘들어하는 모습을 보면서 나혜석은 남성 중심의 가부장제에 거부감이 생겨났던 것 같습니다. 일본 유학 중에 나혜석은 여성 계몽 관련 글을 투고하면서 조선에서도 유명해지기 시작했습니다. 하지만 '여자도 사람이외다'라는 메시지를 담은 그의 글은 가부장적인 일본이나 조선 사회에서 환영받기 힘들었습니다. 나혜석은 자유연애를 표방했고 도쿄 유학 중에 최승구라는 유부남을 사귀게 되었습니다. 그러나 최승구는 두 집안의 반대로 이혼에 실패했고 집안의 지원도 끊긴 가운데 폐병으로 고생을 하다가 젊은 나이로 생을 마감했습니다.

나혜석은 첫사랑을 잊지 못했지만 일본 유학생 출신으로 앞길이 유망한 외교관이었던 김우영의 청혼을 받아들여 혼인을 합니다. 이때 나혜석은 김우영에게 몇 가지 혼인 조건을 내걸었습니다. 평생 나를 사랑해줄 것, 그림 그리는 것을 방해하지 말 것 등 평범한 내용도 있었으나 시어머니와 같이 살지 않도록 할 것, 전 애인인 최승구의 묘비를 세워줄 것 등 당시로서는 파격적인 것도 있었습니다. 그럼에도 김우영은 나혜석의 요구를 받아들였고 지키려고 노력했습니다.

1927년 나혜석은 남편의 외교관 업무와 유학길에 동행하며 세계 일주를 하게 되었습니다 약 1년 9개월 동안이나 이어진 긴 여행이었습니다. 이때 오랫동안 머물렀던 유럽에서 겪었던 몇 가지 사건이 나혜석의 삶에 영향을 끼쳤습니다. 그 가운데 하나가 여성 인권에 대한 문제였습니다. 나혜석은 이미 신여성으로서 여성 인권에 관심이 많았고 조혼과 가부장제를 비판하는 단편소설 〈경희〉를 쓰기도 했습니다. 그런 그가 유럽의 여성 참정권 운동의 현장을 본 것입니다.

"내가 조선 여권 운동의 시조가 될지 압니까?"

나혜석이 영국 런던에 머물렀을 때, 여성참정권 운동을 하고 있던 '여성참정권 운동자 연맹회' 회원을 만났습니다. 사실 유럽에서도 여성참정권은 이 시기에 비로소 성과가 나타나는 참이었습니다. 예를 들어 영국은 1928년, 프랑스는 1944년에서야 여성참정권이 이뤄진 것입니다.

영국은 민주주의가 일찍 시작된 나라이지만 여성의 참정권 문제는 조금 달랐습니다. 1860년대 일부 지식인이 여성참정권에 대해 의회에서 다룰 것을 주장했으나 의회의 남성 의원들은 늘 이 문제를 부결시켰습니다. 논의가 지지부진해지자, 여성참정권을 주장하는 이들 중에는 합법적인 방법으로는 해결할 수 없으니 거리로 나가야 한다고 주장하는 이들도 있었습니다. 그 중심에 있었던 인물이 바로 에멀린 팽크허스트입니다.

에멀린 팽크허스트는 14살 때 여성 인권에 대한 강의를 들은 이후, 여성참정권을 쟁취하기 위한 활동에 나섭니다. 에멀린은 정치 조직을 만들었고 시위, 단식 투쟁 등을 통해 관심을 끌어내려고 노력했습니다. 이런 가운데 1913년 에밀리 데이비슨이란 여성이 경마장에 뛰어들어 말에 밟혀 사망하는 사건이 일어났습니다. 에밀리는 여성참정권 요구에 세상이 주목하지 않자 경마장에 뛰어드는 시위를 벌인 것입니다. 이를 계기로 여성의 시위와 투쟁은 확대되었고, 결국 1918년 1차로 31세 이상 여성에게, 그리고 1928년 6월에는 남성들과 동일한 21세 이상 여성에게 선거권을 주는 법안이 통과된 것입니다.

나혜석은 1928년 7월 영국 런던을 방문했으니 참정권 운동이 막 결실을 본 때였습니다. 에멀린 팽크허스트는 이미 죽은 뒤였고 나혜석은 그와 함께 참정권 운동을 하던 여성을 만났습니다. 이들은 어머니 때부터 지금까지 대를 이어가며 투쟁했던 내용을 나혜석에게 전해주었습니다.

1936년 나혜석은 이들과 주고받은 이야기를 잡지에 발표했습니다. '영미 부인 참정권 운동자 회견기'란 제목으로 잡지《삼천리》에 실린 내용을 살펴보면 다음과 같습니다.

"내가 런던에 체류할 동안, 영어를 배우기 위하여 여선생 하나를 정했다. (중략) 팽크허스트 여자 참정권 운동자 연맹회 회원이요, 당시 시위 운동 때 간부였었다. (중략) 그는 이런 말을 한다. '여자는 좋은 의복을 입고, 맛있는 음식을 먹는 것을 절조節調하여 은행에 저금을 하라. 이는 여자의 권리를 찾는 제1조목이 된다.' 나는 이 말이 늘 잊히지 아니하고 영국 여자들의 선각先覺에 존경 않을 수 없다."

여성의 정치력은 결국 경제력에서 나온다는 사실을 확인한 것입니다. 국가가 여성의 요구를 받아들이게 하기 위해서는 여성이 힘을 키워야 한다는 것이기도 했습니다. 남성에게 의지하지 않는, 주체적이고 독립적인 활동을 하기 위해서는 경제력이 필요하고 이를 위해서 저축을 실천하라는 메시지입니다. 영어 선생과의 이야기에서 나혜석은 간접적으로 자신의 바람을 이야기하기도 합니다. 영어 선생이 당시 영국 시위에서 사용했던 '여성에게 투표를'이라고 쓰인 띠를 보여주자 나혜석은 자신에게 줄 수 있냐고 부탁합니다. 그러자 그녀는 흔쾌히 건네주며 무엇에 쓸 것인지를 묻습니다. 나혜석은 답합니다.

"내가 조선 여권 운동의 시조가 될지 압니까?"

후손 여성들의 인간적인 삶을 위하여

그러나 얼마 지나지 않아 나혜석의 운명을 바꾸는 일이 벌어집니다. 이 일로 인해 그는 여성 인권, 곧 참정권 운동과 관련한 적극적인 활동을 할 수 없게 됩니다. 바로 남편의 친구인 최린과 부적절한 관계를 갖게 된 것입니다. 이로 인해 나혜석은 1930년 김우영과 이혼하게 되고, 최린 역시 나혜석과 거리를 두면서 결국 나혜석은 혼자 남게 되었습니다. 이때 나혜석은 〈이혼 고백서〉라는 글을 발표했는데, 그 내용의 일부를 보면 다음과 같은 내용이 있습니다.

"조선의 남성이란 인간들은 참으로 이상하고, 잘나건 못나건 간에 그네들은 적실, 후실에 몇 집 살림을 하면서도 여성에게는 정조를 요구하고 있구려. 하지만, 여자도 사람이외다! 한순간 분출하는 감정에 흩뜨려지기도 하고 실수도 하는 그런 사람이외다. 조선의 남성들아, 그대들은 인형을 원하는가, 늙지도 않고 화내지도 않고 당신들이 원할 때만 안아주어도 항상 방긋방긋 웃기만 하는 인형 말이오. 나는 그대들의 노리개를 거부하오."

나혜석은 이혼에 대한 비판이 자신에게만 몰리는 것에 대해 공정하지 않다고 분노한 것입니다. 그러나 그 당시 사회 분위기에서 이러한 분노가 받아들여질 리 없었습니다. 오히려 수많은 비난 속에서 고립된 채 신경쇠약증에 걸린 나혜석은 1948년 서울 시립 자혜원에서 무연고자로 생을 마감했습니다.

이처럼 나혜석은 시대를 앞서간 발언으로 온갖 공격에 시달리며 고통

받았습니다. 그러나 자신의 삶이 의미가 없다고 본 것은 아니었습니다. 나혜석은 자기의 삶을 평가하는 듯한 글을 남겼습니다.

"내 몸이 불꽃으로 타올라 한 줌 재가 될지언정 언젠가 먼 훗날 나의 피와 외침이 이 땅에 뿌려져 우리 후손 여성들은 좀더 인간다운 삶을 살면서 내 이름을 기억할 것이다."

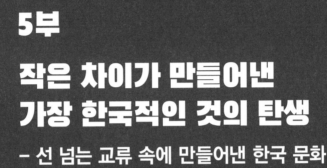

5부

작은 차이가 만들어낸
가장 한국적인 것의 탄생

– 선 넘는 교류 속에 만들어낸 한국 문화

"하늘 아래 새로운 것은 없다"라는 말이 있습니다. 그렇다면 우리 역사의 문화유산 가운데 새로운 것, 특이한 것의 의미가 궁금해집니다. 우리가 자랑하는 석굴암이 독특하긴 하지만 인도, 중국을 잇는 석굴사원의 전통을 생각해보면 '새롭다'라고 보기는 어려울 듯합니다. 팔만대장경으로 알려진 고려대장경은 동아시아의 여러 나라가 만들었던 대장경과 비교할 때 높은 완결성을 보인다고 하나 역시 '새롭다'라고 단정해서 얘기하기는 어려울 것 같습니다. 문화유산의 문제라면 오히려 이렇게 질문을 던지면 어떨까요? "원래 다른 나라에 있던 것인데 왜 다르게 만들려고 하는가?"라고 말입니다.

　신라가 석굴암을 인도의 아잔타 석굴이나 중국의 운강雲崗석굴과 다른 모습으로 만든 이유는 한국의 자연과 관련이 있습니다. 한국의 산에 있는 바위는 사암과 같은 무른 바위가 아니고 단단하기 그지없는 화강암이라서 석굴을 파고 그 석굴의 벽에 조각하는 것이 불가능에 가까웠기 때문입니다. 결국 신라인이 생각해낸 방법은 화강암으로 석굴을 '건축'하는 것이었습니다. 이렇게 해서 세계적 명품인 석굴암(당시 석굴사)이 탄생한 것입니다.

　고려는 몽골의 침입이라는 위기 속에서 부처님의 힘으로 나라를 지키려고 대장경을 만들고자 했습니다. 더 나은 대장경을 만들기 위해 북송의 대장경을 참고했지만, 한편으로 신라 이후 축적된 불교에 대한 이해가 더 나은 대장경을 만들게 되었다고 할 수 있습니다. 이처럼 다른 나라에서 좋은 것을 받아들인다고 하더라도 우리의 축적된 준비가 없다면 제대로 구현하기 어려운 것입니다. 그결국 다르게 만든다는 것은 문화적인 역량이 있느냐 없느냐에 따라 차이가 날 것입니다.

물론 이러한 변화상을 제대로 평가하는 것은 쉬운 일은 아닙니다. 그렇지만 다른 나라의 문화를 눈여겨보고 이를 발판으로 이전에 볼 수 없었던 새로운 것을 만들어내었다면, 높이 평가해야 할 것입니다. 또 그 과정에서 우리나라의 현실에 맞게 변화를 주었다면 더욱 높이 평가해야 할 것입니다. 그리고 다른 나라의 것에서 참고하기 어려워 독창적으로 처음 만든 것이 있습니다. 세종대왕이 창제한 훈민정음, 곧 한글이 여기에 해당할 것입니다. 또 세계 최초로 꼽히는 이 시대의 발명품인 측우기도 그렇습니다.

역사 속 어떤 사건을 내부의 상황과 국제 관계 속에서 이해할 때 좀더 정확하게 이해할 수 있듯이 우리 문화유산을 이해할 때도 나라 안팎의 상황을 조금 더 넓은 시선으로 볼 필요가 있는 이유입니다.

1. 동아시아 불교 네트워크가 만들어낸 세계기록유산

고려대장경

#서역과 중국, 거란의 경전을 집대성한 한역대장경 #전란의 위기에도 대장경을 지켜내다 #일본 불교 발전에 기여한 동아시아 네트워크의 결정판

세계기록유산에 등재된 해인사 고려대장경(1248년)

우리의 대표적인 문화재인데 우리의 관점이 아니라 국제적 맥락에서 이해할 때 그 본래 가치를 명확하게 알 수 있는 경우가 종종 있습니다. 고려 때 부처님의 힘으로 외적을 물리치기 위해 제작한 고려대장경, 곧 팔만대장경이 여기에 해당합니다. 부처님의 말씀을 담은 대장경이 중국을 거쳐 고려에 들어오고, 그것이 일본에 전해지기까지, 고려대장경을 둘러싼 동아시아 문화 지형을 살펴보면, 그 가치를 더 정확히 알 수 있습니다.

동아시아가 대장경을 만든 이유

'대장경'이란 널리 알려진 것처럼 불경을 집대성한 것입니다. 부처님의 말씀을 모은 경장, 승려들이 지켜야 할 계율을 모은 율장 그리고 경장과 율장의 해석과 연구 모음인 논장이 있습니다. 이를 모두 일러 '삼장'이라고도 합니다. 삼장은 상당히 방대한 분량이었고, 편의에 따라 들어온 산스크리트어 경전, 팔리어 경전 등으로 산재해 있었습니다. 그래서 동아시아에서는 체계적인 구성과 함께 단일한 언어의 번역이 필요해졌습니다. 결국 삼장을 체계적으로 편찬한 '한역대장경', 곧 한자로 번역한 대장경이 등장한 것입니다.

그 첫 작업이 북송 태조 때인 971년 시작되어 983년에 완성한 대장경입니다. 불가에서는 불경을 읽는 것으로도 공덕을 쌓을 수 있다고 하니 대장경 편찬이 어떤 의미가 있는지 짐작할 수 있을 것입니다. 이 대장경은 무려 13만 매의 목판에 새겼는데 이를 북송 관판대장경이라고 불렀습니다.

북송의 대장경 완성은 다른 동아시아 여러 나라에 한역 대장경 제작의 동기를 불러일으켰던 것으로 보입니다. 송나라의 뒤를 이어서 대장경 제작에 들어간 나라는 고려였습니다. 현종 2년, 거란의 2차 침입 직후였던 1011년입니다. 그런데 대장경 제작을 시작한 것은 늦었으나 고려보다 더 빨리 완성한 나라는 거란이었습니다. 1063년에 거란족의 요나라는 완성된 대장경을 인쇄했고 이를 고려에 보내왔습니다. 덕분에 고려에서는 이를 참고하여 북송 대장경보다 풍부한 내용의 대장경을 완성할 수 있게 되었으니 1087년의 일입니다.

셰익스피어와 인도를 다 주어도 바꿀 수 없는 우리의 보물

이때 고려가 완성한 대장경은 처음 제작한 대장경이어서 초조대장경이라고 부릅니다. 부인사에 보관했던 초조대장경이 1232년 몽골의 침입으로 불에 타자, 고려는 다시 대장경 제작에 들어갔습니다. 1237년에 시작한 대장경 제작 작업은 1248년경에 완성되었습니다. 이것이 팔만대장경이라 부르는 고려대장경입니다.

팔만대장경이란 이름이 붙은 이유는 경판의 수가 8만 1천 개가 넘고 불교에서 많은 번뇌를 팔만사천 번뇌, 이를 물리치는 부처님의 법문이 팔만사천법문인 것과 관련이 있습니다. 고려대장경 각각의 경판은 가로 70센티미터, 세로 24센티미터, 무게는 3~4킬로그램 정도입니다. 보통 경판 한 면에 644글자를 새겨서 전체 팔만대장경에 새긴 글자는 약 5,200만 자 정도입니다. 팔만대장경은 고려 때 제작되어서 전해지는 유일한 대장경이라는 점에서 공식적으로는 고려대장경으로 부르고 있습니다. 이렇게 완성된 고려대장경은 강화도 선원사에서 보관하다가 조선 건국 이후인 1399년 해인사로 옮겨졌습니다.

당시 고려대장경을 목판으로 제작한 이유는 인쇄를 통해 여러 부를 제작하고자 했기 때문입니다. 고려대장경 인출^{목판을 찍어내는 것}은 고려 때 이후 여러 번 있었습니다. 대장경 인출과 관련된 최초의 기록은 1318년이나 실제로는 이전부터 인쇄를 했을 것으로 봅니다. 또 전체가 아닌 특정 부분을 더 많이 인출한 것으로 보이는데, 〈대반야경〉 경판은 다른 경판에 비해 마모가 많이 된 편입니다. 또 조선 세조 때 무려 50부를 인출했는데, 3부는 흥천사에, 다른 47부는 전국의 주요 사찰에서 보관하도록 했습니다.

해인사에 보관하던 고려대장경은 위기의 순간이 많았습니다. 임진왜란 때는 곽재우, 손인갑, 정인홍 등의 의병부대가 해인사 일대를 막아내어 전쟁의 피해를 피할 수 있었습니다. 그리고 숙종 때부터 고종 때까지 해인사에 일곱 번의 화재가 있었는데, 대장경은 다행히도 피해를 입지 않았습니다. 6.25 전쟁 때는 빨치산을 토벌하기 위해 당시 작전권을 가지고 있던 미군이 공군 폭격기 조종사였던 김영환 대령에게 해인사 폭격을 명령했습니다. 그러나 김영환 대령은 '빨치산을 죽이려고 소중한 우리 문화유산을 불태울 수는 없다'며 해인사 뒷산 너머 적군의 보급품 저장소만 공격하고 돌아왔습니다. 그는 명령 불복종으로 상부에 호출되었지만, 당당하게 말했다고 합니다.

"영국 사람들은 '셰익스피어와 인도를 바꿀 수 없다'고 말했습니다. 팔만대장경은 셰익스피어와 인도를 다 주어도 바꿀 수 없는 보물 중 보물인데, 전쟁으로 이것을 불태울 수 없었습니다."

김영환 대령의 대답에 미군은 수긍을 했다고 합니다. 해인사 폭격 명령을 거부한 덕분에 세계기록유산 고려대장경은 지금까지 전해질 수 있게 된 것입니다.

일본은 왜 팔만대장경을 원했을까?

고려대장경은 일본에서 큰 인기가 있었습니다. 일본은 불교 국가임에도 우리나라 조선 후기에 해당하는 에도시대에 이르러서야 독자적으로 대장경 목판을 제작할 수 있었습니다. 그 이전에는 다른 나라에서 대장경(경판이 아닌 경판을 인출한 것)을 구해야 했는데, 특히 지리적으로 가까운 고려의 대장경을 입수하기 위해 온갖 노력을 했습니다. 특히 고려대장경이 완성되자 일본은 송나라 상인에게 의뢰하여 고려대장경을 입수하고자 했습니다. 당시 왜구의 잦은 고려 침입과 몽골의 일본원정 등으로 고려와 직접적인 교류가 어려워진 상황에서, 일본은 송의 상인들을 통해 고려대장경을 구한 것입니다.

일본이 어렵게 우리 대장경의 인쇄본을 구하다가 본격적으로 대장경 입수를 위한 교섭이 이뤄진 것은 조선 건국 이후였습니다. 《조선왕조실록》에 남아있는 기록만 보더라도 태조 때부터 명종 때까지 일본이 조선에 불경을 요구했던 기록이 무려 107번 정도입니다. 이 시기에 일본에서는 불교를 중요한 신앙으로 받아들였으나 내전으로 많은 절이 불탔습니다. 그래서 절을 새로 짓고 이에 필요한 대장경을 입수하는 것은 호족의 권위를 세울 수 있는 방법으로 여겼습니다.

일본은 사신단까지 파견하면서 인출한 대장경을 얻어가다가, 태종 때에는 단 하나뿐인 대장경판 자체를 달라고 요구했습니다. 당시 억불숭유 정책을 펼치던 태종은 이를 보낼 생각을 했는데, 다행히 신하들이 말려서 경판이 아닌 인쇄한 대장경을 보내는 것에 그쳤습니다. 그러다가 임진왜란 때 큰 위기가 옵니다.

1592년 4월 13일 부산포에 상륙한 왜군은 불과 2주일 만에 성주로 진입했습니다. 성주 서쪽에 있는 해인사에 왜군이 고려대장경을 약탈하는 것은 시간문제였습니다. 이때 의령의 곽재우, 거창의 김면, 합천의 정인홍이 이끄는 의병과 서산대사의 제자 소암이 이끄는 승병이 일어납니다. 조선의 의병과 승병군은 세 차례의 대규모 공격을 하면서 왜군 2만 명을 김천, 선산으로 퇴각시키고 낙동강 서부를 수복하면서 팔만대장경도 지켜낼 수 있었습니다.

현재 일본에는 모두 15벌 정도의 전질에 가까운 고려대장경 인출본이 있습니다. 이 가운데 눈에 띄는 것은 오타니大谷대학소장본입니다. 이 대장경은 고려 우왕 7년에 염흥방의 주도로 대장경을 인쇄한 뒤 신륵사에 보관했던 것입니다. 나중에 일본 사신의 요청에 따라 일본의 막부에게 보내졌으니 태종 14년의 일입니다. 지금 신륵사에 가면 대장경은 없고 그 대장경을 보관했던 것과 관련된 비만 남아있습니다.

이처럼 불교의 삼장을 담아낸 대장경은 동아시아 각 나라가 귀하게 여겼습니다. 송나라는 여러 언어로 된 것을 처음으로 한역을 했고, 여기에 자극을 받은 요나라도 한역 대장경을 제작했습니다. 고려는 이들 두 나라의 대장경을 바탕으로 더 완벽한 대장경을 제작했고 고려의 대장경은 일본에 전해졌습니다. 다른 한편으로 고려가 다른 나라의 불교 경전에 관심이 없거나, 혹은 송나라나 요나라와 외교 관계를 맺지 못했다면 고려대장경은 지금과 다른 모습이거나 혹은 완성되지 못했을 수도 있습니다. 이처럼 고려대장경은 고려의 뛰어난 제작 역량을 보여줄 뿐 아니라 동아시아 네트워크의 훌륭한 산물이기도 했습니다.

2. 한반도가 남성 위주의 사회가 아닌 이유
성씨와 족보의 진화

❤ 💬 ✈ • • • • 🔖

#어머니, 할머니, 외할머니의 성으로 바꾸게 한 고려의 성씨 #외국인의 귀화와 혼
인, 한국의 성씨가 바뀌고 있다 #가족의 변화를 보여주는 지표

최초의 족보 안동 권씨 〈성화보〉(1476년)

동북아시아 국가들은 공통적으로 성씨가 있지만, 그 나라의 현실에 맞게 독특한 특징을 가집니다. '김이박'으로 상징되는 한국의 성씨는 어떠했을까요? 흔히 우리는 중국 성리학의 영향을 받아서 한국은 남성 위주의 성씨라고 생각합니다. 하지만 이는 반은 맞고 반은 틀린 이야기입니다.

성씨는 각 시대의 사회 흐름과 가족의 변화에 맞게 변화를 거듭했습니다. 삼국시대부터 고려시대까지는 모계 사회의 영향이 컸고, 조선 중후기로 갈수록 성리학의 영향이 컸습니다. 하지만 오늘날 성씨는 귀화인 등에 의해서 또 다른 변화가 일어나고 있습니다. 가족의 변화를 보여주는 성씨, 그 안에 숨겨진 의미는 무엇일까요?

삼국시대에 시작된 성씨

우리나라에서 성씨를 갖기 시작한 것은 대체로 6세기, 각 나라의 왕실과 최상위 귀족에서 시작된 것으로 보입니다. 《삼국사기》를 살펴보면, 고구려의 경우 주몽이 고구려를 세웠다고 해서 고씨라고 한 기록을 시작으로 중실씨, 소실씨, 우씨 등에 대한 기록이 있습니다. 백제는 부여에서 나왔다고 해서 부여를 성씨로 삼았다고 하며, 신라는 건국 신화에 나오는 것처럼 박씨, 김씨, 석씨가 있고, 가야도 김씨와 허씨 등 왕족에 대한 기록이 남아있습니다.

그런데 성씨에 대한 1차 기록은 7세기 이전 한국 기록에는 볼 수 없고, 당대의 중국 기록에서 일부 찾아볼 수 있습니다. 고구려 장수왕 때 중국에 보낸 국서에 고씨의 성을 썼으며, 백제 근초고왕이 중국에 보낸 국서에 여씨에 대한 기록, 신라 진흥왕을 김씨로 표기한 기록 정도입니다. 왕실에서 처음 사용한 성씨는 이후 귀족들까지 확대된 것으로 보입니다. 백제의 8대 성씨, 신라 6두품의 6성씨 등을 통해 이러한 상황을 알 수 있습니다.

신라 6두품의 성씨설/손/이/정/최/배는 당시 당나라 대성大姓을 차용했다는 점에서 중국의 영향을 짐작할 수 있습니다. 원래 중국에서 성은 혈족집단을, 씨는 같은 성을 가진 족단이 분리해서 살 때 붙이는 것으로 알려져 있습니다. 신농의 어머니가 강수에 살았다고 해서 강씨를, 황제의 어머니가 희수에 살면서 희씨를 취한 것과 같습니다. 우리나라에 들어올 당시에는 성과 씨의 구분은 뚜렷하지 않았고, 삼국시대만 하더라도 성씨를 쓸 필요성을 느끼지 못했던 것 같습니다. 신라 불교 공인 과정에서 희생된 이차돈異次頓은 박씨로 추정하며, 우산국을 정벌한 이사부異斯夫는 김씨로 보고 있습니다. 백제에서 일본으로 불교를 전한 노리사치계는 희씨로 보고 있습니다.

고려인의 유연하고 개방적인 태도

성씨가 널리 쓰이기 시작한 것은 고려 건국 직후로 보입니다. 왕건은 후삼국을 통일하는 과정에서 호족들에게 왕족의 성인 왕씨를 내려주었는데, 이때부터 성씨의 의미가 조금 더 커졌습니다.

조정에서 내려주는 공식 문서에 성과 이름을 적어야 하는 경우가 나타나기 시작했습니다. 이는 성씨가 귀족들의 특권을 이어가는 도구가 될 수 있다는 것을 인식하게 되었기 때문입니다. 실제로 성씨는 음서 등을 통해 아버지에서 아들로 특권이 이어지게 됩니다. 다만 이 시기 성씨는 조선시대와 달리 가까운 조상과 자신의 관계를 증명하는 도구였지 같은 시조를 둔 종족의 규명을 위한 것은 아니었습니다. 대체로 그 범위가 친가 4대조, 처가 4대조, 그리고 외가와 사돈의 인적 사항을 간단하게 적는 정도였습니다.

또 이 시기 성씨는 부계의 우월함이 명확하게 드러나지 않았습니다. 이는 부계 성씨를 강조한 중국과 크게 다른 부분입니다. 신하나 백성이 왕의 이름을 피하는 피휘避諱 사례에서 알 수 있습니다. 고려 신종의 이름에 탁이 들어가자 탁씨에게 성씨를 바꾸라는 명을 내렸다는 기록이 있습니다. 아무리 왕명이라고 하더라도 조선시대에는 꿈도 꿀 수 없는 일입니다. 흥미로운 부분은 성씨를 바꾸는 데 가이드라인이 제공되었다는 점입니다. 성씨를 바꿀 때 외가의 성을 따르게 하며, 외가의 성씨도 탁씨일 경우 조모나 외조모의 성을 따르게 한 것입니다. 예천의 흔씨 역시 충목왕의 이름과 같아지면서 권씨로 바꾸었습니다. 이처럼 성씨를 바꾸는 데 어머니, 혹은 할머니나 외할머니의 성을 따르게 했다는 것은 부계 가문 중심이었던 조선에서는 따르기 어려운 것입니다.

또 고려시대 성씨에서 흥미로운 부분은 바로 귀화인의 성씨입니다. 삼국시대에도 일부 인물이 중국계로 추정되지만 이를 기록으로 확인하기는 어려운 부분이 있습니다. 그런데 고려 초에는 귀화인이 무려 20만 명에 이른다는 연구가 있는데, 이들 중 상당수가 고려에서 성씨를 갖게 된 것입니다.

이때 성씨를 정하는 데에도 일정한 원칙이 있었습니다. 귀화인의 다수는 한자 문화권 출신이었기 때문에 성씨는 자신의 것으로 할 수 있으면 한다는 것과 한국 특유의 전통인 본관 제도에 기반해서 적용한다는 것입니다. 본관은 흔히 처의 고향을 기준으로 삼았습니다. 이렇게 해서 원주 변씨, 상주 이씨와 같은 성씨가 등장했습니다. 곧 이들 시조에 해당하는 인물의 처가가 원주거나 상주인 것입니다. 이러한 사례는 계속 이어져서 고려 말, 제국대장공주와 함께 온 몽골인 후라타이는 연안 인씨를, 위구르인이었던 삼가는 덕수 장씨로서 장순룡이란 이름을 지었습니다. 또 여진계로는 이성계를 도왔던 이지란이 청해 이씨로, 베트남계로는 리 왕조의 마지막 왕자 리롱떵^{이용상}이 화산 이씨를 열었습니다. 곧 귀화를 하며 고려의 성씨 제도를 따라 고려인이 되는 과정에서, 고려의 개방적인 모습을 알 수 있습니다.

성씨의 변화가 최근에 큰 이유

족보는 한 가문의 계통과 혈통 관계를 기록한 책입니다. 현존하는 최초의 족보는 조선 성종 7년인 1476년에 만들어진 안동 권씨의 〈성화보〉입니다. 족보는 60년마다 제작했기 때문에 간행 시기의 간지를 이름으로 쓰는 경우가 많습니다. 〈성화보〉 역시 공식 이름은 〈성화병신보〉, 곧 병신년에 제작한 족보입니다. 성화는 중국의 연호였는데, 간지보다 더 중요하게 생각해서 지금은 〈성화보〉로 부르고 있습니다.

〈성화보〉는 1476년 권근의 아들 권제가 만들기 시작하여 그 아들인 권람이 보완한 것을 권제의 조카 서거정이 다시 여러 사람과 함께 완성한 족

보입니다. 이 족보의 특징은 9천여 명에 이르는 인물 가운데 친손은 10퍼센트 정도고, 나머지는 외손의 이름이 올라와 있다는 점입니다. 또 서자가 없었는데, 고려 때 처첩의 구분이 없었기 때문입니다. 대를 잇기 위해 양자를 들이는 경우도 없었습니다. 이렇듯 한 가문의 오래된 내력을 담은 족보에 그 시대의 가족, 사회 제도가 반영되었습니다. 조선시대 후기로 갈수록 중국 성리학에 영향을 받아서 딸보다는 아들이, 정실이 낳은 적자가 우선이 되었고, 자식이 없으면 양자가 가업을 잇는 모습을 볼 수 있는데, 이는 한반도 전체 역사로 볼 때 오래된 전통이 아님을 알 수 있습니다.

동북아시아는 각국마다 성씨가 존재하는데, 한국 성씨의 특징은 그 수가 적다는 점에 있습니다. 일본이 10만 개, 중국이 4,100개인데 반해 한국은 2000년 기준으로 286개에 불과합니다. 주목할 부분은 본관이 4,170여 개에 이릅니다. 우리나라의 본관은 시조의 출신지, 혹은 동족이 분화 과정에서 자리를 잡은 곳 등으로 동성 안에서 구분하고자 등장했습니다. 그래서 같은 성씨보다 같은 본관일 경우 더 친밀함을 느꼈으며 본관에 따라 귀천을 결정할 수도 있어서 어떤 면에서 성씨보다 중요한 것으로 인식되기도 했습니다. 그래서 우리나라에서는 성을 바꾸지 않고 본관이 새롭게 생기는 방식으로 성씨 제도가 자리를 잡았습니다. 여러 성씨가 있는 중국, 원래 가문에서 새로운 성씨를 만드는 일본과 다른 부분입니다.

그런데 최근 성씨와 관련해서 큰 변화가 일어나고 있습니다. 성씨가 급격하게 증가한 것입니다. 혼인이나 귀화를 통해 한국인이 된 사람들이 새로운 성씨를 만들었기 때문입니다. 2015년 기준으로 대한민국 전체 성씨는 5,582개로 크게 늘어났습니다. 그리고 이전의 성씨는 한자로 적을 수 있었으나 외국어를 바탕으로 한 한글 성씨의 등장 역시 새로운 변화입니다. 이처럼 한국의 성씨는 삼국시대부터 현대까지, 한국 사회의 흐름과 가족의 변화를 보여주는 지표이기도 합니다.

3. 조선의 언어 천재가 터득한
훈민정음의 독창성은?
최세진의 《훈몽자회》

#"한글은 세계에서 가장 뛰어나게 고안된 문자 체계" #세계의 언어학자들이 인정한 한글 #한글을 알면 한문을 깨칠 수 있다

한글 사용을 쉽고 정확하게 정리한 《훈몽자회》(1527년)

1446년 세종대왕의 한글 반포는 국어의 역사뿐 아니라 우리 역사에서도 한 획을 긋는 중대한 사건으로 꼽을 수 있을 것입니다. 한글 창제와 반포 이유를 밝힌 글을 보면 "우리말이 중국과 다름"으로 적고 있습니다. 곧 우리나라와 중국의 말이 다른데도 중국의 글자인 한자를 쓰는 것이 현실에서 괴리를 만들어낸다고 여긴 것입니다.

이러한 생각은 삼국시대 이후 선진국이라고 생각했던 중국의 것을 무조건 따르는 게 아니라 한국화하려는 의지를 보인 것이자 사대사상에서 벗어나는 새로운 역사의 지향점을 드러낸 것이라고 볼 수 있습니다. 지금 보기에는 당연한 것이지만 '다름'을 인정하고 '우리 것'을 만들어내고자 했던 것은 역사의 관성을 깨는 혁명적인 사건이라고 할 수 있습니다.

세계 언어학자들이 인정한 언어

세종대왕의 훈민정음 창제 기록은 《조선왕조실록》에 명확하게 나와 있습니다.

"이달에 임금이 친히 언문諺文 28자字를 지었는데, 그 글자가 옛 전자篆字를 모방하고, 초성初聲 · 중성中聲 · 종성終聲으로 나누어 합한 연후에야 글자를 이루었다. 무릇 문자에 관한 것과 이어俚語에 관한 것을 모두 쓸 수 있고, 글자는 비록 간단하고 요약하지만 바꾸어 쓰는 것이 무궁하니, 이것을 훈민정음訓民正音이라고 일렀다."

— 《세종실록》 '25년 12월 30일'

훈민정음의 28자는 초성과 종성에 쓰이는 자음 17자와 중성에 사용하는 모음 11자로 이루어지고, 이를 조합하면 글과 노래, 말을 모두 표기할 수 있다는 것입니다. 1940년 안동에서 발견되어 현재는 간송미술관에서 보관하고 있는 《훈민정음 해례본》을 통해 한글 글자를 만든 원칙도 밝혀졌습니다. 세종대왕이 하늘과 땅, 사람을 기본 요소로 하여 모음을 만들고 발음기관의 모양으로 자음을 만들었음을 밝힌 것입니다.

이처럼 훈민정음은 글자를 만든 사람과 시기가 뚜렷하고 글자 모양이 어디에서 비롯되었으며 어떻게 활용할 수 있는지 알 수 있는 거의 유일한 문자라는 점에서 세계 문자 역사상 독보적인 위치를 차지하고 있습니다. 세계적인 진화생물학자이자 《총·균·쇠》의 저자인 재레드 다이아몬드는 "한글은 세계에서 가장 뛰어나게 고안된 문자 체계"라고 칭송하면서 이는 자신뿐 아니라 세계의 언어학자들이 인정하는 부분이라고 주장했습니다.

소리문자 훈민정음은 어떻게 만들어졌나?

세종대왕이 한글을 창제할 때 표음문자, 곧 소리를 표현하는 글자를 만들고자 한 배경에는 이미 이 시기 지식인들도 알고 있던 몇 개의 글자가 표음문자였던 것과 관련이 있습니다. 불경을 적은 산스크리트어나 북방 유목민족이 쓰던 파스파 문자가 여기에 해당합니다. 세종대왕은 발음과 글자에 관한 중국의 책인 《운서》를 통해 발음을 적을 수 있는 글자를 생각하게 되었습니다.

《천자문》의 첫 부분을 보면 '하늘 천, 땅 지'라고 배우게 됩니다. 곧 하늘을 하늘이라고 부르는데 글자는 '천天'으로 쓰니 말과 다른 것입니다. '천지'라는 한자 낱말을 이야기할 때는 어려움이 없으나 "하늘이 알고 땅이 알고"와 같은 대화라면 '하늘'이라는 발음 그대로를 적을 글자가 필요한 것입니다. 더 나아가 한자 '天'을 '천'으로 적을 수도 있습니다. 문제는 훈민정음 창제 과정이 비밀리에 진행되면서 그러한 과정이 널리 알려지지 않은 것입니다.

훈민정음 창제 이후에도 이를 활용하는 과정이 필요했던 것입니다. 이 과정에서 비로소 집현전 학사들이 동참했습니다. 새로 만든 훈민정음, 당시 표현으로 언문으로 번역작업을 시킨 것입니다. 이때 참여한 인물이 최항, 박팽년, 신숙주, 이선로, 이개, 강희안 등입니다. 또 수양대군과 안평대군도 이 작업에 같이 참여했습니다. 이렇게 해서 '책'《훈민정음》이 탄생했습니다.

이 훈민정음은 〈훈민정음 예의본〉과 〈훈민정음 해례본〉으로 나뉘는데, 예의본은 세종대왕이 직접 지은 것이고, 한글 제작 이유와 사용법을 적은 해례본은 집현전 학사가 지은 것입니다. 이 책 덕분에 훈민정음 글자 모양 창제 배경에 대해 발음기관을 본떠 만들었음이 명확해졌으며, 말미에 1446년 9월 상순에 반포되었다고 적혀있어 상순의 끝날인 9월 10일을 양력으로 환산하여 10월 9일 한글날을 기념할 수 있게 된 것입니다.

《훈몽자회》, 조선의 전문가에게 배우는 훈민정음

이렇게 과학적으로 만든 훈민정음, 곧 한글을 옛사람들은 어떻게 배웠을까요. 이를 알려주는 책이 있으니 바로 최세진이 지은 《훈몽자회》입니다. 세 권으로 이뤄진 이 책은 한글 학습서가 아닌 어린이를 위한 한문 학습서입니다. 각 권에 1,120자, 합쳐서 3,360자의 한자를 수록했습니다. 그런데 이 책은 조선 전기의 한글 학습과 관련하여 중요한 단서를 가지고 있습니다. 책 앞부분에 한자 공부를 위해 먼저 한글, 곧 언문을 공부할 수 있도록 해놓은 부분이 있기 때문입니다. 이 부분을 언해라고 하는데, 요즘 말로 바꾼다면 한글 사용법 정도로 볼 수 있습니다. 당대의 책은 본문 안에 한글이 있으면 책의 앞부분에 한글을 배우기 위한 내용을 일부 적어 놓는 경우가 종종 있었습니다.

예를 들어 한글 창제 이후 시험적으로 한글을 썼던 《월인석보》의 앞부분에도 한글에 대한 소개와 사용법인 '언해'가 포함되어 있습니다. 그런데 《훈몽자회》 언해의 경우 최세진이 언어 전문가라는 점에서 그 내용을 훨씬 명확하고 체계적으로 정리하고 있습니다. 먼저 한글을 정확하게 익힌 뒤 그것을 바탕으로 한자를 배워야 효율적이라고 보았습니다. 통역가로서 경험을 살려 언해 부분을 자세히 정리한 것입니다. 이 부분만 활용하더라도 독자적인 한글 학습서로 손색이 없을 정도입니다. 그중에서 흥미로운 부분을 살펴보겠습니다.

글자 모양만 봐도, 읽고 쓸 수 있다

먼저 《훈몽자회》에 우리가 알고 있는 한글 자모의 이름이 (현존하는 기록 가운데에는) 처음 나옵니다. 곧 기역, 니은, 디귿, 리을 혹은 아, 야, 오, 요와 같은 자모를 읽는 방법입니다.

(참고: 기역 其役, 니은 尼隱, 디귿 池末, 리을 梨乙, 미음 眉音, 비읍 非邑, 시옷 時衣, 이응 異凝, 키 箕, 티 治, 피 皮, 지 之, 치 齒, △ 而, 이 伊, 히 屎, 아 阿, 야 也, 어 於, 여 余, 오 吳, 요 要, 우 牛, 유 由, 으 應 이 伊)

이 한글 자모의 이름은 최세진이 당대 사람들이 부르던 것을 정리한 것으로 보입니다. 처음 만들었다고 하기에는 아주 체계적이기도 하거니와 그와 같은 이름을 부르게 된 배경을 따로 적어놓지 않았기 때문입니다. 다만 그 당시에 ㄱ을 '기역'으로, 혹은 ㄴ을 '니은'으로 불렀던 것에 대해서는 연구자에 따라 의견이 나뉘는 편입니다.

예를 들어 ㄱ을 모두 세 가지로 적고 있는데 '기'로도 적고 '역'으로도 적고 '기역'으로도 적은 부분이 있기 때문입니다. 그런데 이 부분에 대한 해설을 보면 기는 초성에 들어갈 때 발음이고, 역은 받침에 들어갈 때 발음으로 적고 있습니다. 가에 ㄱ을 더하면 각이 되는데 이때 기역은 '역'으로 적고 있습니다. 그러므로 한글 자음의 이름을 보면 앞 글자의 경우는 기, 니, 디, 리로 부를 수 있고, 뒷글자의 경우 받침의 발음은 윽, 는, 을 등으로 적혀있습니다.

《훈몽자회》에서는 이를 바탕으로 한글을 익히는 방법도 나옵니다. 예를 들어 초성 ㄱ에 중성 ㅏ를 합치면 가가 된다는 내용이 나오고, 앞에서 살펴본 것처럼 받침을 더해서 글자를 읽는 법도 나옵니다. 이러한 방법에 따라 '가 갸 거 겨'와 같은 조합을 만들어 쓸 수 있도록 했습니다.

《훈몽자회》의 내용을 살펴보면 지금 외국인이 한글을 공부하는 방법과 비슷합니다. 곧 가로 부분에 모음을, 세로 부분에 자음을 넣고 두 글자를 합쳐서 나오는 글자를 설명할 때 각 음가를 로마자로 표기할 때 그, 느, 드, 르와 아, 야, 어, 여를 적고 있으니 이는 앞에서 살펴본 최세진의 한글 학습과 일맥상통합니다. 곧 기역, 니은, 디귿을 모르더라도 글자 모양만 보고도 글자를 만들고 읽을 수 있는 것입니다. 흥미로운 부분은 기역과 디귿, 시옷은 원래 이렇게 읽은 것이 아니라 해당 음을 가진 한자를 찾지 못해서라고 보는 연구자도 있는데, 다른 자음 이름에 적용하는 원칙과 비교해보면 기윽, 디은, 시읏이 되어야 하기 때문입니다. 이와 관련해 북한에서는 이 발음으로 자음을 읽고 있기도 합니다.

그리고 최세진의 《훈몽자회》에는 자신의 언어관이 들어있습니다. 그 내용을 본문에 다음과 같이 적었습니다.

"언문한글을 먼저 배우게 하고 그다음에 한자를 배우게 한즉 거의가 깨칠 수 있는 이로움이 있다."

"언문한글을 먼저 배우고 한자를 배우면 비록 선생이 없다 하더라도 장차 문장을 만들 수 있다."

이는 외국어를 배우더라도 먼저 한글을 익히고, 한국어부터 잘하는 것이 필요하다는 의미로 볼 수 있는데, 요즘은 한글을 조금 가볍게 여기고 함부로 쓰는 것 같습니다. 사실 한글이라는 이름도 아픈 역사를 가지고 있습니다. 근대 한글 연구에 중요한 역할을 한 주시경 선생이 지은 이름인 한글은 원래 당시 기준으로는 나랏글, 곧 국문이 되어야 합니다. 그러나 일제강점기였으니 자칫 국문은 일본글이 될 수 있었기 때문에 쓸 수 없었습니다. 그래서 크고 바른 글이라는 의미의 순우리말을 써서 한글이란 이름을 지었습니다. 결과에 있어서는 우리 글자가 훈민정음에 이어 한글이라는 아름다운 이름을 갖게 되었지만, 나랏글을 나랏글이라고 부르지 못했던 역사도 있었음을 생각해보면 좋겠습니다.

4. 세종은 어떻게 조선의 하늘을 달력과 시계에 담았을까?

칠정산과 앙부일구

    ● ● ● ●

#천문 예측은 왕에게 중요한 업무 #그런데 세종 때 일식 예측이 22번 중에 9번이나 틀리는 사고가 발생했다니⋯ #조선의 자연 환경에 맞춘 역법과 해시계 발명

우리 역법에 맞게 고안한 앙부일구(1434년)

우리 역사의 특징을 이해할 때 필요한 것 가운데 하나가 자연환경입니다. 한반도는 온대와 냉대 중간에 끼어있는 기후, 산이 많은 지형, 삼면이 바다로 둘러싸여 있고 이러한 자연은 한국인의 삶에 큰 영향을 끼쳤습니다. 고대 사람들이 자연환경에 기대어 살았다면, 시간이 흐를수록 사람들은 자연을 측정하고 위험에 대비하고자 했습니다. 자연의 혜택을 누리고 자연의 위험성은 줄이기 위해서였습니다.

이 과정에서 무더위와 추위, 태풍과 장마 등 자연의 변화를 측정하는 것이 중요해졌습니다. 그런데 문제는 동북아시아의 각 나라마다 측정의 기준이 다르다는 것이었습니다. 북쪽의 만주와 연해주, 서해 건너의 중국, 남쪽의 일본과도 다릅니다. 그래서 다른 나라에서 쓰던 것을 그대로 가져오는 것은 한계가 명확했습니다. 이처럼 중국과 일본과는 다른 자연 환경을 반영해서 조선의 과학이 만들어낸 것이 바로 앙부일구입니다.

서운관 이천봉이 곤장을 맞은 사연

앙부일구는 솥 모양의 해시계입니다. 그런데 대개는 앙부일구를 다른 나라에도 있을 법한 가벼운 발명품 정도로 생각하는 경향이 있습니다. 하지만 때로는 예상하지 못했던 이야기를 유물이 품고 있는 경우가 있는데 앙부일구도 그러한 예에 해당합니다. 먼저 앙부일구를 만든 사람은 장영실로 알려져 있습니다. 그러나 장영실의 단독작품은 아니고, 이순지로 대표되는 그 시기 천문과 역법을 담당하는 집현전 학자들이 궁리한 내용을 바탕으로 만들었다고 보는 것이 맞을 듯합니다. 천문과 역법을 한 사람이 온전히 이해하고 해석하기에는 어려움이 있기 때문입니다. 실제로 이순지가 죽은 뒤 적은 공식 기록인 〈졸기〉를 보면 앙부일구의 제작에 공이 큰 것으로 나옵니다. 그런데 왜 이 시기에 다른 물건이나 악기처럼 중국에서 수입해서 쓰지 않고 새로 만들었을까요. 그 이유를 짐작할 수 있는 기록이 《조선왕조실록》 세종 4년 1월 1일의 기록으로 남아있습니다.

"일식이 있으므로, 임금이 소복素服을 입고 인정전의 월대月臺 위에 나아가 일식을 구救하였다. 시신侍臣이 시위하기를 의식대로 하였다. 백관들도 또한 소복을 입고 조방朝房에 모여서 일식을 구하니 해가 다시 빛이 났다. 임금이 섬돌로 내려와서 해를 향하여 네 번 절하였다. 추보推步 하면서 1각刻을 앞당긴 이유로 술자術者 이천봉李天奉에게 곤장을 쳤다."

위 기록을 정리해보면 나라에서 일식을 예측하고 의식을 치르려고 했는데 1각, 그러니까 15분 정도의 오차가 나서 해당 담당자인 이천봉에게 죄를 물어 곤장을 쳤다는 것입니다. 당시 일식은 불길한 일이라고 여겨 왕과 신하가 모여 '구식례'를 치러서 그 화를 모면하고자 했습니다. 그런데 정해진 시간이 되어도 일식이 일어나지 않은 것입니다. 비슷한 사례를 든다면 공연이 시작된다고 무대에 조명이 켜지고 음악이 흐르는데 막상 배우가 나오지 않는 경우라고나 할까요. 더구나 그 행사에 왕이 참석하는데 그러한 일이 벌어졌으니 사태의 심각함을 짐작할 수 있습니다. 그런데 당시 상황을 살펴보면 이천봉의 입장에서는 억울한 면이 있습니다. 이때 쓰던 천문 역법이 잘 맞지 않았기 때문입니다. 세종 때만 하더라도 일식에 대한 기록은 모두 22회인데, 지금 추산해보면 실제로 일어난 일식은 12번이었습니다. 그 가운데 한 번은 기록의 문제로 보이는데 그렇더라도 9번은 일어나지도 않은 일식을 예측했던 셈입니다. 그리고 일어난 일식도 이렇게 시간의 오차가 있었던 것입니다. 왜 이러한 오차가 생겼을까요. 당시 조선은 중국의 역법을 사용했는데, 우리나라와 천문을 관측하는 위치가 다른 것이 문제였습니다. 중국 명나라의 수도는 남경(영락제 때 북경으로 천도)인데 서울과 경도, 위도에 차이가 크게 났으니 그 지리적 격차가 있을 수밖에 없었습니다. 두 번째 이유는 당시 조선에서 쓰던 중국의 역법인 대통력이 이미 오차가 큰 편이었습니다. 조선에서는 이를 보완하기 위해서 역법을 보정하는 자료까지 활용했지만 잘 맞지 않았던 것입니다.

10년의 연구 끝에 마침내 만들어진, 칠정산

조선시대에 천문은 매우 중요했습니다. 그 이유는 왕권이 하늘의 뜻으로 결정된다고 생각하고 하늘의 천문현상이 지상에 영향을 끼친다고 보았기 때문입니다. 그래서 왕은 관상수시觀象授時, 곧 하늘의 변화를 살펴 시간을 읽을 수 있어야 했습니다. 그런 점에서 구식례의 실패는 심각한 문제였습니다. 이렇게 일식 예보가 틀리며 낭패를 본 세종은 그 일이 일어난 지 10년 뒤인 1432년, 드디어 역법 정리를 위한 사업에 착수했습니다. 정인지를 중심으로 정초, 이순지, 김담 등이 투입되어 연구하기를 10년, 1442년에 마침내 《칠정산 내편》과 《칠정산 외편》을 완성한 것입니다. 《내편》은 원나라의 수시력授時曆과 명나라의 대통력大統曆을 서울의 위도에 맞게 수정, 보완한 것이고,《외편》은 당시로는 최신 기술이라고 할 수 있는 아라비아 천문학을 참고하여 만든 것입니다. 이 가운데《내편》은 1년을 365.2425일, 1달을 29.530593일로 정하고 있는데, 이 수치는 현재의 값과 유효 숫자 여섯 자리까지 일치하는 정확한 것이었습니다. 당시의 천문 관측기구의 상황을 생각하면 엄청난 성과가 아닐 수 없습니다. 그런데 이 역법을 왜《칠정산^{七政算}》이라고 불렀을까요? 칠정산의 칠정^{七政}이란 글자 그대로 '일곱 가지의 정치'가 아니라 해와 달, 화성, 수성, 목성, 금성과 토성이라는 일곱 개의 별을 이릅니다. 원래 정치란 하늘의 뜻을 이 땅 위에 실현하는 일이고, 따라서 하늘의 별들이 이 세상의 정치 현상을 반영한다고 생각했기 때문에 이런 이름이 붙었습니다.

앙부일구, 우리 역법에 맞는 우리의 시간

이와 같은 역법의 수정과 정리 과정에서 자연스럽게 조선에 맞는 해시계가 등장하게 된 것입니다. 해시계를 만들기 위해 제일 먼저 해야 할 일은 한양의 위치, 그러니까 지금으로 치면 위도를 측정해야 했습니다. 이를 당시에는 북극의 높이를 재는 것으로 표현했는데, 지금 남아있는 해시계를 보면 큰 앙부일구 표면에 '한양북극고삼십칠도이십분^{漢陽北極高三十七度二十分}'이 적혀있고, 작은 앙부일구에는 '북극고삼십칠도삼십구분일십오초^{北極高三十七度三十九分一十五秒}'의 설명문이 적혀있습니다. 곧 한양의 위도(경복궁 근정전 기준 북위 37도 35분)를 뜻하는데 조금 더 정확한 수치는 숙종 39년¹⁷¹³에 나옵니다. 이러한 측정치를 바탕으로 그림자를 만드는 영침의 높이를 제작했고 조선은 이렇게 자신만의 해시계, 앙부일구를 갖게 된 것입니다.

자, 이제 해시계를 읽어보겠습니다. 먼저 시간입니다. 해시계는 1시간을 4등분으로 나눠 표시하고 있으니 한 눈금이 15분입니다. 그런데 계절에 따라서 해의 높이도 달라집니다. 이에 따라 여름의 해는 남중 고도가 높고 이에 따라 낮은 길며, 겨울의 해는 남중 고도가 낮아 낮의 길이가 짧아집니다. 이를 바탕으로 1년 중 기준 날짜, 곧 양력을 표시할 수 있게 됩니다. 이는 전통 역법에서 24절기의 역할이니 한쪽은 여름에서 겨울로, 다른 쪽은 겨울에서 여름으로 가는 절기가 시계 눈금처럼 적혀있습니다. 곧 앙부일구는 하루의 시간과 함께 1년 중 절기를 파악할 수 있으니 시계이며 동시에 달력인 셈입니다.

그런데 막상 이러한 방법으로 해시계를 읽으면 시간이 맞지 않습니다. 지금 우리는 태양이 정한 시간을 쓰지 않기 때문입니다. 우리나라의 위치가 아닌 동경東經 135도를 쓰니 시간의 격차가 난 것입니다. 만약 우리나라를 지나는 동경 127도 30분의 시간을 쓴다면 거의 비슷할 것입니다. 우리나라는 일제강점기인 1912년, 일본이 쓰는 동경 135도 기준의 시간을 썼습니다. 광복 이후인 1954년, 서울 기준의 시간을 썼는데 이렇게 할 경우 일본과 30분의 차이가 납니다. 그러다가 1961년, 박정희 대통령 때 다시 지금과 같은 동경 135도 기준의 시간을 쓰게 되었습니다. 30분 단위의 시간이 국제기준에 부합하지 않는다는 등의 이유를 댄 것입니다. 그러므로 앙부일구는 정확한 시간을 보여주었으나 우리나라가 지금 임의의 시간을 쓰면서 오차가 발생한 것입니다,

글자를 모르는 백성도 알아볼 수 있었던 시계

앙부일구의 가장 큰 미덕은 하늘의 모습을 그대로 재현한 바닥입니다. 이는 지구가 둥글어 나타난 현상이긴 하지만 당시 천문관에 따라 둥근 하늘을 지나가는 태양의 그림자가 그대로 나타나도록 표시한 것입니다. 그래서 평평한 모양의 해시계처럼 그림자가 흐릿해지거나 지나치게 길게 나타나는 문제 없이 아침부터 저녁까지 모두 길이가 같은 또렷한 그림자를 통해 시간과 절기를 알 수 있습니다. 기록상으로 중국 원나라의 곽수경이 앙의를 만들었다는 기록이 있지만, 실물과 그 구체적 내용이 전하지 않고 있다는 점에서 앙부일구는 조선의 독자적인 발명품이라고 보아도 좋을 듯합니다.

세종이 이런 어려운 과정을 거쳐 해시계를 만든 이유는 많은 사람이 시간을 알 수 있도록 하기 위해서였습니다. 세종은 앙부일구를 만들어 서울 혜정교를 비롯해 궁궐과 관청, 시내 곳곳에 설치했는데, 글자를 모르는 백성을 위해 시간을 알려주는 12지신 동물을 이용했습니다. 예를 들어 한낮을 가리키는 정오正午의 오午는 말을 뜻하니 거기에는 말을 그려 넣은 것입니다. 훈민정음을 창제한 것과 통하는 세종의 뜻이 앙부일구에도 깃들어 있음을 확인할 수 있습니다. 또한 세종은 중국과 다른 조선의 하늘을 담아내려고 했던 것이니 그 독자적인 정신이 우리 백성의 현실을 짚고, 세계가 놀라워하는 조선의 독창적인 문물을 창조해낼 수 있었습니다.

5. 중국과 일본을 넘어, 세계도 인정한 조선의 대표 상품

인삼과 개성 상인

#인삼과 홍삼을 최초로 개발하다 #중국, 일본과의 교역을 확대시키고 #독립운동 자금에 큰 역할을 한 조선의 인기 품목

17~18세기 동아시아 교역

17~18세기 동북아시아는 무역이 활발했습니다. 실크로드라는 말에서 알 수 있듯이 중국 최고의 상품은 비단이었습니다. 일본은 은이 주를 이루었고, 동남아시아의 향신료 가운데 하나인 후추를 비싼 값으로 조선에 팔기도 했습니다. 조선 역시 특별한 상품이 있었습니다. 바로 인삼, 즉 고려 인삼입니다. 이 당시 인삼은 중국, 일본 등지에서 인기가 많았습니다.

조선 후기 인삼의 수요가 폭발하자, 개성 상인들은 한국식 인삼을 만들어냈습니다. 단순 채취에서 재배로 나아갔고, 인삼을 가공한 홍삼을 만들어 동북아시아는 물론 서양까지 수출을 하게 됩니다. 독립운동 자금의 일부가 되기도 했던 인삼, 어떻게 유명해졌을까요?

한반도의 인삼이 중국과 미국보다 더 우수한 이유

인삼을 고려 인삼이라고 부르는 이유는 한국산 인삼이 갖는 고유함 그리고 역사와 관련이 있습니다. 인삼에 대한 기록으로 가장 오래된 것은 중국 기록입니다. 중국 한나라 때 문헌에 '삼'이란 글자가 나온다거나 6세기 중국 의서인 《신농본초경집주》에도 인삼에 대한 기록이 나옵니다. "인삼은 백제의 것을 중요시하는데, 모양은 가늘지만 단단하고 희며 기운과 맛은 상당上黨삼보다 부드럽다. 다음으로는 고구려산을 사용하는데 고구려는 바로 요동이다"라고 적고 있습니다. 이미 백제와 고구려의 인삼이 유명했던 것을 알 수 있습니다. 여기에 덧붙인 상당이란 중국의 산서성 지역으로, 여기에서 나오는 삼은 인삼과는 다른 도라지과에 속하는 것으로 알려져 있습니다.

인삼과 관련해서 유의해야 할 기록이 있습니다. 조선 후기 본격적으로 인삼을 재배하기 이전에 인삼이란 산삼이었습니다. 재배삼, 곧 가삼家蔘이 나오게 되자 자연에서 채취하던 인삼을 별도로 산삼이라고 부른 것입니다. 두 번째 인삼은 토양을 극히 가리는 식물이라는 점입니다. 현재 인삼의 분포 지역은 한국과 중국 동북 지역 그리고 미국 애팔래치아산맥 일대입니다. 그 외의 다른 곳에서 인삼을 길러보려고 했지만 모두 실패했다고 합니다.

그러므로 토양을 따지며 자연에서 채취한다는 전제에서 인삼의 원산지는 한반도와 만주 일부 지역이고, 재배지도 이 일대를 벗어나기 어렵습니다. 그러므로 고구려 혹은 고려를 채택해 고려 인삼, 혹은 한국 인삼이라고 불렀을 때 그 특징이 명확해진다고 할 수 있습니다. 또 앞서 살펴본 것처럼 인삼의 재배를 처음 성공한 것도 우리나라이고, 이후 인삼을 가공한 홍삼도 우리나라가 최초라는 점에서 인삼은 한국을 대표하는 식물이며 약재라고 할 것입니다. 다른 나라에서 우리나라 인삼에 관심이 높았던 이유는 탁월한 약효 때문입니다. 더 나아가 일반적으로 다른 약재가 가지고 있는 부작용이 거의 없다는 점도 중요한 요소였습니다. 이러한 인삼의 효능이 알려지며 곧 수요가 늘어났으니 조선의 무역에서 인삼은 항상 인기 품목이었습니다.

인삼, 동아시아 교역의 북과 남을 잇다

인삼의 수출과 관련해서는 이미 삼국시대부터 기록이 나옵니다. 삼국은 중국뿐 아니라 일본에도 인삼을 수출했는데, 752년 일본의 무역 관련 기록을 보면 인삼을 구해달라는 내용이 나옵니다. 인삼에 대한 인기는 고려시대에도 이어졌습니다. 1123년, 고려를 다녀온 송나라의 서긍이 쓴 《고려도경》을 보면 인삼 관련 내용을 정리하면서 "여름을 지나면 좀이 먹으므로 쪄서 오래 익혀 둘 수 있는 것"이란 표현을 한 것입니다. 여기에서 인삼을 찐다는 것은 홍삼 제조법을 말합니다. 다만, 이 시기에는 일반 인삼보다는 상품 가치가 떨어지는 것을 찐 것이라는 점에서 일반화되지는 않았던 것 같습니다.

조선시대에 들어와 인삼은 여러 면에서 중요한 변화와 발전을 보였습니다. 먼저 명나라에서 인삼 수요가 급격하게 증가한 것입니다. 중국으로 대규모 사신을 보내야 했는데 그 비용을 인삼으로 충당했고 동행한 상인들도 인삼으로 큰 이익을 볼 정도였습니다. 특히 임진왜란 이후 중국 측의 수요는 더욱 늘어났습니다. 여기에는 인삼을 칙사의 뇌물로 많이 사용한 것도 큰 몫을 했습니다. 인삼으로 큰 돈을 벌 수 있게 되자 문제가 생겼습니다. 병자호란 이후인 1685년, 인삼을 채취하기 위해 만주로 넘어간 조선인이 이를 막는 청나라 관리에게 총을 쏴서 부상을 입히는 사건이 일어난 것입니다. 이에 따라 조선 정부는 만주에서 인삼 채취 금지와 인삼 무역 금지 조치를 내렸습니다. 청나라는 만주에서 생겨난 나라여서 인삼을 만주에서 일정량 공급하고 있었습니다. 그런데 이 사건으로 인해 조선에서 공급할 인삼이 부족해지니 왜관에서 상인들이 인삼에 불순물을 넣어서 무게를 늘리는 사건이 일어나기도 했습니다. 10근짜리 인삼을 20근으로 늘린 것입니다.

조선 정부 역시 인삼 무역에서 생겼던 세금이 줄어들게 되자 결국 인삼 교역을 허용하는 쪽으로 바뀌었습니다. 인삼은 당대 고급 무역 품목이어서 조선에서 은 100냥 정도 값어치의 인삼이 중국에서는 400~700냥, 일본에서는 500~600냥 정도로 거래되었습니다. 상인들이 인삼 무역에 열을 올린 이유는 이처럼 이윤의 폭이 높았기 때문입니다. 이와 별개로 조선 상인들은 인삼을 일본에 팔아 은을 받은 뒤, 그 은으로 중국에서 비단을 샀습니다. 비단은 다시 한국이나 일본에서 비싸게 팔 수 있으니 많은 상단이 인삼 무역에 뛰어들게 된 것입니다.

산삼에서 인삼 그리고 홍삼으로, 세계 무대에 진출하다

이렇게 인삼 무역이 큰 이익을 남기는 사업이 되자, 자본과 조직을 갖춘 상단이 인삼 무역에 참여했습니다. 처음에는 경강상인이, 나중에는 의주의 상인과 결탁한 개성 상인송상이 두드러진 활동을 보이게 됩니다. 개성 상인들은 인삼을 사 모으는 데 그치지 않고 바로 '삼포' 곧 인삼을 본격적으로 재배하기 시작했습니다. 인삼, 곧 산삼의 인삼화는 여러 기록이 있지만 대체로 18세기 전후인 숙종 때 전라남도 화순지역에서 재배에 성공했다고 보고 있습니다. 물론 그 이전에도 인삼 재배에 대한 기록은 보이지만 18세기 중후반이 되면 산삼과 인삼의 구분이 뚜렷해집니다. 곧 이 시기에 산삼이라는 말이 생겨났다고 볼 수 있습니다. 그런데 인삼 재배는 까다로운 것을 넘어서서 굉장히 위험 부담이 높았습니다. 한 번 인삼을 심으면 5~6년 투자를 해야 했으며 병해에 대한 위험, 숙련된 기술자의 활용

등 보통의 농민이 감당하기에는 어려운 부분이 많았습니다. 그러므로 자본력을 가지고 있던 개성의 상인들이 이러한 인삼밭 운영에 적극적으로 뛰어든 것입니다. 그 결과 1896년에는 전국의 인삼 재배지의 47퍼센트가 개성에 있었으며 인근의 금천, 장단, 풍덕까지 더하면 92퍼센트에 이를 정도였습니다. 이처럼 개성 상인이 인삼 무역을 독점할 수 있었던 또 하나의 배경은 재배한 인삼을 가공하는 기술도 발전시킨 데 있었습니다.

인삼은 보존을 위해 말리면 백삼, 혹은 건삼이 됩니다. 그런데 건삼은 시간이 지나면 부서지는 문제가 있었습니다. 이 문제를 해결하기 위해 끓이거나 찌는 방법을 쓰다가, 이를 찌는 방식으로 일괄 전환하여 홍삼을 만들었습니다. 이를 위해 시렁을 만들고 그 아래 숯불을 피워 말렸는데 이같은 방법으로 홍삼을 제조한 곳을 증포소라고 합니다. 이렇게 만든 홍삼은 보관이 용이해서 그 약효와 함께 다시 동아시아 무역의 중심 품목이 되었습니다.

특히 중국이 만주에서 채취하던 인삼이 절종되었는데, 홍삼이 등장하며 중국 쪽 수요가 폭발적으로 늘어났습니다. 비공식적인 무역으로 인삼을 거래할 때 약 120근 정도가 거래됐지만 조선 정부가 무역을 허락하며 그 양은 4~5만 근으로 늘어났습니다. 조선 정부가 홍삼 무역으로 거둬들인 세금만 20만 냥이 넘을 정도였으니 흥선대원군의 군비 확충, 나중에 별기군으로 부르는 신식 군대 양성에도 홍삼 무역은 중요한 재원이었습니다. 특히 중국에 아편이 널리 퍼졌는데, 홍삼이 아편 해독에 효과가 있다는 소문이 돌며 그 수요가 늘어났습니다. 미국은 한국의 인삼을 통해 자국의 인삼을 무역상품으로 쓰고자 했습니다. 1882년 조미수호통상조약을 체결하게 된 이유의 하나도 인삼이라고 볼 수 있을 것입니다.

실제로 조미수호통상조약의 14조에 보면 미국인이 한국에서 홍삼을 가지고 외국에 나갈 경우 처벌한다는 조항이 있었으니 조선 정부도 여기에 대한 경계심을 가지고 있었음을 알 수 있습니다. 또 하와이에 공식 이민자보다 먼저 간 이들도 인삼 장수였으며 상해에서 독립운동을 위해 준비하던 윤봉길 의사도 한때 인삼판매원으로 일한 적이 있습니다. 한국 독립운동 자금의 상당 부분이 상해를 포함하여 중국에 있던 한국인이 연계된 인삼 상점에서 나왔던 것입니다. 이처럼 근대 이전, 한국을 대표하는 무역상품으로 첫손에 꼽을 수 있는 것이 바로 인삼이었습니다.

6. 유네스코는 왜 조선 왕릉에 주목했을까?

검소함의 미학

#죽어서 왕이라 불리지 못한 연산군과 광해군 #죽어서 왕이 된 이성계의 4대 조상
#인력과 비용을 줄이고 #조선의 격식에 맞춘 왕릉

조선 최초로 왕과 왕비를 합장한 영릉

한반도에서 가장 오래된 무덤은 고인돌입니다. 삼국시대에 들어와서 한국 특유의 무덤 형식이 만들어졌고, 이후에는 무덤의 위치나 석물 배치 등 조금씩의 차이는 있지만 무덤 형식은 비슷하게 유지되어 왔습니다.

조선 왕릉 또한 왕이나 그 자손들의 염원을 반영해 조금씩 변형되기도 했지만 대체로 일관성을 지니고 있습니다. 고려와 비교했을 때 왕릉은 언덕 위에 자리를 잡고 제향 공간을 넓게 배치한 것이 특징입니다. 조선 왕릉은 역대 왕과 왕비의 무덤이고, 1897년에 수립된 대한제국의 역대 황제와 황후의 무덤도 포함이 됩니다. 무엇보다 조선 왕릉은 잘 보존되어 있어서 유네스코 세계유산에 등재되었습니다. 조선의 왕릉은 과연 어떤 특성으로 다른 시대의 왕릉과 구분될까요.

세계유산이 된 조선 왕릉

조선의 역대 왕은 총 27명입니다. 연산군과 광해군, 그리고 대한제국을 선포한 이후의 왕인 고종과 순종을 포함한 숫자입니다. 왕과 왕비의 총합은 54기가 맞겠지만, 현재 세계유산으로 등재된 조선 왕릉은 모두 40기이며 북한의 조선 왕릉(제릉과 후릉)까지 포함하면 42기입니다. 이렇게 숫자가 정확히 떨어지지 않는 이유는 왕릉에 묻혀있는 주인공의 기준이 다르기 때문입니다. 왕릉은 세 가지 기준으로 나눌 수 있습니다. 왕만 묻혀있는 왕릉이 있는데, 태조의 건원릉이나 중종의 정릉이 여기에 해당합니다. 또 왕비 혼자 묻혀있는 왕릉이 있습니다. 문정왕후의 태릉이나 숙종비 인경왕후의 익릉이 여기에 해당합니다. 가장 일반적인 형태는 왕과 왕비가 함께 묻혀있는 왕릉입니다. 태종과 원경왕후의 헌릉, 세종과 소헌왕후의 영릉, 고종황제과 명성황후의 홍릉이 여기에 해당합니다.

그런데 조선 왕릉은 8기가 더 있습니다. 태조 이성계의 4대 조상으로서 '죽어서 왕이 된' 목조, 익조, 도조, 환조의 무덤입니다. 한국사에서 '추존'이라는 뜻은 죽은 후에 관직을 높여주는 것을 말합니다. 건국 왕인 이성계의 정통성을 잇기 위해 그의 4대조는 추존왕과 추존왕비라 부르며 죽은 후에 왕과 왕비로 높여주었습니다. 그러기 때문에 세계유산에는 등재되지 않았지만, 이들의 무덤도 조선의 왕릉이라고 부릅니다. 추존왕과 추존왕비의 무덤은 같은 영역에 있으니 조선 왕릉의 예로 보면 하나의 왕릉이 되어야 합니다. 그렇지만 각각 다른 이름으로 부릅니다. 예를 들어 목조는 덕릉, 목조의 왕비가 되는 추존 효공왕후는 안릉입니다. 이것은 고려때 왕릉을 부르는 방식을 그대로 이은 것입니다. 조선 왕릉의 모범이 되었다고 알려진 공민왕과 노국대장공주의 무덤을 각각 현릉, 정릉으로 부르는 것과 같습니다. 하지만 조선은 논의 끝에 왕과 왕비가 같은 영역에 묻혀있으면 하나의 왕릉으로 부르는 것으로 결정했으니, 이는 고려의 왕릉과 조선의 왕릉이 다른 점입니다.

세조가 죽은 뒤 정희왕후의 무덤을 만들면서 조선 왕릉의 전통 하나가 추가되었습니다. 정희왕후의 무덤을 세조의 광릉 옆 언덕에 만들었는데 거리가 애매했던 겁니다. 이에 따라 다른 왕릉으로 보아야 하는지, 같은 왕릉으로 보아야 하는지 고민을 해야 했습니다. 처음에는 두 개의 정자각을 세울 계획까지 세웠다가 다시 세조의 광릉에 만든 정자각의 방향을 틀어서 중간 위치로 맞추는 것으로 결정했습니다. 이렇게 해서 약간 거리를 둔 왕릉이라고 하더라도 같은 영역에 있으면 하나의 왕릉으로 보는 것으로 정리되었습니다.

이처럼 같은 영역에 있지만 서로 다른 언덕에 무덤이 있다고 해서 동원이강형 왕릉이라고 합니다. 또 제례 의식이 이루어지는 공간이라고 할 수 있는 홍살문에서 정자각에 이르는 영역을 확장한 것도 조선 왕릉의 특성이라고 할 수 있습니다. 이러한 왕릉은 왕과 왕비의 관이 들어가는 영역을 석실로 만들었다는 점에서 민간의 무덤과 큰 차이가 납니다. 중국 황제릉에서 볼 수 있는 것처럼 왕이 살아있을 때를 염두에 둔 석인과 석마, 석수 등을 세운 모티프에서는 공통점이 있으나 차이점도 있습니다. 그 가운데 하나가 조선은 왕이 죽은 뒤 비로소 왕릉을 만들기 시작한다는 점입니다.

왕릉, 시간과 비용을 줄이다

조선의 왕이 죽으면 세 개의 임시 관청이 생깁니다. '빈전도감' '국장도감' '산릉도감'입니다. 왕의 시신을 궁궐 안에 두었다가[빈전도감], 국장을 치르고[국장도감], 마지막으로 왕릉에 왕을 모십니다[산릉도감]. 그러므로 왕릉을 만드는 데 허용된 시간은 왕의 시신을 보관하고 장례를 치를 때까지입니다. 이 기간이 대략 5개월입니다. 그런데 이 기간 안에 왕릉을 조성하는 것은 무척 어려운 일입니다. 특히 석물 조성에 어려움이 있기 때문입니다. 조선 왕릉은 제한적인 비용과 시간 속에서 장엄함을 유지하기 위해 애를 썼다는 점에서 엄청난 규모의 인력과 비용과 시간이 들어가는 중국 황제릉과는 차이점이 크다고 할 수 있습니다. 그런데 이렇게 초기에 형식을 갖춘 것으로 보인 조선 왕릉은 조선 내부의 상황에 따라 계속해서 변화가 일어났습니다.

세조의 왕릉 내부는 석실 대신 회격분으로 만들었습니다. 세조는 석실을 만드는 데 시간과 비용이 많이 들어간다고 보고, 석실을 만들지 말라는 유언을 내린 것입니다. 또 무덤의 봉분을 둘러싼 병풍석을 없애는 등 가능하면 비용과 시간을 줄이고자 했습니다. 참고로 왕의 관이 묻혀있는 지점은 지표면 아래 3미터 정도에 있습니다. 봉분 바로 아래 만드는 일반 무덤과 다릅니다. 또 조선 왕릉은 부장품을 거의 넣지 않는 것이 특징입니다. 신명의기, 줄여서 명기라고 부르는 조그마한 그릇과 모형 정도만 넣었습니다.

또 하나 조선 왕릉에서 살펴보아야 할 부분이 신도비와 표석입니다. 보통 조선 왕릉 앞에는 무덤에 묻힌 왕의 업적을 정리한 신도비가 있습니다. 그런데 이 신도비의 규모가 커서 만드는 데 어려움이 있었습니다. 그리고 왕의 업적은 《조선왕조실록》을 포함하여 여러 곳에서 찾아볼 수 있다는 이유로 문종의 현릉 때부터 만들지 않게 되었습니다. 이에 따라 조선 왕릉 가운데 문종 이전의 왕릉에서만 신도비를 볼 수 있습니다. 태조, 정종, 태종, 세종 등이 여기에 해당합니다. 그런데 정종의 후릉은 개성에 있어서 보기가 어렵고 세종의 영릉은 예종 때 이장을 하며 새로 신도비를 만들지 않았습니다. 이에 따라 신도비를 볼 수 있는 곳은 태조의 건원릉과 태종의 헌릉뿐입니다.

이렇게 신도비를 만들지 않으니 조그마한 문제가 생겼습니다. 시간이 흐르며 여러 왕릉이 한 곳에 모여있는 동구릉이나 서오릉 등에서 왕릉의 이름이 무엇인지 헷갈릴 가능성이 있었던 것입니다. 이 문제점을 간파한 영조는 당시 조선 왕릉에 무덤의 주인공 이름을 적은 표석을 설치했으며 이후 조성된 왕릉은 영조 때 사례를 참고해서 계속 표석을 만들었습니다.

이와 별개로 영조는 조선 왕실 무덤의 왕릉의 외연을 확장했습니다. 영조는 생모인 숙빈 최씨 무덤의 격을 높이려고 했던 것입니다. 이때까지만 해도 왕의 생모 역시 '묘'로 불렸는데, 인조 때 생부 정원군을 원종으로 추존하는 과정에서 그 무덤을 잠시 '흥경원(나중에 장릉이란 이름을 올림)'이라는 이름을 붙인 적이 있었습니다. 영조는 이러한 사례를 참고하여 왕의 친부, 친모 무덤은 '묘'라는 표현 대신 '원'이라는 표현을 쓰는 것으로 정했습니다. 그전까지 숙빈 최씨의 무덤은 숙빈묘였는데, 소령묘란 이름을 잠시 쓴 뒤 소령원이 된 것입니다. 이후 고종 때 세자와 세자빈의 무덤도 '원'으로 하는 것으로 정리되면서 기존 왕실 무덤에 모두 적용했습니다. 참고로 왕실 가족의 무덤이라고 하더라도 대군 이하의 무덤, 예를 들어 공주의 무덤이나 세자가 아닌 왕자의 무덤 이하는 모두 묘가 됩니다.

또 왕위에 있다가 쫓겨난 연산군과 광해군 역시 능이 아니라 연산군묘, 광해군묘가 공식 이름입니다. 사도세자의 무덤도 처음에는 수은묘라고 했다가 격을 높여서 현륭원이라 불렀습니다. 이때는 세자의 무덤이어서 '원'이 된 것이 아니라 왕의 친부 무덤이어서 붙은 이름입니다. 대한제국 시기, 사도세자를 장조로 추존하면서 현륭원은 다시 융릉으로 이름이 바뀌었습니다. 이처럼 조선시대에는 추존을 통해 왕이나 왕비가 되는 경우가 있어서 이에 대한 규칙을 만들 필요도 생겼습니다. 이 사례는 성북구의 정릉이 참고가 되었습니다.

정릉은 태조의 두 번째 왕비인 신덕왕후의 무덤입니다. 신덕왕후는 이방번과 이방석을 낳았는데, 제1차 왕자의 난에서 이방원이 방번과 방석을 죽이면서 이미 죽은 신덕왕후를 후궁으로 강등했습니다. 그러다가 현종 때 다시 왕비로 복위되면서 무덤도 왕릉으로 만들었습니다. 다만 조선 시대 기준으로 보면 실제 왕비의 무덤이 아닌 추존된 왕비라는 점에서 왕릉에 있는 석인과 석수를 절반으로 줄였습니다. 그래서 능침을 둘러싸고 있는 석호와 석양을 각각 2마리, 곧 4마리만 만들었고 문인석만 세우고 무인석은 세우지 않았습니다.

시간의 흐름에 따라 조선의 무늬를 담다

조선 왕릉이 중국과 가장 다른 점은 제사 부분입니다. 중국에서는 황제가 지낼 제사에 왕릉황제릉이 포함되어 있지 않지만, 조선에서는 왕이 직접 제사를 지낼 정도로 중요하게 여겼습니다. 조선 왕릉에서 지내는 제사는 기본적으로 설, 단오, 추석, 동지와 같은 명절에 지내는 제사 그리고 매달 초하루와 보름에 지내는 제사인 삭망제, 또 왕릉의 주인공인 왕과 왕비가 승하한 날에 지내는 제사인 기신제가 있습니다.

그런데 이 제사 때 일반적인 유교식 제사와 달리 육류를 쓰지 않았습니다. 제수에 육류를 포함하는 격식을 갖춘 제사는 신주가 모셔져 있는 사당, 곧 종묘에서 지내야 한다는 원칙이 있었습니다. 왕릉 제사는 조선 고유의 제사인데 유교의 법식을 따르자니 너무 가벼워지고, 그렇다고 유교의 법식을 어기기도 어렵고 해서 타협한 것이 육류를 제외하고 제수를 마련하는 것이었습니다. 이처럼 조선 왕릉, 그리고 왕릉 제사의 기본 바탕은 중국과 비슷하지만 조선의 처지에 맞춰 조금씩 바꾸게 되었고, 이렇게 바꾸다보니 결과적으로 많이 달라졌습니다.

조선 왕릉은 시대의 변화에 맞춰 한 번 더 달라집니다. 바로 고종 때입니다. 고종은 1895년 을미사변으로 죽음을 맞이한 왕비(처음에는 순경왕후)의 무덤을 조성하는 과정에서 기존 왕릉이 아닌 새로운 왕릉의 모습을 만들고자 했으나 큰 변화 없이 청량리에 홍릉(이때 시호를 명성왕후로 변경)을 만들었습니다. 그러던 중 1897년, 대한제국을 선포하며 중국 황제릉(명나라 태조의 효릉, 남경^{난징}에 소재)의 방식을 참고하는데, 이에 따라 평소 미흡하게 생각하던 명성황후(이때 명성황후로 다시 추존)의 무덤인 홍릉을 황제릉의 방식으로 바꾸고 자신도 그 옆에 묻힐 계획을 세우고 남양주에 새 황제릉 건설에 들어갔습니다. 그렇지만 완성 직전에 대한제국의 처지가 어려워지면서 공사가 멈추게 되었습니다. 결국 1919년 3월 3일 고종 황제의 국장을 맞아 순종의 의지를 바탕으로 고종이 생각하던 방식의 무덤이 생겨나니 지금 고종황제와 명성황후가 묻혀있는 홍릉입니다. 조선 왕릉과 전혀 다른, 새로운 석물이 등장한 이 왕릉은 조선이 대한제국으로 변하면서 스스로 선택한 방식이라는 점에서 조선 왕릉의 변화라고 볼 수 있습니다.

1926년 만들어진 순종의 유릉은 이러한 홍릉의 제도를 따라한 것입니다. 홍릉과 유릉에 가면 능침에 있던 석물이 모두 내려와 있으며 정자각 대신 침전이라는 일자형 건물이 있고, 이전에 볼 수 없었던 기린, 해치, 낙타, 코끼리 등의 동물 조각이 있습니다.

이처럼 조선 왕릉의 기본 격식은 중국과 고려의 것을 참고했으나 이후 조선의 처지에 맞춰 변화를 준 것이 많습니다. 그러므로 선대를 생각하는 염원이 깃든 왕릉 문화와 그 안에서 펼쳐진 제향을 통해 조선의 문화적 특성을 짐작할 수 있습니다.

7. 천하의 질서에서 벗어나 조선이 자주국임을 알리다

태극기의 의미

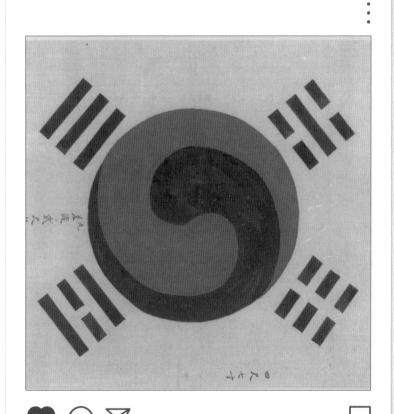

#모든 나라가 동등하다 #새로운 국제외교의 시작 #3.1운동에서 그 의미를 빛낸 #자주국의 상징 태극기

박영효가 만든 태극기의 원형(1882년)

국기는 세계사를 보더라도 그리 오래된 유산은 아닙니다. 물론 군대, 가문 등 어떤 상징으로서 깃발은 오랜 역사를 갖고 있습니다. 하지만 나라를 상징하는 깃발로서 국기는 근대 국가의 등장과 관련해서 찾아볼 수 있습니다. 대체로 국민의 자유, 평등, 박애를 상징하는' 프랑스의 삼색기를 최초의 국기로 보는 이유입니다.

우리나라 역시 근대에 들어와 국기가 필요해졌습니다. 예기치 못한 상황에서 필요성을 느끼게 된 것인데, 국기의 사용은 청나라의 그늘에서 벗어나 조선이 스스로 자주국임을 세계에 알리는 큰 전환점이 되었습니다. 그런 점에서 태극기를 만들고 사용하게 된 계기가 된 사건을 눈여겨볼 필요가 있습니다. 바로 근대의 시작과 깊은 관련이 있는 강화도조약입니다.

국제외교의 새로운 틀 안에 들어간 조선

1876년 강화도조약 협상 당시 일본 측의 구로다는 조선 측에 운요호 포격에 대해 항의하는 과정에서 일본의 배를 공격한 것을 문제 삼았습니다. 이에 대해 조선 측은 영해를 침범해 포격했을 뿐이며 일본의 배라는 것을 알 수 없었다고 주장했습니다. 그러자 일본 측은 운요호에 일장기를 게양했는데 이를 무시했다고 주장했는데, 당시 조선에게 국기는 생소한 것이었습니다.

이후 조선은 국기에 대해 알아보기 시작했습니다. 이를 위해 일본과 청의 사례를 살피며 제3국에 의견을 구하기도 했습니다. 그런데 이 과정에서 외교를 바라보는 새로운 관점도 파악하게 된 것으로 보입니다. 국기는 각 나라를 상징하고 형식적으로 평등을 지향해야 한다는 점이었습니다.

다른 말로 하면 조선이 국기를 쓴다는 건 당시 청이 조선에 종주권을 주장하는 관계를 부정하는 것으로 볼 수 있었습니다. 그러나 다른 서양의 나라도 모두 국기를 쓰는 상황에서 조선의 국기 사용을 청이 무작정 막을 수 없는 일이었습니다. 그러자 청의 마젠충은 조선에 대해 중국 '용 깃발'과 같은 도안이면서 색이 다른 깃발을 국기로 쓸 것을 권했습니다. 그러나 조선은 청의 제안을 거부하고, 1882년 조선과 미국이 통상조약을 맺는 과정에서 독자적인 깃발을 만든 것으로 보입니다. 1882년 7월 미국 해군에서 제작한 도록에 태극기가 들어가 있기 때문입니다.

그해 임오군란이 일어나서 일본 영사관이 불에 타는 등 피해를 입자 박영효는 이 문제를 협상하기 위해 일본으로 갔습니다. 메이지마루호를 타고 가는 길에 박영효는 영국 영사 에스턴, 선장 제임스 등과 국기 도안을 검토한 것으로 보입니다. 그리고 박영효가 귀국한 뒤인 1883년, 태극 음과 양과 건하늘 곤땅 감물 리불가 들어간 지금의 태극기 제정을 공식화했습니다. 이처럼 조선의 국기 제정은 한 나라의 상징을 제정하는 것 이상의 의미가 있었습니다. 사대와 교린이라는 동아시아 외교 질서를 무너뜨리고 국제질서에 따라 비록 형식적이긴 하지만 모든 나라가 동등하다는 새로운 외교 질서 속으로 들어간 것이기 때문입니다. 그러므로 미국과의 초기 외교 역시 태극기의 의미와 연결된, 새로운 국제외교의 틀 안에 들어간 사건이라고 할 수 있습니다.

중국의 압력 속에서 자주 외교를 지향하다

조선은 1882년 미국과 조미수호통상조약을 맺었습니다. 조선이 일본과 외교 관계를 맺은 뒤 관세 문제 등을 해결하기 위해 일본에 간 김홍집은 주일 청국 공사였던 하여장에게 놀라운 이야기를 들었습니다. 러시아가 조선을 침략할지 모른다는 경고였습니다. 1860년 베이징조약에 관여한 러시아가 이를 대가로 청으로부터 연해주를 손에 넣으면서 조선과 러시아는 국경을 맞대게 된 상황이었습니다. 이를 심각하게 여긴 조선 정부는 청과 상의해 러시아의 위협을 해결할 방안을 찾았는데, 이때 청이 제안한 것이 조선이 다른 나라와 외교 관계를 맺고 외교적으로 대항하는 방법이었습니다.

청은 미국을 추천했습니다. 미국은 당시 일본과 관세 개정에 합의하는 등 다른 제국주의 열강에 비해 비교적 덜 침략적인 나라로 보였기 때문입니다. 하지만 이때 청은 조선의 대미 외교를 다른 방안으로 활용할 계획을 세우고 있었습니다. 바로 조미통상조약문에 '조선이 청의 속방'임을 명시해 조선에 대한 종주권을 확인하고자 했던 것입니다. 실제로 청의 영향력을 극대화하기 위해 조선과 미국의 통상협상 장소로 천진톈진을 추천하기도 했습니다. 그러나 조선은 외교협상 장소를 조선으로 정했고, 미국의 슈펠트도 청이 주장한 '속방' 운운하는 내용을 거부했습니다. 이렇게 해서 조선의 제물포인천에서 미국의 슈펠트, 조선의 신헌을 전권대신으로 하고 청에서는 마건충이 참여하며 1882년 조미수호통상조약이 체결되었습니다.

1883년 미국에서는 푸트를 주조선 공사로 파견했고, 조선은 이에 대한

답례로 민영익을 전권대신으로 삼아 보빙사를 파견했습니다. 보빙사 일행은 당시 아서 대통령을 뉴욕의 호텔에서 만나 먼저 우리나라 식으로 큰절을 올려 화제가 되기도 했습니다. 미국 대통령이 당황하여 허리를 숙이고 곧 서양식 예법으로 마주했다고 하는 건 널리 알려진 에피소드입니다. 당시 미국 신문에는 한글로 적은 국서가 사진으로 소개되었는데, '한글'의 존재가 세계에 알려지는 계기가 되었습니다.

이처럼 조선은 청의 방해 속에서도 자주 외교를 지향했습니다. 미국을 통해 서양 문물과 제도를 받아들이고자 했으니 대표적인 것이 우정국 설치와 전등 설치였습니다. 다만 1884년 갑신정변으로 이러한 근대 문물의 등장은 미뤄지게 되었습니다. 그리고 조선은 미국과 조약체결에 따라 미국에 공사를 파견하고자 했는데, 이러한 당연한 정책에 대해 청이 강력하게 반발하고 나섰습니다. 조선의 독자적인 외교 활동이 청의 조선에 대한 영향력 감소로 이어진다고 본 것입니다. 하지만 이러한 청의 억지에 대해 미국이 반발하며 조선은 1887년 미국에 최초로 공사를 파견할 수 있게 되었습니다. 외교관 파견을 막을 수 없게 되자 청은 미국에 가는 조선의 외교관들이 지켜야 할 내용을 요구했습니다. 이른바 '영약삼단'이란 것인데, 일종의 이면 요구사항이라고 할 수 있습니다. 이 내용에 따르면 미국에 간 조선의 외교관은 ① 주재국에 도착하면 먼저 청국공사를 찾아가며 그의 안내로 주재국 외교부에 간다. ② 조선 공사는 회의나 연회석상에서 청국공사의 아래에 자리를 잡는다. ③ 조선 공사는 중대 사건이 있을 때 반드시 청국 공사와 미리 협의한다, 등의 내용입니다. 조선은 아직 이를 거부하기 어려웠던 상태에서 1887년 박정양을 주미 전권공사로 파견했습니다. 그런데 박정양은 미국에 도착해서 영약삼단을 무시하고 독자적인 외교활동을 했습니다. 미국 대통령을 만날 때 청의 외교관을 대동하지 않는 것은 물론이고, 워싱턴의 다른 나라 공사관을 부임 순서에 따라 방문하는 관례에 따라 28개국 가운데 18번째에 청의 공관을 방문한 것입니다. 당연히 이것이 문제가 되어 박정양은 소환되지만 이와 같은 태도가 후임 주미공사들에게도 이어지면서 자연스럽게 영약삼단은 힘을 잃게 되었고 조선의 자주 외교는 조금씩 더 힘을 얻게 되었습니다. 이러한 모습을 상징하는 것이 1891년에 마련한 조선의 (이후 대한제국의) 주미공사관 옥상 태극기였습니다.

우리가 태극기를 사랑할 수밖에 없는 이유

태극기의 역사는 대한제국의 멸망, 국권 피탈과 함께 사라지는 것처럼 보였습니다. 대한제국의 궁궐에 태극기 대신 일장기가 걸리게 되었으니까요. 그런데 그 태극기가 전혀 다른 방식으로 되살아났습니다. 일반 민중이 태극기를 되살렸으니 바로 1919년 3.1운동입니다. 3.1운동은 무척 독특한 독립운동으로, 시위의 방식이 만세였습니다. 그래서 3.1운동을 만세운동이라고도 하는데, 세계 역사상 전무후무한 시위 방식이라고 할 수 있습니다. 만세를 할 때 태극기는 누구나 만들 수 있으며 비폭력과 평화를 상징하는 무척이나 효과적인 시위 도구였습니다. 한때 나라와 함께 왕이나 황제를 상징하는 것처럼 보였던 태극기는 나라와 백성 혹은 국민의 상징이 되었습니다. 외국에 한국인이 머무는 곳이면 어디든 태극기가 있었습니다. 한국인은 태극기 앞에 모여 큰 행사를 치르는 것이 관례가 되었습니다. 국가를 상징하는 태극기는 국민들에게 정체성을 확인하고 유지하는 상징이 된 것입니다. 그리고 태극기는 1949년 국기로 확정, 공포되었습니다. 조선의 자주외교, 의병, 독립군, 독립운동, 국외 한인의 정체성을 상징하는 중심에 있었던 태극기는 만천하에 한국의 과거와 미래의 역사적 상징물임을 드러낸 것입니다.

8. '근대 군주' 고종이 예산의 40퍼센트를 국방비에 쓴 이유는?

대한제국의 군대

#우리 땅에서 일본군의 기습에 대비해야 했던 슬픈 근대사 #고종, 군대를 직접 통제하다 #독립군의 주요 지휘관을 배출한 대한제국의 군대

원수부 창설과 군복을 입은 고종과 순종(1899년)

19세기 말에서 20세기 초까지, 세계의 열강은 약소국가를 침략하여 지배하는 제국주의 시대를 열었습니다. 아프리카와 아시아, 태평양 등지에서 열강들이 식민지를 만들 수 있었던 직접적인 배경은 현대식 무기와 효율적인 군대 조직이 있었기 때문입니다. 뒤늦게 근대화에 눈을 뜬 대한제국은 이전 조선시대와는 전혀 다른 군대로의 재편이 시급하다고 느꼈습니다. 특히 대한제국을 수립한 고종에게 군대 문제는 최고의 관심사였습니다. 실제로 국가 전체 재정의 40퍼센트를 군대 재편에 쓸 정도였습니다. 그렇다면 대한제국 군대의 근대화는 어떤 모습으로 이뤄졌을까요?

일본군의 기습을 막고 새롭게 개편한 중앙군

개항 이전 조선의 군대, 특히 중앙군은 훈련도감을 비롯한 5군영이 중심이었습니다. 그러나 병인양요와 신미양요를 겪으며 신식 군대에 대한 필요성을 인식하며 변화의 조짐이 보였습니다.

1876년 강화도조약으로 일본과 외교를 맺은 조선은 일본인 교관이 훈련하는 교련병대, 곧 별기군을 편성했습니다. 그러나 별기군은 1882년 일어난 임오군란 때 옛 군대인 훈련도감과 마찰을 일으키며 사라졌고, 청의 군제를 염두에 둔 '신건친군영'을 설치했습니다. 하지만 청일전쟁에서 일본이 이기자, 일본의 영향력 속에서 훈련대가 편성되었습니다. 그러자 고종은 신변의 안전을 위해 별도의 군대를 두었습니다. 궁궐 안 수비를 맡을 군대인 시위대를 구성한 뒤 시위대 훈련은 미국인 교관 다이에게 맡겼습니다.

그런데 훈련대에 대한 고종의 우려는 현실이 되었습니다. 1895년 을미사변 때 훈련대의 일부가 일본군의 작전에 동조한 것입니다. 당시 훈련대 제2대대장이었던 우범선이 일본군과 호응하면서 궁궐 수비가 무너졌습니다. 궁궐 안에 있던 시위대 역시 홍계훈이 전사하자 군사들이 흩어져 별다른 방어를 하지 못했습니다. 이 일을 통해 고종은 시위대를 강화해야겠다고 결정합니다. 그리고 아관파천 당시 일본군의 영향을 받고 있던 훈련대를 친위대로 개편하는 작업을 했습니다. 그리고 시위대와 친위대를 중심으로 하는 중앙군을 설치했습니다. 이러한 군제 개편과 확대로 대한제국의 군대는 전성기를 기준으로 할 때 중앙군은 시위대와 친위대, 호위대의 1만 명, 지방군은 진위대 1만 8천 명으로 모두 2만 8천 명 정도의 병력을 유지했습니다.

또한 육군과 비교하여 관심이 높지는 않았으나 근대 해군도 양성했습니다. '조선수사해방학당통제영학당'이 바로 그것입니다. 지금의 해군사관학교와 같은 해군 장교를 양성할 학당을 만든 것입니다. 이를 위해 강화도에 학당을 설치하고 영국의 예비역 해군 대위 칼웰, 그리고 하사관 커티스를 군사 교관으로 부임하여 전술 교육을 실시했습니다. 이들 교관이 부임하기 전에 7달 동안 영어 학습이 이뤄져서 학습 진도는 빠른 편이었다는 기록이 있습니다. 다만 청일전쟁 중에 통제영학당은 해산되었습니다. 이후 1903년 우리나라 최초의 군함 양무호, 1904년 광제호를 수입하기도 했으나 제대로 활용하지 못했습니다.

군복 입은 고종, 근대 군주로 거듭나다

대한제국 군대의 편제와 관련해서 관심을 가지고 봐야 할 부분은 원수부의 설치입니다. 조선시대에 군대는 병조판서나 혹은 각 군의 지휘관에게 맡기는 것이 일반적이었습니다. 그러나 개항 이후 복잡한 상황 속에서 각 군대가 다양한 정치세력의 영향을 받으며 왕실을 위협하는 상황이 여러 번 나타났습니다. 임오군란과 갑신정변 그리고 일본군의 경복궁 침탈과 을미사변에서 위기를 겪은 고종은 군대를 직접 통제하는 것이 필요하다고 판단했고, 이렇게 해서 등장한 것이 바로 원수부입니다.

고종은 이제 대한제국 황제이면서 동시에 군의 통수권자인 대원수가 됩니다. 이를 상징적으로 보여주는 것이 바로 군복을 입은 고종 황제의 모습입니다. 이는 궁궐 내 의례적인 모습에 그친 것이 아니라 관보나 언론을 통해서 외부에 노출되도록 했는데, 다른 나라 황제의 사례를 참고했다는 점에서 일종의 '근대 군주'의 상징으로 표상되기도 했습니다.

원수부는 대한제국 시기 재정을 담당하는 내장원과 황실의 일을 맡아보는 궁내부와 함께 주요 부서로 등장하게 됩니다. 원수부의 구성을 보면 대원수인 황제와 그 아래 원수인 황태자, 그리고 네 개 영역의 국장으로 구성된 군대의 최고기관이었습니다. 그러므로 대한제국 군대는 대한제국 정치와 권력에서 중요한 위치에 있었습니다.

이를 짐작할 수 있는 것이 바로 예산입니다. 1897년부터 1900년까지는 전체 국가 재정의 25퍼센트 정도가, 그리고 1900년 이후 을사늑약까지는 전체 국가 재정의 40퍼센트가 바로 군대와 관련된 예산으로 지출되었습니다. 당시 군대를 유지하기 위해 무기와 탄약을 비롯해 여러 군수품을 외국에서 조달해야 했으며 군인들의 급여 등 많은 예산이 필요했기 때문입니다.

일제에 역부족이었지만, 스스로 강해지려고 했던 제국의 군대

대한제국 시기 황제의 권위와 관련된 업무도 군대를 통해 이뤄졌습니다. 바로 '군악대'의 창설입니다. 1900년 군악대 설치령이 내려진 뒤 1901년 독일인 프란츠 에케르트가 대한제국 군악대를 지휘하게 됩니다. 당시 에케르트는 대한제국 군악대가 몇 개월 만에 상당한 수준의 성과를 거두었다고 자평하기도 했습니다. 이에 따라 1901년 9월 고종의 50세 생일 기념공연에서 첫 선을 보인 뒤 매주 탑골공원에서 연주회를 여는 등 변화한 새로운 시대의 모습을 보여주었습니다. 에케르트는 대한제국의 애국가를 작곡하기도 했습니다. 참고로 그는 일본의 국가인 기미가요를 편곡한 인물이기도 합니다. 일본에서 활동을 끝낸 뒤 잠시 귀국해 프로이센의 왕립악단 단장으로 활동하던 중 대한제국의 초청으로 오게 된 것입니다. 에케르트가 작곡한 대한제국 애국가는 50여 개 나라에 악보가 배포되기도 했지만, 1910년 국권을 빼앗기며 금지곡이 되었고 대한제국의 군대와 비슷한 운명을 겪었습니다. 그리고 대한제국 군대는 1907년 대한제국과 일본 사이에 체결된 정미7조약에 따라 해산되었습니다.

대한제국 군대에 대한 평가는 높지 않습니다. 일본에 의해 국권이 침탈되는 과정에서 제대로 전쟁이나 전투를 하지 못했고, 을사늑약 이후에는 의병을 진압하는 역할을 했기 때문입니다. 그러나 박승환을 비롯한 대한제국군 일부는 군대 해산에 반발해 일본군과 전투를 벌였고, 일부 군인은 의병에 참여하기도 했습니다. 무엇보다 신흥무관학교 이후 독립군의 주요 지휘관 이동휘, 지청천, 김좌진, 황학수, 신규식, 조성환 등이 대한제국 시기 군인 출신이었습니다. 독립군의 일제에 대한 저항과 거침없는 활약은 대한제국 군대에서 출발했다고 볼 수 있을 것 같습니다.

9. 조선 근대화에 헌신한 외인들을 기억하는 방식

양화진 외국인 선교사 묘원

   • • • •

#각기 다른 이유로 조선에 왔다가 #조선의 독립과 의료와 교육에 힘을 쏟고 #조선의 땅에 묻힌 외국인들 #경계를 넘어선 헌신에 감사를 표하다

한국인보다 한국인을 사랑한 헐버트 박사(1949년)

우리 근대 역사의 특징 가운데 하나가 서양에서 온 외국인과 선교사의 활동이 많다는 점입니다. 이들은 미국과 통상을 하기 시작한 1882년부터 움직임이 있었고, 1890년 이후에는 선교의 자유를 허락받아 다양한 활동을 했습니다. 이들은 선교가 바탕이긴 했으나 교육과 의료, 사회사업을 통해 당시 한국인에게 깊은 인상을 주었습니다.

근대 시기는 선교사가 아니더라도 한국의 역사 흐름에 영향을 끼친 외국인들도 여럿 있습니다. 이들 가운데 상당수는 임무가 끝나고도 본국으로 돌아가지 않고 한국에서 생을 마감하는 경우도 있었습니다. 그러한 사람들의 내력이 남아있는 곳이 바로 서울 마포구 합정동에 자리한 양화진 외국인 선교사 묘원입니다.

양화진, 교통과 군사적 요충지

원래 양화진은 서울의 한강에서 경치가 좋기로 유명한 곳이었습니다. 또한 '진'이란 이름에서 알 수 있듯이 강화도와 한강을 잇는 물길의 길목이었습니다. 이를 배경으로 경강상인들의 활동 근거지가 되기도 했습니다. 조선시대 강화도에서 한양으로 올라오는 배는 밀물의 때를 맞춰 한강으로 진입했습니다. 조선 전기에는 그 지점이 용산 일대였지만 한강에 토사가 쌓여 하류로 이동하면서 마포가 그 역할을 하게 된 것입니다. 마포 인근에서 가장 수심이 깊고 배를 대기 좋은 곳이 바로 양화진이었습니다.

양화진은 한양을 침입하려는 열강으로서도 관심을 둔 곳이었습니다. 병인양요 직전 프랑스 함대는 한강 수로를 확인하며 큰 배가 양화진까지만 진입할 수 있다는 걸 알고 계획을 바꾸었습니다. 군함을 동원하여 한양을 점령하려던 원래 계획을 수정해 강화도를 점령하고 조선 정부를 압박하기로 한 것입니다. 전쟁이 아니더라도 외국에서 배를 타고 서울에 오는 경우 양화진에서 내리는 경우가 많았습니다. 강화도조약의 실무 문제를 논의하기 위해 온 일본 미야모토 일행 역시 양화진에서 내렸으며, 1879년에 일본 공사가 부임할 때도 일본 군함이 양화진에 정박했습니다. 이후 미국, 영국 등도 양화진을 서울의 입구로 생각했으며 실제로 일본과 청이 외국인 거류지로 조선 정부에 요구해서 관철시키기도 했습니다. 다만, 양화진이 도심으로 접근이 어렵다는 이유로 얼마 지나지 않아 용산으로 거류지를 옮기긴 했지만 당시 양화진이 어떠한 위치였는지 짐작할 수 있습니다.

한양 안에 만들어진 외국인 묘지

1890년경 외국인은 용산뿐 아니라 한양 안에서도 활동이 자유로웠기 때문에 양화진에 대한 관심이 사라졌습니다. 그런데 다시 양화진이 역사에 등장한 것은 바로 외국인 묘지 조성과 관련이 있습니다.

제중원에서도 활동한 의료 선교사였던 헤론이 이질에 걸려 임종이 임박하자 외국인 묘지 문제가 등장했습니다. 헤론과 함께 활동하던 선교사들은 이 문제를 미국 공사관과 상의했고 미국 공사관에서는 조약을 근거로 조선 정부에 묘지로 쓸 토지를 지정해줄 것을 요청한 것입니다. 1883년 영국과 맺은 통상조약에는 조선 정부가 통상지역 내에 외국인 묘지를 무상으로 제공하도록 규정하고 있기 때문입니다. 영국과 맺은 조약이지만 최혜국 조약에 따라 미국도 이 권리를 주장했습니다. 이전에는 외국인이 죽으면 인천까지 운구해서 장례를 치렀으나 이 시기에 활동하는 외국인이 많아지면서 이러한 요청을 한 것으로 보입니다.

조선 정부는 서울 근교는 어렵다고 난색을 표했는데, 이 과정에서 헤론이 죽었습니다. 장례가 급해진 상황에서 조선 정부는 한강 남쪽의 어느 지점을 제안했으나 한강을 건너야 한다는 점에서 미국 공사관이 거부했습니다. 이에 다시 제안한 곳이 도성과 떨어져 있으면서도 외국인에게도 낯설지 않은, 야트막한 언덕으로 이루어진 양화진 일대였습니다. 부지를 직접 확인한 언더우드 박사는 만족해하며 양화진에 헤론의 무덤을 조성하게 된 것입니다.

이후 한국에서 활동하던 외국인과 선교사의 묘지가 속속 들어서면서 현재의 모습을 갖추게 되었습니다. 양화진의 외국인 묘지는 일제강점기에도 각국 영사관과 외국인이 관리를 했습니다. 그러나 1942년 조선총독부가 모든 외국인 소유의 재산을 적산으로 압류하며 이 지역도 소유권이 넘어갔습니다. 광복 이후 미군정 아래에서 경성 구미인묘지회 소유가 되었다가 1985년 한국기독교백주년사업협의회의 관리 아래 들어가게 되었습니다.

경계를 넘어온 아름다운 사람들

현재 양화진에는 417명의 외국인이 잠들어있습니다. 미국과 영국을 포함해 14개국에서 온 사람들입니다. 이 가운데 선교사가 145명이고, 우리에게 도움을 준 다수의 서양인들도 양화진에 묻혔습니다.

대표적인 인물이 바로 〈대한매일신보〉 사장이었던 베델입니다. 베델은 러일전쟁 취재를 위해 한국에 왔다가 일제의 만행을 보고 분노해서 양기탁과 함께 언론사를 설립했습니다. 그는 급작스럽게 심장병으로 사망했는데 1909년 당시 베델의 죽음은 한국인에게도 큰 충격이었습니다. 당시 묘비의 비문은 장지연이 썼습니다. 일제는 비문을 문제삼아 파괴했는데, 최근에 원래 비문의 내용을 적어서 새 비를 세웠습니다.

그리고 독립운동에 참여하고 한글 연구에도 큰 영향을 끼쳤으며, 한국인보다 한국을 사랑한 인물로 알려진 헐버트 박사의 묘지 역시 베델의 묘지와 멀지 않은 곳에 있습니다. 대한제국의 애국가를 작곡한 독일의 작곡가 프란츠 에케르트의 묘지도 이곳에 있습니다. 그리고 유명한 선교사로는 배재학당을 세우고 정동제일교회를 연 아펜젤러, 이화학당을 세운 스크랜턴 여사, 새문안교회와 연희전문학교^{현 연세대학교}를 연 언더우드 박사 등이 있습니다. 또 한국인들을 위해 승동교회를 개방한 무어 선교사, 숭실학교^{현 숭실대학교}를 설립한 베어드 선교사도 이곳에 잠들어있습니다. 1907년 9월 조선 땅을 밟은 지 9개월 만에 과로로 숨을 거두고 이곳에 묻힌 24살의 선교사 루비 켄드릭의 비문에는 이런 글귀가 적혀 있습니다. "만일 내게 천 개의 생명이 있다면 모두 조선을 위해 바치리라." 모두 우리가 기억해야 할 사람들입니다.

특이하게 일본인도 있는데, 바로 소다 가이치입니다. 일본인 선교사인데 한국에 일본어 교사로 와서 이상재 선생을 만나며 기독교인이 됩니다.

이후 105인 사건(1911년 조선총독부가 민족해방운동을 탄압하기 위하여 데라우치 마사타케 총독의 암살미수사건을 조작하여 105인의 독립운동가를 감옥에 가둠)과 3.1운동 당시 한국인 석방을 탄원하는 등 한국의 독립운동을 지지하는 모습을 보여주었습니다. 1921년부터는 부인과 함께 고아원을 운영하며 교육가로서 살아가다가 양화진에 부인과 함께 묻혔습니다.

양화진의 묘원을 보면 우리 역사의 경계가 어디까지인가를 다시 생각하게 됩니다. 가톨릭, 개신교의 선교사가 영향을 끼친 근대화의 변화는 여러 곳에서 볼 수 있습니다. 종교의 영역을 기본으로 하여 교육기관과 의료기관에 끼친 영향, 그리고 이를 바탕으로 한국 사회와 한국인에게 끼친 영향이 무엇인지 생각해보게 합니다. 처음에는 종교의 목적과 사명이 있었겠으나 한국에서 활동하면서 자연스럽게 한국의 역사에 영향을 끼친 것입니다. 그리고 자신의 삶이 끝난 뒤에 그 흔적을 한국에 남기면서 경계를 넘어선 사람들이 되었습니다. 그리고 이렇게 경계를 넘은 사람들이 한국의 문화와 역사를 넓혀주었습니다.

10. 연말과 연시를 잇는 한국 특유의 성탄 기념일
한국 크리스마스의 유래

#등불에 새긴 글 '빛이 동방을 비춘다' #일본의 강압으로 사라졌지만 #광복 이후 '밤새 놀 수 있는 날'이 되다 #우리의 전통 문화를 담은 크리스마스실

초창기에 만들어진 크리스마스실(1936년, 1935년)

크리스마스는 크리스트교의 축일이지만 꼭 크리스트교 신자가 아니어도 특별한 기분이 드는 날입니다. 여기에는 크리스마스라는 날이 가진 계절적 매력과 1945년 휴일로 지정된 것도 영향을 끼쳤다고 볼 수 있습니다. 서양의 축일이 한국에 들어와 한국인들의 기념일이 되기까지, 크리스마스와 크리스마스실의 역사는 흥미로운 부분이 있습니다.

우리나라에 크리스마스가 처음 소개된 것은 천주교가 들어온 때입니다. 당시 신부들이 편찬한 《한불자전》을 보면 크리스마스를 성탄일로 번역하고 있습니다. 그런데 천주교가 도입과정에서 원리원칙을 강조했기에 이 당시에는 크리스마스가 조선의 전통과 잘 어울리지는 못했습니다.

선교사, 조선의 근대화를 이끌다

크리스마스가 조금 더 넓게, 대중에게 퍼진 것은 개신교가 들어온 이후로 보입니다. 개신교는 교회의 설립과 함께 병원과 학교를 운영했는데, 이때 학교의 설립 효과는 크리스마스 전파에 큰 도움이 되었습니다. 크리스마스를 축하하는 학생들의 모임과 행사가 교회 곳곳에서 펼쳐지면 흥겨운 분위기를 만들어낼 수 있었던 것입니다. 이에 따라 당시 크리스트교 신자가 아닌 사람들도 이날은 교회나 성당에 가서 구경하는 것을 이상하게 생각하지 않았다고 합니다. 한국 최초의 주간 기독교잡지인 《대한크리스도인회보》에는 1897년 정동 일대에서 즐긴 크리스마스 모습을 다음과 같이 묘사하고 있습니다.

'이십오 일, 이날은 우리 구세주의 탄신이라. (중략) 헌금한 돈으로 남녀 교우 중 빈한한 사람과 병든 이들에게 차등 있게 분배하여 구제하고, 저녁 일곱 시에 학생들이 배재학당 회당 앞에 등불 수백 개를 켰는데 그중에 제일 큰 십자등 한 개를 만들어 금빛 글자로 광조동방, 곧 빛이 동방을 비춘다는 네 글자를 써서 공중에 높이 들고 아이들에게 과실을 나누어주어 기쁜 날을 표하였다.'

크리스마스 행사에 등불을 켜는 모습은 부처님오신날의 연등을 연상하게 하는데, 이는 서양 선교사들이 생각해낸 것이 아닌 한국인의 아이디어로 보입니다. 이처럼 교회와 학교 등을 통해 크리스마스가 조선 사회 전반으로 알려졌습니다. 이화학당을 세운 스크랜턴 여사가 명성황후에게 1894년, 성탄절의 내력을 설명해주었다는 기록도 있습니다.

선물을 주고받으며, 연말과 연시를 잇다

크리스마스가 유럽에서는 종교적인 축일이던 것이 19세기 중반 미국에서는 가족들과 함께 지내며 선물을 주고받는 날로 자리를 잡아갔습니다. 이 시기 미국 작가인 오 헨리의 단편소설 《크리스마스 선물》이 당시 분위기를 보여주기도 합니다. 우리나라에 온 미국의 선교사들도 처음에는 성탄절은 가족과 함께, 그리고 선물을 주고받는 날로 지내고자 했습니다. 선교사 알렌의 기록을 보면 1884년 첫 성탄절의 모습은 선교사끼리, 가족끼리 축하하는 정도였습니다. 그러나 조선이 기독교 국가가 아니고 선교사들은 선교에 관심이 많았다는 점에서 성탄절은 자연스럽게 교회를 홍보하는 날이 되었습니다.

이러한 가운데 미국의 각 선교본부에서는 '크리스마스 박스', 문방구와 과자로 구성된 선물상자를 한국에 보냈습니다. 소박한 선물이었지만, 일반 조선 사람에게는 무척 귀한 것이었으니 이를 통해 크리스마스는 '선물을 받는 날'이라는 이미지가 형성되었습니다. 이것은 자연스럽게 산타클로스의 존재와 연결되어, 그리스도의 성탄절과 산타클로스의 성탄절이란 이미지가 함께 생겨난 것입니다. 성탄절의 모습은 일제강점기에 들어와서도 계속 이어졌는데, 총독부 기관지인 〈매일신보〉 역시 '싼타끌루쓰'에 대한 내용을 소개하기도 했습니다. 그러나 이때까지만 해도 선물을 받는 날이지 주고받는 날이 되지는 못했습니다. 아직 일반인이 선물이 될 만한 것을 구할 방법, 구할 상점도 많지 않았기 때문입니다.

그런데 1930년대 백화점을 비롯해 상점이 도시 곳곳에 생기자 크리스마스는 선물을 받는 날에서 주고받는 날로 바뀌었습니다. 이 시기 신문이나 잡지를 보면 비용에 따른 남녀의 선물을 소개하는 기사가 나오기도 했습니다. 곧 연말 분위기 속에서 소비하고 또 축제 분위기를 즐기는 날이 된 것입니다. 이처럼 크리스마스가 도시를 중심으로 널리 퍼지게 되었지만, 1937년 중일전쟁 이후 크리스마스를 즐기던 분위기는 일본의 강압으로 사라졌습니다.

크리스마스는 광복 이후 다시 중요한 날이 되었습니다. 남한의 경우 미군정기라는 점에서 미국의 영향을 받아 성탄절이 공휴일이 된 것입니다. 크리스마스가 광복 이후에 연말을 대표하는 기념일이 된 데에는 바로 공휴일 지정과 함께 통금 해제도 한몫했습니다. 이에 따라 크리스마스(정확히는 크리스마스 이브)는 12월 31일과 함께 1982년 통금 해제 전까지 유일하게 밤새도록 놀 수 있는 날로 젊은이들에게 특별한 날이 되었습니다. 한국의 성탄절은 근현대사의 역사 속에서 독특한 한국의 기념일이 되었다고 할 수 있습니다.

거북선에서 한복과 전통놀이까지, 지극히 한국적인 메리 크리스마스

한국의 독특한 크리스마스를 반영한 것으로 크리스마스실도 있습니다. 참고로 크리스마스실은 결핵을 예방하고 치료하기 위한 기금을 모으기 위해 발행하는 것입니다. 이 크리스마스실은 1904년 덴마크에서 우체국장이던 아이날 홀벨이 처음 제작한 뒤 여러 나라에 퍼졌습니다. 1907년 미국에서도 제작되었으며 아시아에서는 필리핀에서 1910년 처음 발행되었고 일본에서는 1925년 발행되었습니다.

크리스마스실을 한국에서 처음 발행한 인물은 캐나다 의료선교사였던 셔우드 홀입니다. 아버지인 윌리엄 제임스 홀은 평양에서 최초로 서양식 병원을 연 선교사이고, 어머니 로제타 홀 역시 동대문부인병원, 경성여자의학전문학교를 설립했습니다. 셔우드 홀은 1893년 한국에서 태어나 캐나다에서 의학 공부를 한 후 한국으로 돌아와 해주 일대에서 구세병원, 요양원을 운영했습니다. 그런데 한국에서 결핵 퇴치를 위해 크리스마스실을 발행하고자 한 셔우드 홀은 도안을 두고 조선총독부와 신경전을 벌여야 했습니다.

셔우드 홀은 크리스마스실의 도안으로 '거북선'을 생각했습니다. 한국인이라면 모두 이순신 장군을 알고 있으니 친근하게 느낄 터였고, 거북선은 단단한 방어막을 치고 포탄으로 왜군을 무찌르는 것이 마치 결핵을 물리치는 것과 같은 느낌을 주었기 때문에 도안으로 딱 어울린다고 생각했던 겁니다. 하지만 이러한 도안을 조선총독부가 허락할 리는 없었습니다. 결국 셔우드 홀은 고심 끝에 다른 도안을 만들었으니 숭례문입니다. 셔우드 홀로서는 아쉬우나마 외적의 침입을 막는 숭례문과 도성이 결핵을 막아준다는 의미와 통한다고 보았습니다. 이러한 과정을 거쳐 1932년 우리나라 첫 크리스마스실 그림은 숭례문이 되었습니다. 흥미로운 것은 당시 크리스마스실의 판매 홍보는 1월 이후에 효과를 보았다고 하는데, 한국 사람들이 크리스마스보다 설에 카드를 더 많이 썼기 때문이라고 합니다. 이렇게 첫 해에 올린 수익금 170달러는 모두 5개 병원에 나눠졌습니다.

크리스마스실은 일제강점기 동안 모두 9번 제작되었습니다. 1933년에는 미국의 캐럴 부르는 소년과 소녀를 참고하되 한복을 입은 모습으로 바꾸었습니다. 1934년에는 아기 업은 한국의 어머니를 담았고, 1935년에는 한복 입은 아이들이 널뛰기하는 모습을, 1936년에는 연 날리는 어린이, 1937년에는 화가 김기창이 그린 팽이 치는 소년, 1938년에는 제기차기를 주제로 도안을 만들었습니다. 크리스마스실이지만 설날을 기념하는 것처럼 보일 정도로 한국적인 분위기가 물씬 풍기는 도안이 주를 이뤘습니다. 이 크리스마스실은 1940년을 끝으로 발행이 중지되었다가 광복 이후 1949년 다시 발행되어 현재에 이르고 있습니다.

이처럼 크리스마스, 크리스마스실은 종교와 문화의 전파 그리고 변화 과정을 잘 보여줍니다. 크리스마스는 한국인들에게 종교를 뛰어넘어 연말에 함께 어울려 선물을 나누는 조금은 특별한 날이 되었고, 크리스마스실은 자연스럽게 한국화의 과정을 거쳐 우리 생활 속에 자리를 잡았습니다.

참고문헌

《삼국사기》
《삼국유사》
《고려사》
《조선왕조실록》
《승정원일기》

《국외독립운동사적지 실태조사보고서 9》 국가보훈부, 독립기념관 한국독립운동사연구소

《한국의 대외관계와 외교사 – 고대 편》, 동북아역사재단 한국외교사편찬위원회, 동북아역사재단

《한국의 대외관계와 외교사 – 고려 편》, 동북아역사재단 한국외교사편찬위원회, 동북아역사재단

《한국의 대외관계와 외교사 – 근대 편》, 동북아역사재단 한국외교사편찬위원회, 동북아역사재단

《한국의 대외관계와 외교사 – 현대 편 1》, 동북아역사재단 한국외교사편찬위원회, 동북아역사재단

김동우, 《뭉우리돌의 들녘》, 수오서재, 2024
김동우, 《뭉우리돌의 바다》, 수오서재, 2021
신효승, 《신미양요》, 글누림, 2021
여호규, 《시간이 놓친 역사, 공간으로 읽는다》, 푸른역사, 2023
이금이, 《알로하, 나의 엄마들》, 창비, 2020
이문영, 《우리가 오해한 한국사》, 역사산책, 2023
이문영, 《유사역사학 비판 – 환단고기와 일그러진 고대사》, 역사비평사, 2018

강상규, 〈고종의 대내외 정세인식과 대한제국 외교의 배경〉, 《한국동양정치사상사연구》 제4권, 제2호, 2005

강종훈, 〈현행 중등 역사 교과서의 한국 고대사 부분 서술의 문제점과 개선방안〉, 《역사교육》 제148권, 2018

고성권, 임강현, 〈고려인삼의 재배 역사와 본초학적 고증을 통한 인삼 기미 고찰〉, 《대한본초학회지》 제24권 제3호, 2009

권대웅, 〈경주 부호 최준의 생애와 독립운동〉, 《한국독립운동사연구》 제45권, 2013

권덕영, 〈백제 멸망 최후의 광경〉, 《역사와 경계》 제93권, 2014

기경량, 〈한국 유사 역사학의 특성과 역사 왜곡의 방식〉, 《강원사학》 제30집, 2018

기경량, 〈고구려 평양 장안성 중성·내성의 성격과 축조의 배경〉, 《고구려발해연구》 제64집, 2019

김강산, 〈관동대학살에 대해 해외 조선인이 생산한 문건과 그 성격〉, 《동국사학》 제74권, 2022

김광재 〈일제시기 상해 고려인삼 상인들의 활동〉, 《한국독립운동사연구》 제40권, 2011

김대연, 〈고려 현종의 즉위와 거란의 침략 원인〉, 《한국중세사연구》 제22호, 2007

김덕원, 〈신라 중대 초 당제의 수용과 정비〉, 《신라사학보》 제49호, 2020

김도형, 〈여행권(집조)을 통해 본 초기 하와이 이민의 재검토〉, 《한국독립운동사연구》 제44집, 2013

김도형, 〈하와이 대조선독립단의 조직과 활동〉, 《한국독립운동사연구》 제37집, 2010

김도형, 〈한국의 근대민족주의와 세브란스〉, 《연세의사학》 제22권 제1호, 2019

김도형, 〈도산 안창호의 '여행권'을 통해 본 독립운동행적〉, 《한국독립운동사연구》 제52집, 2015

김동완, 〈수도의 재구성과 수도권의 탄생: 1960년대 초반 서울특별시의 변화를 중심으로〉, 《공간과 사회》 제27권 4호 통권 제62호, 2017

김동하, 〈조선총독부의 경복궁 청사 건립 과정〉, 《서울과 역사》 제111권, 2022

김동희, 〈개항기 집조, 빙표제도와 조선인의 해외도항〉, 《동아시아문화연구》 제77호, 2019

김명섭, 박재원, 〈제1차 세계대전 전후 하와이 대한인 독립운동: 이승만과 박용만을 중심으로〉, 《국제정치논총》 제61집 4호, 2021

김문자, 〈전봉준의 사진과 무라카미 텐신 – 동학지도자를 촬영한 일본인 사진사〉, 《한국사연구》 제154호, 2011

김미정, 〈하와이 견문록 '포와유람기' 고찰〉, 《어문연구》 제80권, 2014

김송죽, 〈중국 동청철도, 남만주철도 건설의 정치경제와 한반도〉, 《평화학연구》 제21권 제4호, 2020

김슬옹, 〈헐버트, 'The Korean Language'(1889)의 한국어사, 한국어학사적 의미〉, 《한글》 제83권 제3호, 2022

김승태, 〈양화진 외국인 묘지 설정 과정 재검토〉, 《한국기독교역사연구소소식》 제74호, 2006

김승태, 〈3.1운동 시기 세브란스 외국인 선교사들의 대응: 스코필드와 에비슨을 중심으로〉, 《연세의사학》 제22권 제1호, 2019

김은선, 〈조선 왕릉 석수 연구〉, 《미술사학연구》 제283~284호, 2014

김재기, 〈미국한인들의 3.1운동 지지와 임시정부 초기 독립운동 자금 모금운동〉, 《한국보훈논총》 제18권 제4호, 2019

김재영, 〈19세기 말 20세기 초 백두산에 대한 인식변화〉, 《역사민속학》 제53호, 2017

김주용, 〈하와이 빅아일랜드의 초기 한인 비석연구 – 비석을 통해 본 이민자들의 생애사 복원〉, 《Homo Migrans》 Vol.23, 2020

김주용, 박정현, 〈조선족의 역사연구 성과와 과제: 조선족 디아스포라와 일사양용의 적용 문제를 중심으로〉, 《제49회 한중인문학회국제학술대회》, 2022

김중관, 〈중앙아시아 고려인의 이주과정과 민족문화의 정체성〉, 《글로벌문화연구》 제7권 제1호, 2016

김지원, 〈미국의 일본인 배척운동과 한인 사진신부의 이주: 1910~1924〉, 《미국사연구》 제44권, 2016

김택중, 〈1918년 독감과 조선총독부 방역정책〉, 《인문논총》 제74권 제1호, 2017

김학준, 〈고조선의 영토에 관해 논쟁을 불러일으키는 중국 및 조선의 "사서"들: 그 내용과 평가〉, 《한국정치연구》 제26권 제3호, 2017

김효경, 〈조선후기 능 참봉에 관한 연구〉, 《고문서연구》 제20권, 2002

김희만, 〈신라 지증왕의 왕명과 그 성격〉, 《서강인문논총》 제46집, 2016

김희진, 〈용왕각을 통해 본 사찰의 용 신앙 수용 양상 – 영남지역을 중심으로〉, 《한국학논집》 제90집, 2023

김희호, 이정수, 〈1865~1910년 국제 금본위제도와 근대조선의 화폐량 추정〉, 《역사와 경계》 제108권, 2018

김영규, 〈항일무장투쟁론 주창자 박용만〉, 《의암학연구》 제18권, 2019

김충현, 〈왕릉에 대한 시각의 변화–'조선후기 능관제와 왕릉 운영'〉, 한국학중앙연구원 박사학위 논문, 2023

남재철, 〈한시 문학에 나타난 삼천궁녀 연구(1) – 당대 작품을 중심으로〉, 《대동문화연구》 제제118권, 2022

도면회, 〈한국 독립운동과 외국인 독립유공자〉, 《인문논총》 제77권 제2호, 2020

류진아, 〈짜장면의 사회문화적 의미 연구〉, 《한국연구》 제6호, 2020

문경호, 〈'고려도경'을 통해 본 군산도와 군산정〉, 《지방사와 지방문화》, 제18권 제2호, 2015

문경희, 〈'잊혀진' 또는 '읽을 수 없는' 기록 속의 여성들: 빅 아일랜드 한인 1세의 묘비와 삶의 궤적〉, 《Homo Migrans》 Vol.23, 2020

문준호, 〈대한제국기 군사 중심의 정국운영과 원수부 창설의 의미〉, 《한국군사》 제11권, 2022

박명수, 〈스페인 독감과 3.1운동〉, 《성결교회와 신학》 제44권, 2022

박범, 〈동양합동광업회사의 운산금광 운영과 광산도시 북진의 지역사회〉, 《이화사학연구》 제59호, 2019

박상진, 〈일제강점기 일본식 행정구역 명칭의 성립과 확대에 대하여〉, 《지명학》 제35권, 2021

박솔지, 〈분단국가의 수도로서 서울과 평양의 공간적 생산: 1970년대를 중심으로〉, 《통일인문학》 제97집, 2024

박영미, 〈하와이 한인이민과 비교한 멕시코 초기 한인 이민과정에 대한 고찰〉, 《스페인어문학》, 제28권, 2003

박용진, 〈1915년 조선총독부의 고려대장경 인경과 특징〉, 《문물연구》 제43권 제43호, 2023

박은숙, 〈개항 후 조선의 포삼정책과 홍삼의 어용화(1876~1894)〉, 《한국사연구》 제194집, 2021

박은정, 〈호랑이의 조선표상화와 육당 최남선〉, 《동아시아문화연구》 제61권, 2015

박재원, 김명섭 〈하와이 대한인 독립운동기지 형성의 정치학, 1903~1909〉, 《한국정치연구》 제31권, 2022

박종기, 〈고려 다원사회의 형성과 기원〉, 《한국중세사연구》 제36호, 2013

박종란, 〈유관순 열사와 스승 사애리시 선교사의 리더십 비교연구〉, 《유관순연구》 제25권, 2020

박찬승, 〈백두산의 '민족 영산'으로의 표상화〉, 《동아시아문화연구》 제55호, 2013

박혜수, 〈이승만과 하와이 감리교회와의 관계〉, 《신학논단》 제68집, 2012

방원일, 〈한국 크리스마스 전사, 1884~1945 – 이원적 크리스마스 문화의 형성〉, 《종교문화연구》 제11호, 2008

배재훈, 〈해방 전후 하와이 이민 사회의 민족 인식 – '국민보' 기사를 중심으로〉, 《한국전통문화연구》 제13권, 2014

서기재, 〈일제강점기 미디어를 통해 본 여행지로서 '평양'과 '평양인'〉, 《통일인문학》 제66권, 2016

서정석, 〈의자왕의 전략과 황산벌전투의 실상〉, 《군사》 제76호, 2010

석영달, 〈이순신 해외 전파의 연결고리: 제임스 머독의 '일본의 역사'〉, 《군사》 제110호, 2019

석영달, 〈1920년대 초 영국 해군 장교의 일본사 서술 속 이순신 읽기 – 조지 알렉산더 밸

러드의 '해양이 일본 정치사에 미친 영향'을 중심으로〉,《한일관계사연구》제55집, 2016

신규환,〈세브란스의 독립운동과 스코필드 교수〉,《강원사학》제28권, 2016

신동규,〈일제침략기 선교사 셔우드 홀과 크리스마스 씰을 통해 본 한일관계에 대한 고찰〉,《한일관계사연구》제46권, 2013

신수경,〈시각이미지로 본 전후복구시기 평양: '평양 창건 1530주년 기념' 엽서를 중심으로〉,《한국근현대미술사학》제45집, 2023

신안식,〈고려시대 평양(서경)의 위상과 성곽체제〉,《군사》제115권, 2020

신운용,〈대종교세력의 형성과 그 의미〉,《한국민족운동사연구》제84권, 2015

신항수,〈1980년대 유사역사학의 확산과 그 성격〉,《역사와 실학》제75권, 2021

신형진,〈하와이 한인 이민 1세의 사회경제적 동화: 1910년 미국 센서스 자료의 분석〉,《한국인구학》제39권 제1호, 2016년

신호철,〈고려 태조의 후백제 유민정책과 '훈요 제8조'〉,《이화사학연구》제30권, 2003

신효승,〈한말 군제 정비와 육군의 복장규칙 변화〉,《숭실사학》제45권, 2020

심영옥,〈엘리자베스 키스의 시각으로 본 한국인의 모습과 풍속의 특징 분석〉,《동양예술》제21호, 2013

안외순,〈원 간섭기 고려 국왕 충선왕의 정치적 딜레마〉,《온지논총》제35권, 2013

안주영,〈일제강점기 경성의 음력설과 양력설 – 북촌과 남촌을 중심으로〉,《비교민속학》제68권, 2019

안창모,〈강남개발과 강북의 탄생과정 고찰〉,《서울학연구》제41호, 2010

안창모,〈분단체제와 서울의 도시구조〉,《향토서울》제81호, 2012

엄해옥,〈윤동주의 국적 논쟁에 관한 소고 – 독립투사들의 국적문제를 겸하여 논함〉,《일감법학》제48호, 2021

여호규,〈고구려 초기의 왕위계승원리와 고추가〉,《동방학지》제150권, 2010

염인호,〈연변조선족자치주 건립에 관한 일 연구 – 만주 각지 및 북한 출신 조선인 건주부들의 활동과 역할을 중심으로〉,《한국학논총》제53권, 2020

양상현,〈대한제국의 군제 개편과 군사 예산 운영〉,《역사와 경계》제61권, 2006

양정필,〈19세기 전반 대청 홍삼무역의 발전과 임상옥의 활동〉,《민족문화연구》제69호, 2015

양정필,〈17~18세기 전반 인삼무역의 변동과 개성상인의 활동〉,《탐라문화》제55호, 2017

양진오,〈식민지 조선을 재현하는 어느 서양인 여성의 시선 – '호박목걸이'론〉,《비평문학》제77호, 2020

염원희,〈크리스마스 도입과 세시풍속화 과정에 대한 연구〉,《국학연구》제22권, 2013

오택현,〈고대 국가의 성씨 수용과 변천〉,《신라문화》제55권, 2020

온소화, 최연우, 〈명대 곤룡포와 곤룡문의 색 연구〉, 《한복문화》 제24권 3호, 2021

왕현종, 〈1894년 농민전쟁 지도자의 재판과정과 판결의 부당성〉, 《한국사연구》 제168호, 2015

윤대원, 〈'병합조칙'의 이중적 성격과 '병합칙유'의 동시 선포 경위〉, 《동북아역사논총》 제50호, 2015

윤선자, 〈일제의 경제수탈과 개성의 삼업〉, 《한국근현대사연구》 제35권, 2005

윤선자, 〈1919~1922년 황기환의 유럽에서의 한국독립운동〉, 《한국근현대사연구》 제78권, 2016

윤수진, 〈개화기부터 일제 강점기 우리나라 영어교육의 변화: 영어교육 시수와 교수법을 중심으로〉, 《한국교육사학》 제44권, 제3호, 2022

윤용혁, 〈'대교역의 시대', 류큐의 항구와 도성-우라소에와 나하, 슈리〉, 《도서문화》 제45권, 2015

윤은숙, 〈13세기 고려 지식인의 몽골 인식 비교 – 이규보, 김구와 이승휴를 중심으로〉, 《역사문화연구》 제79권, 2021

윤종문, 〈하와이 한인중앙학원의 설립과 운영〉, 《사학연구》 제88호, 2007

이경민, 〈사진신부, 결혼에 올인하다 1 – 하와이 이민과 사진결혼의 탄생〉, 《황해문화》 제56호, 2007

이경민, 〈사진신부, 결혼에 올인하다 2 – 하와이 이민과 사진결혼의 탄생〉, 《황해문화》 제57호, 2007

이광표, 〈문화재 인식과 활용의 측면에서 본 천마총의 특징과 위상〉, 《문화와 융합》 제42권 6호, 2020

이규수, 〈한국 언론의 후세 다쓰지 인식〉, 《시민인문학》 제40호, 2021

이덕주, 〈낯선 것에서 익숙한 것으로 – 초기 성탄절 문화에 나타난 기독교의 토착화〉, 《종교와 문화》, 제18권, 2010

이덕희, 〈이승만과 하와이 감리교회, 그리고 갈등: 1913~1918〉, 《한국기독교와 역사》 제21호, 2004

이덕희, 〈하와이 한인의 상부상조 문화, 1904~1960〉, 《재외한인연구》 제40권, 2016

이덕희, 〈하와이 다문화에 한인 이민자들도 기여했을까?:하와이 한인 이민사의 경험과 교훈, 1903~1959〉, 《아시아리뷰》 제4권 제1호, 2014

이덕희, 〈초기 하와이 한인들에 대한 견해〉, 《한국기독교와 역사》 제30호, 2009

이만열, 〈제중원과 에비슨〉, 《연세의사학》 제18권 제1호, 2015

이명화, 〈북간도 명동학교의 민족주의교육과 항일운동〉, 《백산학보》 제79호, 2007

이미나, 〈1930년대 '금광열'과 문학적 형상화 연구 – '광업조선' 소재 작품을 중심으로〉, 《겨레어문학》 제55권, 2015

이미애, 〈오키나와에서 전쟁을 기억하는 방식 – 박물관을 중심으로〉, 《비교문화연구》 제70권, 2023

이상균, 〈조선시대 유람전통에서의 인물명소 오죽헌의 탄생〉, 《지방사와 지방문화》 제21권 제1호, 2018

이상훈, 〈나당연합군의 군사전략과 백제 멸망〉, 《역사와 실학》 제59권, 2016

이상훈, 〈황산벌의 위치와 전투의 재구성〉, 《서강인문논총》 제60권, 2021

이상훈, 〈나당전쟁기 매소성의 위치와 매소성전역의 위상 – 최근 대두되는 '신설'의 비판을 중심으로〉, 《한국고대사탐구》 제41권, 2022

이선주, 〈하와이 이민 초창기 한인들의 감정 구조〉, 《한국학연구》 제31권, 2013

이성무, 〈한국의 성씨와 족보〉, 《한국계보연구》 제1권, 2010

이수건, 〈족보와 양반의식〉, 《한국사시민강좌》 제24권, 1999

이승원, 〈개항 후(1876~1884) 근대 통신제도에 대한 이해와 우정총국〉, 《한국민족운동사연구》 제88권, 2016

이은선, 〈하와이 최초의 독립운동 단체 신민회의 조직과 영향〉, 《신학연구》 제63집, 2013

이은주, 〈조선시대 평양의 역사 명소와 관심사의 변화〉, 《한국고지도연구》 제14권 제2호, 2022

이은주, 〈만들어진 유적, 평양의 로컬리티〉, 《돈암어문학》 제34집, 2018

이재석, 〈문무왕의 삼국통일전쟁과 해양, 호국 – 동해구 장례의 사적 전제〉, 《신라문화》 제59권, 2021

이정란, 〈고려 왕가의 용손의식과 왕권의 변동〉, 《한국사학보》 제55호, 2014

이정민, 임민영, 〈그림책에 나타난 세시풍속으로서의 크리스마스 이미지〉, 《어린이문학교육연구》 제24권 제1호, 2023

이정빈, 〈단군신화의 비대칭적 세계관과 고조선의 왕권〉, 《인문학연구》 제31호, 2016

이정선, 〈한국 근대 '호적제도'의 변천 – 민적법의 법제적 특징을 중심으로〉, 《한국사론》 제55권, 2009

이종서, 〈고려시대 성씨 확산의 동인과 성씨의 기능〉, 《역사와 현실》 제108권, 2018

이종화, 윤헌식, 〈노량해전의 조명연합수군 규모〉, 《군사》 제126호, 2023

이찬욱, 〈한국의 귀화성씨와 다문화〉, 《다문화콘텐츠연구》 제17권, 2014

이현태, 〈'가락국기'로 본 수릉왕묘의 조성과 그 성격〉, 《백산학보》 제118호, 2020

이현희, 〈강영각의 언론활동과 하와이 한인사회의 현실 인식〉, 《한국민족운동사연구》 제104권, 2020

이혜숙, 〈우표로 본 한국사회와 상징정치 – 해방부터 한국전쟁 시기까지를 중심으로〉, 《사회와역사》 제120권, 2018

이홍두, 〈조선전기 기전의 군사목장 운영과 갑사의 마필 점고〉, 《서울과 역사》, 제116호, 2024

이홍석, 〈근대 만주지역 일본영사관의 조선인경찰채용정책〉, 《일본문화연구》 제53권, 2015

이효숙, 〈'호동서락기'의 산수문학적 특징과 금원의 유람관〉, 《한국고전여성문학연구》 제20권, 2010

이효형, 〈발해 유민사를 바라보는 다양한 시선〉, 《역사와 세계》 제57권, 2020

이희준, 〈고령 지산동고분군의 입지와 분포로 본 특징과 그 의미〉, 《영남고고학》 제68호, 2014

임경택, 〈일제의 국민만들기 – 민적법에서 창씨개명까지〉, 《한림일본학》 제9권, 2004

임평섭, 〈신라 중고기 영토 확장과 정치집단의 역동적 대응〉, 《역사학연구》 제78권, 2020

장세윤, 〈관동대지진 때 한인 학살에 대한 '독립신문'의 보도와 그 영향〉, 《사림》 제46호, 2013

장향실, 〈조선시대 외국어 교육의 목표와 내용 – 사역원의 중국어 교육을 중심으로〉, 《국제한국어교육》 제4권 제1호, 2018

전덕재, 〈한국 고대사회 외래인의 존재양태와 사회적 역할〉, 《동양학》 제68권, 2017

전덕재, 〈신라 경덕왕대 지명 개정 내용과 그 배경〉, 《백산학보》 제120호, 2021

전영준, 〈10~12세기 고려의 발해난민 수용과 주변국 동화정책〉, 《제주도연구》 제55권, 2021

전우용, 〈서울 양화진이 간직한 근대의 기억〉, 《서울학연구》 제36권, 2009

정광중, 〈일제시대 전매제하 인삼생산의 전개과정〉, 《문화역사지리》 제7호, 1995

정명문, 〈이민자 콘텐츠의 변화 과정 연구-뮤지컬 '알로하, 나의 엄마들'을 중심으로〉, 《드라마연구》, 제71권, 2023

정종섭, 〈포시진치(후세 다쓰지)의 '조선건국헌법초안사고'에 관한 연구〉, 《서울대학교법학》 제51권 제1호, 2010

정지영, 〈조선시대 부녀의 노출과 외출: 규제와 틈새〉, 《여성과 역사》 제2권, 2005

정하미, 〈일제 강점기 서울의 일본식 지명에 대한 고찰〉, 《비교일본학》 제42권, 2018

정호기, 〈국민국가의 신성성과 '죽은 자 모시기'〉, 《호남문화연구》 제36권, 2005

정호섭, 〈문학적 서사의 역사화와 기억의 전승〉, 《선사와 고대》 제66호, 2021

제장명, 〈노량해전과 이순신 전사 상황 검토〉, 《이순신연구논총》 제25권, 2016

제장명, 〈노량해전의 승리 요인과 역사적 평가〉, 《이순신연구논총》 제29권, 2018

조규태, 〈대조선국민군단의 조직과 활동〉, 《한국민족운동사연구》 제109권, 2021

조극훈, 〈역사의 해석과 삶의 서사: 전봉준 평전 소고〉, 《동학학보》 제58권, 2021

조재곤, 〈러일전쟁 이후 의병탄압과 협력자들〉, 《한국학논총》 제37권, 2012

조재곤, 〈민영환, 해천추범〉, 《한국사시민강좌》 제42권, 2008

조필군, 〈대한제국군과 육군무관학교의 민족군사적 의의〉, 《한국군사학논총》 제10권 제2호, 2021

주영하, 〈동아시아에서 두부의 기원, 진화, 확산〉, 《동국사학》 제74권, 2022

채미하, 〈신라의 우산국 정벌과 통치〉, 《이사부와 동해》 제8호, 2014

천명선, 양일석, 〈1918년 한국 내 인플루엔자 유행의 양상과 연구 현황 – 스코필드 박사의 논문을 중심으로〉, 《의사학》 제16권, 2007

최대희, 〈하와이 초기 한인 이민사회와 불교의 부재〉, 《민족연구》 제73권. 2019

최연주, 〈고려 간행 불전과 '고려대장경' 인출본의 일본 전래〉, 《동아시아불교문화》 제54권, 2022

최영환, 〈'훈몽자회'의 한글 지도 방법 연구 – '훈민정음'과 비교를 중심으로〉, 《독서연구》 제제51권, 2019

최인선, 〈순천왜성 발굴조사 내용과 16세기 조선과 일본 성곽의 축성법 비교〉, 《남도문화연구》 제33권, 2017

최지녀, 〈금강산의 여성 유객 – 고려시대부터 20세기 초까지〉, 《동악어문학》 제89권, 2023

최희영, 〈1923년 하와이한인학생방문단의 인천 방문 주요 내용과 의의〉, 《인천학연구》 제36호, 2022

하태규, 〈정유재란기 왜교성전투의 실상과 성격〉, 《전북사학》 제60호, 2020

한상권, 〈1920년대 여성해방론 – 단발론을 중심으로〉, 《사학연구》 제87호, 2007

한성민, 〈'한국병합'에 대한 일본의 정책적 일관성 검토 – '대한시설강령'과 '대한시설대강'의 비교를 중심으로〉, 《한일관계사연구》 제72권, 2021

한재원, 〈석굴암 전실 팔부중상의 상징과 해석〉, 《미술사연구》 제29호, 2015

홍윤정, 〈하와이 한인 여성단체와 사진신부의 독립운동〉, 《여성과 역사》 제26권, 2017

황인순, 〈여성 여행서사 연구 – 여행과 글쓰기의 통합적 행로에 주목하여〉, 《한국문학이론과 비평》 제97권, 2022

경계를 넘나들며 만들어낸 한국사의 단단한 궤적

선 넘는 한국사

초판 1쇄 발행 2024년 10월 11일
초판 2쇄 발행 2024년 12월 13일

지은이 | 박광일

발행인 | 박재호
주간 | 김선경
편집팀 | 강혜진, 허지희
마케팅팀 | 김용범
총무팀 | 김명숙

디자인 | 김태수
교정교열 | 구해진
종이 | 세종페이퍼
인쇄·제본 | 한영문화사 .

발행처 | 생각정원
출판신고 | 제25100-2011-000320호
주소 | 서울시 마포구 양화로 156(동교동) LG팰리스 814호
전화 | 02-334-7932 **팩스** | 02-334-7933
전자우편 | 3347932@gmail.com

ⓒ 박광일 2024

ISBN 979-11-93811-29-0 (03910)

• 이 책은 저작권법에 따라 보호받는 저작물이므로 무단 전재와 복제를 금지합니다.
• 책의 일부 또는 전부를 이용하려면 저작권자와 생각정원의 동의를 받아야 합니다.
• 잘못된 책은 구입하신 곳에서 바꿔드리며, 책값은 뒤표지에 있습니다.